Junge/Freytag

Martin Luther
in zwei frühen Biografien um 1900

SEVERUS

Junge/Freytag: Martin Luther in zwei frühen Biografien um 1900

Hamburg, SEVERUS Verlag 2014

ISBN: 978-3-86347-928-2
Druck: SEVERUS Verlag, Hamburg, 2014

Der SEVERUS Verlag ist ein Imprint der Diplomica Verlag GmbH.

Bibliografische Information der Deutschen Nationalbibliothek:
Die Deutsche Nationalbibliothek verzeichnet diese Publikation in der Deutschen Nationalbibliografie; detaillierte bibliografische Daten sind im Internet über http://dnb.d-nb.de abrufbar.

Fr. Junge

Martin Luther

SEVERUS

Vorwort zur 4. Auflage

Das Büchlein, das der Verfasser hiermit von neuem hinausschickt ins evangelische Volk, ist entstanden, als die bevorstehende Feier des 400. Geburtstages des Reformators aller Evangelischen Herzen höher schlagen ließ für den großen Mann. Neues hat es damals nicht bringen können und nicht bringen wollen, es will's auch heute nicht. Luthers Andenken wollte es damals lebendig machen, heute will's dem deutschen Volke, dessen Mark protestantisch ist, der evangelischen Jugend insbesondere, ein Mahnruf werden, im Ausschauen zu dem Manne, dessen Lebensbild es zeichnet, die Güter, die er uns erworben hat, hochzuhalten immerdar. Dräuender denn je erhebt sich Rom, seitdem das evangelische Kaisertum eine Tatsache geworden ist. Jetzt gilt es einzustehen für Wahrheit und Recht, für die Freiheit des Glaubens und Denkens, wie der große Reformator es getan. Möge das Büchlein an seinem bescheidenen Teile helfen dazu, zu schaffen den Mannesmut und die Glaubensfestigkeit, die unsere Zeit von uns fordert!

Berlin, im März 1898. F. Junge

Inhalt

GUSTAV FREYTAG: DOKTOR LUTHER

Einleitung

„Zu der Zeit, da Octavianus Augustus den stolzen Bau des römischen Reiches, der für die Ewigkeit aufgeführt schien, vollendete und in ihm zur Einheit verbunden hatte, was das Altertum Großes hervorgebracht, die knorrige Kraft und den Rechtssinn der Römer, die Bildung und Kunst der Griechen mit dem Gedanken der Weltherrschaft, wie er in den orientalischen Reichen lebendig geworden war – da ward im fernen Osten, in dem kleinen, verachteten Volke Israel, Jesus Christus, der Welt Heiland, geboren. Das Christentum, für das Menschengeschlecht der Anfang eines neuen Lebens im Geiste und in der Wahrheit, erstand zur selben Zeit, wo an den Nordgrenzen des Römerreiches die zahllos sich mehrenden Scharen des Volkes drohend sich regten, das dem Staate des Altertums ein Ende machen sollte. – Christentum und Germanentum, es sind die Zeichen einer anderen Zeit, des beginnenden Mittelalters.

Wohl hat das Römerreich versucht, das Christentum in sich aufzunehmen, es ist ihm doch nur äußerlich gelungen, Römertum und Christentum hatten einen gar zu verschiedenen Geist. Erst bei den Germanen fand das Christentum eine rechte Heimat – nicht bei denen, welche die Völkerwanderung ergriffen und hineingeführt hatte in die Sitze der Römer und in ihre Kultur, wohl aber bei den Germanen, welche in ihren Wohnsitzen geblieben, ihr altgermanisches Heidentum lange zäh festgehalten hatten, um dann desto inniger, desto treuer Christum zu bekennen, den ihnen zuerst die Schottenmönche, den ihnen dann vor allem Bonifatius, der Apostel der Deutschen, predigte. Vom Bischof zu Rom hatte sich Bonifatius die Vollmacht zu seiner hohen Aufgabe geholt, der Bischof in Rom, der Papst, ward den Deutschen der Vertreter Christi auf Erden, an ihm hing ihr Auge, an ihm ihr Ohr. Wie früher nach dem goldenen Paläste der Kaiser in Rom, so sehnte sich jetzt der Deutsche nach der heiligen Stadt am Tiberstrande, die dem Nachfolger Petri Sitz und Heimat war.

Heute mag es uns betrüben, daß es unseren Vorfahren nicht gelang, eine deutsche christliche Kirche zu gestalten, aber es ziemt zu gestehen, daß ohne den Zusammenhang mit Rom das Christentum eine rechte Einheit, einen rechten Zusammenhalt nicht gewonnen, nicht bewahrt haben würde. Deutschlands Könige, die zugleich römische Kaiser waren, sie wären in dieser Doppelstellung nicht denkbar ohne die Verbindung mit dem Papsttum, und des Papsttums Größe nicht ohne sie. Der Kampf der Päpste gegen die weltliche Macht des Kaisertums ist der Grund, auf dem sich die Glanzzeit der Päpste erhebt, jene Zeit der Kreuzzüge in ihrer abenteuerlichen und doch so großartigen Erscheinung. Aber daß der Bestand des Kaisertums nötig war zur Blüte des Papsttums, zeigt die Geschichte des 13. und 14. Jahrhunderts deutlich genug. Sechzig Jahre nach jenem Konzile von Lyon, in dem der stolze Innozenz IV. sich über den Hohenstaufen Friedlich II. so hoch erhob, konnte der französische König einen tatkräftigen Papst durch seine Überlegenheit zum Wahnsinn treiben, und wenige Jahre noch, und die volle Ohnmacht des Papsttums offenbarte sich in dem babylonischen Exil der Päpste zu Avignon; die ehemaligen Herren der Welt waren nicht mehr denn gefügige Diener der französischen Krone.

Wohl überdauerte das Papsttum diese schmachvolle Zeit, aber nicht, um von neuem innerlich zu erstarken. Die Kirche selbst gehorchte den Päpsten zunächst nicht mehr, aus sich heraus durch Konzile wollte sie sich reformieren. Noch war der Einfluß der Päpste stark genug, um diesem Eingriff in ihren Machtkreis zu begegnen. Die großen Konzile des 15. Jahrhunderts, von Pisa, von Konstanz, von Basel, gingen ohne wirkliche Erfolge vorüber. Noch einmal triumphierte der Päpste Gewalt. Doch es war nur Schein. Der neue Geist des Humanismus, der damals in Italien und Deutschland erwachte, der nationale Gedanke der Völker, der sich bildete, die Verderbnis der Kirche und ihrer Institutionen, vor allem die Verderbnis der Päpste selbst, alles das arbeitete gegen die Macht in Rom. Und wie einst die Germanen, die Deutschen es gewesen, welche die christliche Kirche im Mittelalter geschaffen und ihr ein Heim gegeben, so waren es jetzt die Deutschen, die das Christentum von neuem retteten. Ihre Innigkeit, ihre Glaubenstiefe war der rechte Boden für eine wahre Reformation der Kirche; staatlich zerrissen, wie sie waren, boten sie dem Einzelnen um so freiere Bahn, und der gesunde Kern des Volkslebens sicherte dem Begonnenen den Fortgang. Aus dem deutschen Volke ging der Mann hervor, der die große Arbeit der Reformation beginnen, der des deutschen Volkes Seele aus den Banden welscher Herrschaft erretten, der die christliche Kirche sich selbst wiedergeben sollte, v. Martin Luther.

ERSTER ABSCHNITT

Die Jugendjahre

1. Luthers Geburt und Kindheit

Martin Luther ward am 10. Nov. 1483 zwischen 11 und 12 Uhr nachts zu Eisleben geboren. Tag und Stunde der Geburt stehen fest, des Geburtsjahres erinnerte sich die Mutter später nicht mehr, doch gibt der Sohn selbst und sein Bruder 1483 an. Der Vater Hans Luder, wie er sich schrieb, stammte aus Möhra, einem Dorfe unweit Salzungen im heutigen Meiningenschen, die Mutter Margarete war eine geborene Ziegler, wohl aus Eisenach, wenigstens hatte sie dort viele Verwandte.

„Ich bin eines Bauern Sohn,“ sagt Luther von sich, „mein Vater, Großvater, Ahn sind rechte Bauern gewesen; darauf ist mein Vater gen Mansfeld gezogen und ein Berghäuer worden: daher bin ich.“

Was seinen Vater bewogen, die alte Heimat zu verlassen, wo das Geschlecht der Luther schon lange auf freiem Erbe saß und bis auf den heutigen Tag fortlebt, wissen wir nicht. Möglich, daß das Stammgut – es wird noch heute in Möhra gezeigt – nicht alle Brüder ernährte, möglich auch, daß Hans Luder schon in Möhra, wo Bergbau getrieben ward, Bergmann war und in Eisleben, dessen Bergbau damals im Aufblühen war, lohnende Arbeit zu finden hoffte.

Leicht wird er sich von der Scholle, auf der er geboren, nicht gelöst haben, denn er war ein rechter Thüringer und liebte seine Heimat. Daß er es trotzdem getan, zeugt wie sein ganzes weiteres Leben von der Tatkraft, von dem starken Sinne des Mannes.

Als ihm Eisleben nicht bot, was er gehofft, ergriff er – es

war ein halbes Jahr nach Martins Geburt – von neuem den Wanderstab und wandte sich gen Mansfeld, wo der Bergbau ebenfalls in hoher Blüte stand, ob es ihm hier gelingen möchte, sich ein dauerndes Heim zu gründen. „Blutsauer" mußte er wie seine Margarete es sich werden lassen, so sauer, daß der Sohn, nachdem er erzählt, wie der Vater ein armer Häuer gewesen und die Mutter das Holz auf dem Rücken heimgetragen, hinzufügt: „jetzt würden´s die Leute nicht mehr aushalten"; aber Gott war mit ihnen. Trotz des reichen Kindersegens, der in Hans Luders Haus einzog – wir wissen von 6 Geschwistern Martins – hob sich des Hauses Wohlstand und des Hausherrn Ansehen in der Gemeinde. Er ward bald Vertreter derselben, mit den angesehensten Geschlechtern der Stadt verkehrte er, bei den regierenden Grafen von Mansfeld stand er in hoher Achtung. Noch ist von dem Wohnhause, das er sich gebaut, der Eingang, ein Rundbogen von rotem Sandstein, erhalten, und noch steht über diesem Eingange zum jetzigen Mansfelder Lutherhause das alte Wappen der Familie, Rose mit Herz und Kreuz, und die Jahreszahl 1530 neben dem I. L. Hier lebte und starb Hans Luder, der uns den Mann erzogen, auf den wir Deutsche stolz sein können, wie auf wenige unseres an großen Männern so reichen Vaterlandes.

Spärlich sind die Nachrichten über Luthers Kindheit, das Beste erfahren wir von ihm selbst in seinen Tischreden, diesem goldenen Schatzkästlein, in dem zu lesen und wieder zu lesen, deutsche Christenleute nicht müde werden sollten.

Hans Luder und sein Ehegemahl waren fromm und brav, und zu frommen, gehorsamen Kindern wollten sie die, welche ihnen Gott schenkte, erziehen, aber die Sorgen des Lebens waren groß, und die Zeit war hart, hart die Zucht der Kinder. Luther hat das an sich erfahren, und wenn seine Eltern stets seine Verehrung und Liebe besessen haben, durchkämpfen hat er sich müssen zu dieser Liebe. „Mein Vater stäupte mich einmal so, daß ich ihn flohe und ward ihm gram, bis er mich wieder zu ihm gewöhnte", erzählt

Luther selbst und weiter: „meine Eltern haben mich gar hart gehalten, daß ich darunter gar schüchtern wurde. Die Mutter stäupte mich einmal um einer geringen Nuß willen, daß das Blut hernach floß, und ihr Ernst und ihr gestreng Leben, das sie mit mir führten, das verursachte mich, daß ich hernach in ein Kloster lief und ein Mönch wurde, aber sie meintens herzlich gut. Doch sie konnten die ingenia nicht unterscheiden, danach man die Strafen muß bemessen. Daher man muß also strafen, daß der Apfel bei der Ruten sei."

War es so im Hause, so herrschte in der Schule der Stock allein. Strafen schienen die einzigen Mittel der Erziehung. Martin Luther ward früh in die Schule geschickt. Er war noch so klein, daß er von einem älteren Knaben, dem späteren Mansfelder Bürger Ömler, zum öfteren in die Schule, die in der oberen Stadt lag, getragen wurde. Von scharfer Auffassungsgabe, lernte er schnell, was die Schule ihm bieten konnte, Lesen und Schreiben und etwas Lateinisch. Aber das ersparte ihm die harten Strafen nicht. Bitter genug klingen seine Worte, wenn er in Erinnerung an seine Schulzeit sagt: „Viel ungeschickte Schulmeister verderben feine ingenia, mit ihrem Poltern, Stürmen, Streichen und Schlagen, wenn sie mit Kindern anders nicht, denn gleich als Henker oder Stockmeister mit einem Diebe umgehen. Ich bin einmal in der Schule fünfzehnmal nacheinander gestrichen worden. Man muß Kinder stäupen und strafen, aber gleichwohl soll man sie auch lieb haben." Aber von der Liebe wußte die Kindererziehung jener Tage so wenig wie das Christentum. Gott war der Gebieter Himmels und der Erden, dem man sich nicht zu nahen wagte denn durch die Fürbitte der Mutter Maria oder der Heiligen. Furcht empfanden vor ihm die Menschenkinder, sie erblaßten und erschraken vor Christi Namen, denn nur als einen strengen und zornigen Richter kannten sie ihn, Furcht vor den Eltern erfüllte auch die Herzen der Kinder. Wie kleinmütig und schwachgläubig sie waren, Luther hat es uns selbst zum öfteren an einem

Beispiel aus seiner Mansfelder Schulzeit erzählt. „Einmal in der Jugend, da ich und sonst ein Knabe daheim in der Fastnacht, wie Gewohnheit ist, vor der Türe sungen, Würste zu sammeln, da scherzte ein Bürger mit uns und schrie laut: Was macht ihr bösen Buben, daß euch dies und das bestehe? kommt zu uns gelaufen mit zwei Würsten und will sie uns geben. Ich und mein Gesell aber erschraken vor dem Geschrei, flohen vor dem frommen Mann, der uns kein Leid, sondern Guts gedachte zu tun. Und daß es ja an ihm nicht fehle, rief er uns nach, gab uns gute Worte, daß wir wieder zurück kehrten und die Würste von ihm nahmen.“

2. Luther in Magdeburg und Eisenach

Bis zu seinem 14. Jahre besuchte er die Mansfelder Schule, dann zog er 1497 nach des Vaters Willen mit seinem Spielgefährten Johann Reinicke, des Bergvogts Sohn, der Zeit seines Lebens sein Freund geblieben, gen Magdeburg zu den Loll oder Nollbrüdern die in freien Vereinen Werke der Wohltätigkeit übten und auch als Lehrer sich des besten Rufes erfreuten. Denn Luthers Vater dachte, was der Sohn später ausgesprochen: „Eltern können ihren Kindern keinen bessern noch gewissern Schatz lassen, denn daß sie sie lassen studieren und gute Künste leinen. Haus und Hof verbrennet und gehet dahin, Kunst aber ist gut zu tragen und bleibt.“ Freilich was Hans Luder seinem Martin mitgeben konnte, das war wenig genug. Und so mußte sich der Sohn wohl mühsam in der großen Stadt durchschlagen, wie so viele andere „Schützen“ (d. h. Schüler) damals auch. Luther selbst sagt später: „Verachte mir die Gesellen nicht, die vor der Tür panem propter Deum (d. i. Brot um Gottes willen) sagen und den Brotreigen singen. Ich selbst bin auch ein solcher Partekenhengst gewesen und habe vor den Häusern genommen, sonderlich zu Eisenach, in meiner lieben Stadt.“

Nach Eisenach nämlich kam Martin Luther schon 1498. Warum er Magdeburg so bald verlassen, ist unbekannt. Vielleicht hoffte der Vater, daß die Verwandten seiner Gattin in Eisenach etwas für den Sohn tun könnten, Vielleicht auch genoß die Schule in Eisenach eines besonderen Rufes. Gewiß ist, daß die Eindrücke, die Luther in Eisenach, „seiner lieben Stadt“ erhielt, nur gute waren. Freilich die Hoffnung, wenn sie sein Vater gehegt, durch die Verwandten der Mutter ausreichende Unterstützung für den Sohn zu erhalten, erwies sich als eitel. Martin Luther mußte auch hier um Brot vor der Leute Türen singen, aber gerade sein Gesang gewann ihm eine Schützerin in der Frau Ursula Cotta, der Gattin eines reichen Eisenacher Kaufherrn. Die Bescheidenheit des armen Jünglings gewann ihr Herz, sie gewährte ihm Tisch und Wohnung in ihrem Hause und verschaffte ihm durch ihre Beziehungen – sie war eine geborene Schalbe, und ihre Familie gehörte zu den angesehensten in Eisenach – manche andere Unterstützungen. Der Sorge um den Unterhalt war Luther nun enthoben, in dem Cottaischen Hause lernte er sich auch gesellschaftlich bewegen, sein Geist erhob die Schwingen freier, um so mehr als auch die Schule in Eisenach einen freieren Zug gehabt haben muß, der weit entfernt war von der fürchterlichen Strenge, die in den Schulen jener Zeit herrschte; nahm doch, wie erzählt wird, einer der bedeutendsten dortigen Lehrer, Johannes Trebonius, „ein ansehnlicher gelehrter Mann und Poet“, jedesmal beim Eintritt in die Schulstube sein Barett ab, „da Gott unter den anwesenden Jungen manchen zu einem Bürgermeister oder Kanzlei oder gelehrten Doktor ausersehen haben werde.“ Luther selbst hat später die Schule Melanchthon gegenüber gerühmt und mit einem seiner Eisenacher Lehrer, dem späteren Pfarrer Wiegand, freundschaftliche Beziehungen unterhalten. Die Fortschritte, die der begabte Jüngling hier machte, waren groß. Er lernte nicht nur tüchtig Latein schreiben und sprechen, er machte auch lateinische Verse, was damals als die höchste Leistung der lateinischen

Schulen gepriesen ward, und konnte so nach wenigen Jahren daran denken, die Universität 1501 zu beziehen.

3. Luther auf der Universität Erfurt

Die damaligen deutschen Universitäten, wie sie seit der Mitte des 14. Jahrhunderts entstanden, waren kirchliche Stiftungen, oft gegründet durch Vereinigung mehrerer Pfarren zu einem Stift, dessen Pfründen dann den neuen Professoren zufielen. Theologie und geistliches Recht und, als Vorstufe zu diesen Wissenschaften, die Philosophie waren die Hauptlehrgegenstände. Das ganze 14. und 15. Jahrhundert hindurch hatte auf den deutschen Hochschulen der Scholasticismus geherrscht, d. h. die mittelalterliche theologische und philosophische Schulwissenschaft, welche sich wohl beschäftigte mit den höchsten Fragen des Seins, sie aber nur in strenger Unterwerfung unter die kirchlichen Glaubenssätze behandelte und von vornherein darauf verzichtete, über das Lehrgebäude der römischen Kirche, wie es das Papsttum im Laufe der Zeit errichtet hatte, hinauszugehen. Natürlich, daß die geistige Arbeit zuletzt und je länger je mehr in Spitzfindigkeiten sich verlor. Dazu kam, daß die Sprache dieser scholastischen Gelehrten, ihr Latein, immer barbarischer wurde, „roh und matt, weder deutsch, noch lateinisch, sondern beides und keines von beiden". Da geschah es, daß im 15. Jahrhundert von Italien aus das Studium der Alten, das dort nie ganz geschlummert, neu erweckt ward und das Gefühl für die klassische Schönheit der alten Schriftsteller auch diesseits der Alpen Boden gewann. Die deutsche Gemütstiefe hielt sich fern von dem Kultus des Genies, von der fast heidnischen Weltanschauung, die mit der Lektüre der griechischen und lateinischen Klassiker in Italien bei den Gebildeten herrschend ward; der Humanismus – so nannte man die Richtung im Gegensatz zu dem herrschenden Scholasticismus – der Humanismus der Deutschen entfernte sich nicht vom Christentum, aber er hatte ein offenes Herz und öffnete es seinen Schülern für die Schönheit des Altertums, die so schroff entgegenstand der barbarischen Rohheit der eigenen Zeit.

Die Universität Erfurt, die Luther bezog, für jeden Thüringer die nächste und von ihm wohl gewählt, auch wenn sie nicht, wie damals der Fall, in solchem Ansehen gestanden und so berufen gewesen wäre, „daß alle anderen dagegen für kleine Schützenschulen angesehen worden“, war ursprünglich eine scholastische, wie alle anderen Universitäten auch, aber der Humanismus hatte damals schon in Erfurt seinen Einzug gehalten. Doch war es, als Luther ankam, noch nicht zum Streite zwischen beiden Richtungen gekommen. Das war der Boden, auf den Luther mit seinem Wissensdrang und seiner brennenden Liebe zum Studium, wie sie ihm die Eisenacher Schule erweckt, verpflanzt war und auf dem er nun um so leichter wachsen und gedeihen konnte, als die Mühsalen des Lebens weiter durchzukosten ihm durch seinen Vater, dessen Vermögensverhältnisse sich gebessert hatten, erspart ward. „Mein lieber Vater,“ erzählt er, „hielt mich dort mit aller Liebe und Treue und hat durch seinen sauren Schweiß und Arbeit dahin geholfen, da ich hin kommen bin.“

Theologie war damals der Wissenschaften erste, die Stellung des Priesters die höchste auf Erden, gleichwohl wollte Hans Luder seinen Sohn nicht Theologie, sondern die Rechtswissenschaft studieren lassen, denn er hoffte in ihm einen angesehenen Mann nicht bloß, sondern auch den Stifter einer angesehenen Familie zu erziehen. Martin Luther war durchaus nicht gegen des Vaters Plan, aber weil die philosophischen Wissenschaften aller Gelehrsamkeit Grundlage und Boden seien, widmete er sich zuerst dem Studium der Philosophie, die an der Erfurter Universität einen hochberühmten Vertreter in Jodocus Trutvetter aus Eisenach besaß. Mit großem Eifer gab sich Luther den philosophischen Studien hin; als „gelehrter Philosoph" galt er seinen Studiengenossen, doch behielt er noch Zeit, auch Ovid, Vergil, Plautus, Terenz, Cicero und, wie es die damalige Zeit verlangte, die Neulateiner, namentlich die Poeten, fleißig zu lesen. Doch waren das immer nur Nebenbeschäftigungen ein „Poet" ward er selbst nicht, dazu war der Kern seines Wesens zu deutsch, sein Gemütsleben zu tief. Das Latein blieb ihm immer eine fremde Sprache, er studierte die lateinischen Klassiker um ihrer Gedanken und ihrer tiefsinnigen Aussprüche willen, die in seinem treuen Gedächtnis fest haften blieben, wie er denn darum später noch bedauerte, daß er nicht mehr von den Alten habe lesen können. Gern beteiligte er sich an den Disputier-übungen, die an den Universitäten im Schwange waren, und seine Schärfe, sein Feuer machten ihn bald zu einem gefürchteten Gegner.

Geselligem Verkehr mit seinen Studiengenossen gab er sich mit Lust hin. Sein Gesang, durch den er einst auf der Schule seinen Unterhalt sich verdient, erfreute jetzt seine Genossen. Auf der Universität noch lernte er das Lautenspiel und muß es darin zu einer hohen Fertigkeit gebracht haben; war er doch als „Musiker" in seinem Kreise berühmt. Abgezogen von seinen Wissenschaften ward er dadurch jedenfalls nicht, denn schon nach Ablauf des dritten Semesters noch im Jahre 1502 erlangte er die Würde eines Baccalaureus. Damit hatte er den ersten der akademischen Grade erlangt, die damals mit solchem Gepränge verliehen wurden. Im Anfang des Jahres 1505 wurde er Magister und begann sich nun, dem Plan seines Vaters entsprechend, dem juristischen Fachstudium zuzuwenden. Hans Luder kaufte dem Sohn das teure Corpus juris, die juristischen Lehrer an der Universität waren tüchtig, Martin Luther voll Eifers, alles schien in dem besten Geleise, ihn in die Laufbahn zu bringen, die der Vater für ihn gewählt, da trat ein Ereignis ein, das allen solchen Plänen ein jähes Ende bereitete: Im Hochsommer des Jahres 1505 ward Martin Luther Augustinermönch in Erfurt.

ZWEITER ABSCHNITT

Die Jahre im Erfurter Kloster und an der Universität Wittenberg bis zum Beginne des Ablaßstreites

1. Luthers Eintritt ins Kloster

Was war's, das den kaum 22 jährigen lebensfrohen Magister dazu gebracht, so plötzlich der Welt, ihren Freuden, ihren Ehren den Rücken zu kehren, um sich hinter den Klostermauern zu bergen? Waren es erschütternde Erlebnisse der jüngsten Zeit, die ihn zu diesem Entschlüsse bewogen, waren es lange und schwere innere Seelenkämpfe? Nach dem, was wir von Luther selbst darüber wissen, dürfen wir beide Fragen bejahen.

Luther war eine tiefinnerliche Natur, nicht geschaffen, wie viele seiner Zeitgenossen, sich leicht abzufinden mit der Aufgabe, die Gott dem Menschen gestellt, seine Gebote zu erfüllen. Er fühlte die ganze furchtbare Schwere dieser Forderung. Jeden Morgen begann er früh sein Tagewerk mit Gebet, er hörte regelmäßig die Messe, er war bei aller Lebenslust, die er im Kreise seiner Freunde zeigte, ein frommer Jüngling, und keiner von seinen Lehrern und Bekannten in Erfurt – und es waren gar manche darunter, die später seine Feinde oder doch Gegner geworden, – hat ob seines Lebens ihm Vorwürfe machen können, aber innere Ruhe und Befriedigung gewann Luther damit doch mit Nichten. Der Herr Gott, der im Himmel thront, und sein lieber Sohn Jesus Christus zu seiner Rechten waren ihm nur die strengen Richter, deren furchtbarem „Du sollst dies tun und jenes lassen" er immer wieder, wahr und aufrichtig wie er war und blieb, mit seinem „Ich kann nicht" antworten mußte. Er zermarterte sein Herz und seinen Sinn, wie er könne „fromm werden und einen gnädigen Gott kriegen".

Denn daß bei all seinem Bemühen nur die Gnade Gottes ihm helfen könne, des war er sicher und gewiß. Aber wie diese Gnade erlangen? Seine Kirche, in der er geboren und erzogen war, der er diente, wie er es von Eltern und Lehrern gelernt, kannte nur einen sicheren Weg, um zu diesem Ziele zu gelangen, man mußte Mönch werden. Es war der Wahn jener Zeit: „wenn einer eine Mönchskappe anzöge, so würde er von Sünden und Tod erlöset". Man verglich die Kappe, sagt Luther, dem teuren Blute Christi, ja, zog sie ihm vor. Dem eintretenden Mönche rief man bei der Verpflichtung auf die Regel des Ordens zu: „Willst du dich nach dieser Regel halten, so verheiße ich dir das ewige Leben". Und wer nicht als Mönch gelebt, der wollte wenigstens als Mönch sterben oder begraben sein, um die Seligkeit damit zu erlangen. Gelehrte und Fürsten ließen sich in Mönchskutten bestatten, und wer sie in der Kutte sah, der brach aus in die Worte: „Sehet, wie sind sie jetzt so fromm". Fürsten verschmähten es nicht, dem Leben zu entsagen und Mönche zu werden. Luther selbst sah in seiner Schulzeit zu Magdeburg einen Fürsten von Anhalt in der Stadt herumgehen und Brot betteln und selbst den Sack tragen, wie hätte ihm in seiner Gewissensnot nicht der Gedanke kommen sollen: „Gehe hin und tue, wie er getan?" Noch hatte er solche Anwandlungen immer wieder überwunden, meist wohl durch den Gedanken an seine Eltern, an seinen Vater, der dem mönchischen Wesen bei all seiner Frömmigkeit so gar nicht zugetan war, denn er hatte „an vielen Exempeln gelernt, daß Möncherei vielen unseliglich gelungen", aber der Boden war in Luther bereitet, es bedurfte nur eines Zusammentreffens äußerer Umstände, und Luther mußte dem Mönchtume verfallen. Und diese erschütternden Ereignisse trafen nun sein aufgeregtes Gemüt schnell hintereinander. Schwere Krankheit warf ihn darnieder, und die Worte eines jungen Freundes: „Seid getrost, Ihr werdet dieses Lagers nicht sterben; unser Gott wird noch einen großen Mann aus Euch machen, der viele Leute trösten wird", deren er sich noch später erinnert, sie können ihm in jener Zeit dauernden Trost nicht gebracht haben. „Traurig pflegte“, wie er selbst später sagte, „damals der junge Magister einherzugehen.“ Ein jähes Geschick entriß ihm einen treuen Freund. Die Möglichkeit eines schnellen Todes, ehe er der Gnade seines Gottes, der Vergebung der Sünden sicher geworden, war ihm unmittelbar vor Augen getreten. Sein Trübsinn wuchs. Da begab es sich, als er im Sommer des Jahres 1505 eine Reise zu den Seinen nach Mansfeld gemacht, daß er bei der Rückkehr allein in der Gegend von Stotternheim, einem jetzt weimarischen Dorfe unweit Erfurt, von einem furchtbaren Gewitter überrascht wurde. Seine geängstigte Seele erzitterte vor der Majestät der Naturerscheinung, die ihm nur als Beweis von Gottes Zorn erschien, und als ein mächtiger Blitzstrahl vor ihm niederfuhr, da fiel er in seines Herzens Bangigkeit nieder auf die Erde, und in Todesangst rief er: „Hilf, liebe Sankt Anna, ich will ein Mönch werden.“ Das Wort, das Gelübde, das ihn band, war gesprochen. Es war „ein gezwungen und gedrungen Gelübde“, getan, als er mit „Erschrecken und Angst des Todes eilend umgeben“ war, aber auch ein solches Gelübde mußte nach der Lehre der Kirche gehalten werden, selbst wenn dadurch der Gehorsam gegen Vater oder Mutter verletzt ward. Luther war nicht zweifelhaft, was er zu tun habe. Daß sein Vater sich seinem Vorhaben widersetzen würde, bestärkte ihn wohl nur darin, schnell zu handeln, ehe jemand von seinem Entschlüsse erfuhr. Am 2. Juli hatte er das Gelübde getan, am 16. versammelte er seine liebsten Freunde noch einmal um sich, mit Musik und in edler Geselligkeit, wie es weltlicher Jugendlust ansteht, sich zu ergötzen zum letzten-male. Er teilte ihnen mit, was er tun wolle, was er nach seinem Gelübde tun müsse, und alle Gründe, die sie vorbrachten, konnten ihn nicht bewegen, seinen Entschluß zu ändern. „Heute,“ sagte er, „seht Ihr mich und nimmermehr.“ Am 17. Juli trat er als Novize, d. h. als Prüfling in den Augustinerorden ein.

Die Augustiner, in deren Kloster er Zuflucht suchte vor seiner Gewissenspein, waren Bettelmönche wie die Franziskaner und Dominikaner auch. Daß Luther einen solchen Orden wählte, war bei seiner Seelenstimmung nur natürlich, galt es ihm doch, sich aller weltlichen Sorgen zu entschlagen, und wo hätte er das besser tun können als im Schoße einer Brüderschaft, die verzichtet hatte auf jeden Besitz für den Einzelnen nicht bloß, sondern auch für die Gesamtheit, die leben sollte von der Menschenkinder Milde und Barmherzigkeit? Und die Augustiner genossen unter diesen Bettelmönchen eines besonderen Rufes. Die Entartung der Klöster war damals in Deutschland in aller Munde. Von der Schwelgerei, von der Üppigkeit, von dem unsauberen und unheiligen Leben der Mönche und Nonnen wußte man gar viel zu erzählen. Um das Ansehen der Augustiner stand es im allgemeinen besser, namentlich die „reformierten" Klöster, die sich in einen besonderen Verband zusammengetan und unter einen „Generalvikar" gestellt hatten, waren allgemein geachtet. Das Erfurter Augustinerkloster gehörte dieser Kongregation an, deren Generalvikar damals der später um Luther so hoch verdiente Johann von Staupitz war.

So trug denn Luther, feierlich aufgenommen mit Gesang und Gebet unter des Klosters Novizen, die Tracht des Ordens, über dem weißen wollenen Hemd eine Kappe mit Kapuze von schwarzem Tuch, um den Leib einen schwarzen Gürtel von Leder, über der Kappe hängend fiel das Skapulier, ein schmaler Streifen Tuch, bis zu den Füßen herab. Noch war er nicht Mönch, denn nach den Ordnungen des Klosters mußte er erst ein Probejahr überstehen, in dem er unter der Obhut eines Novizenmeisters in allen mönchischen Werken unterwiesen, seine Seele und sein Wandel geprüft werden sollte. Man hätte ihm eine solche Prüfungszeit ersparen können. An seinem Ernst war nicht zu zweifeln. Für ihn gab es kein „Zurück". Er selbst sagt uns später: „Ich gedachte nie wieder aus dem Kloster zu gehen; ich war der Welt rein abgestorben". Seine Bücher hatte er der Welt, der er entsagt, zurückgelassen, nur Plautus und Vergil begleiteten ihn ins Kloster, seinen Magisterring schickte er der Universität zurück. Er schrieb jetzt auch seinen Eltern, was er getan. Sein „Vater wollte darüber gar toll werden, war übel zufrieden und sagte ihm alle Gunst ab." Er hieß den Sohn nun wieder Du, zuvor hatte er ihn Ihr geheißen, weil er Magister geworden, und sein Zorn wollte sich lange nicht legen. Erst als er zwei Söhne an der Pest verlor, als die Pest auch in Erfurt viele Opfer forderte und man auch Martin schon tot gesagt, gab er endlich nach, aber schweren Herzens.

Inzwischen hatte Luther im Kloster schwere Tage überstanden. Gerade ihm, dem jungen Gelehrten, machte man die Prüfungszeit nicht leicht, denn der Mönche Ansicht in solchem Falle war, wie Luther selbst es nachher ausgedrückt hat: „Wird dieser Frater studieren und gelehrt, so wird er unser Herr wollen sein, ergo Saccum per Nackum; darum hänge man ihm den Sack um den Nacken und lasse ihn betteln gehen von Haus zu Haus, durch die Stadt und auf dem Lande." Luther ward zu den niedrigsten Arbeiten in und außer dem Kloster gebraucht, um jede Regung von Hochmut zu ersticken, um ihn zu dem ersten Gesetze des Mönchtums, zum Gehorsam, zu erziehen. Er selbst beugte sich dem willig, denn jede Arbeit, wenn sie ihm aufgetragen ward von seinen Oberen, brachte ihn der Gnade Gottes näher, und so fegte er die Zellen und sammelte Butter, Käse und Eier für das Kloster in den Häusern, wie ihm geboten; aber als die Universität, an der er seine akademischen Grade erworben, für ihn eintrat, sah er es doch als eine Erleichterung an, von diesen Arbeiten erlöst zu sein, gewann er doch so um so mehr Zeit, einer anderen Forderung seiner Klosterregel gerecht zu werden, sich einer Beschäftigung hinzugeben, die für ihn nun die Hauptarbeit seines Lebens werden sollte, dem Studium der Bibel.

Luther war zwanzig Jahre alt geworden, ehe er eine

Bibel in die Hand bekommen. Mit Verwunderung hatte er damals gesehen – er war noch Student in Erfurt, und auf der Bibli-otek hatte er das Buch gefunden – daß diese Bibel so viel mehr enthielt, als er aus der Kirche und den üblichen Büchern kannte. Einzelnes, was er damals gelesen in dem heiligen Buche, hatte ihn tief ergriffen; jetzt konnte er nicht bloß, jetzt sollte er sich der Bibelforschung hingeben, und er tat es mit dem rastlosen Eifer, der ihn bei seinen Studien beseelte. Aber freilich, was er suchte, konnte er lange, lange nicht finden, nicht in der Bibel, nicht im Kloster.

Nach Ablauf seines Novizenjahres ward er aufgenommen in den Orden, er war nun Mönch und damit nach der Ansicht seiner Zeit so rein von Sünden wie das neugeborene Kindlein nach der Taufe, er erhielt 1507 die Priesterweihe und ward damit gar hoher Ehren teilhaftig. Denn der Priesterstand war der erste auf Erden nach der Meinung der Zeit, Priester zu sein eine Ehre nicht bloß für den Träger so hoher Weihe, eine Ehre für die ganze Familie, der er entsprossen. Zur Priesterweihe des Sohnes kam denn auch Hans Luder nach Erfurt. Mit stattlichem Gefolge erschien er, aber die Freude über den Ehrentag seines Sohnes war ihm nicht rein und ungetrübt, er hatte „nicht weggelegt seine Furcht und Sorge." „Denn" schreibt Luther später selbst an den Vater, als er ihm das Buch von den geistlichen und Klostergelübden schickte, „ich gedenke noch allzuwohl, da es wieder unter uns gut ward und du mit mir redetest, und da ich dir sagte, daß ich mit einer schrecklichen Erscheinung vom Himmel gerufen wäre." „Und gleich daselbst sagtest du: Gott geb, daß es nicht ein Der Ehrentag hatte einen Flecken; aber wäre er auch rein gewesen, wie Gottes Sonne, war denn Luther um der Ehre willen Mönch, war er darum Priester geworden? Nein, Gottes Gnade suchte er, sie hoffte er so eher zu erlangen. Fand er sie? Mit wahrer Inbrunst erfüllte er seine Pflichten als Mönch; die Gebetsstunden, die horas canonicas verbrachte er im Singen vor Gott, er kasteite sich, er beichtete alles, was ihm sündlich in seinem Leben erschien, was er getan, was er gedacht; er quälte sich ab, daß ihm ja keine seiner Sünden entginge, um alle beichten und für alle dann auch Vergebung erlangen zu können. Und als er Priester geworden, da fühlte er die Größe, aber auch die Schwere des Amtes so ganz, er zitterte und erbebte, als er das erste Meßopfer brachte, er wäre vom Altar weggeeilt, wenn ihn nicht sein alter Klosterlehrer zurückgehalten. Wohl konnte er es von sich aussprechen: „Wahr ist‘s, ein frommer Mönch bin ich gewesen und habe so strenge meinen Orden gehalten, daß ich‘s sagen darf: Ist je ein Mönch gen Himmel kommen durch Möncherei, so wollte ich auch hineinkommen sein. Das werden mir bezeugen alle meine Klostergesellen, die mich gekannt haben, denn ich hätte mich, wo es länger gewähret hätte, zu Tode gemartert mit Wachen, Beten, Lesen und anderer Arbeit.“ Aber die Qual in seinem Innern beschwor er damit nicht. Und die Bibel, die nachmals sein Ein und Alles geworden, konnte sie ihm nicht bieten, wonach er mit aller Kraft seiner Seele verlangte? Er studierte sie unablässig, er vertiefte sich in das Gesetz und die Propheten, in den Psalter und das neue Testament, aber ihm fehlte der Schlüssel zum Verständnis der heiligen Bücher noch ganz. Auch aus ihnen redete ihm nur der zornige Gott, der strenge Richter, die Gnade suchte er noch vergebens. Wohl hatte er Augenblicke, wo er in mönchischer Gerechtigkeit sich gut dünkte vor Gott, aber nur um so tiefer empfand er nachher seinen Unwert, um so verzweifelter rang er mit sich. Wäre ihm nicht durch Gott Hilfe gekommen, „er wäre, wie er später sagte, in den Anfechtungen ersoffen“. Was für Gedanken, für Gefühle ihn damals durchbebt, das hat er in einigen seiner ersten Kirchenlieder, die er seiner Gemeinde geschenkt, deutlich genug ausgesprochen. So heißt es in dem Liede: „Nun freut Euch, lieben Christen gemein“

Dem Teufel ich gefangen lag,
Im Tod war ich verloren,

Mein Sund mich quälte Nacht und Tag,
Darin ich war geboren.
Ich fiel auch immer tiefer drein.
Es war kein Guts am Leben mein,
Die Sund hatt mich besehen.
Mein gute Werk die gelten nicht,
Es war mit ihn‘n verdorben,
Der frei Will haßet Gotts Gericht,
Er war zum Guten erstorben.
Die Angst mich zu verzweifeln trieb,
Daß nichts denn Sterben bei mir blieb,
Zur Hölle mußt ich sinken.

und in: „Aus tiefer Not“

Bei dir gilts nicht denn Gnad und Gunst,
Die Sünde zu vergeben,
Es ist doch unser Tun umsonst
Auch in dem besten Leben,
Vor dir niemand sich rühmen kann,
Des muß dich fürchten jedermann,
Und deiner Gnade leben.
Darum auf Gott will hoffen ich.
Auf mein Verdienst nicht bauen;
Auf ihn mein Herz soll laßen sich
Und seiner Güte trauen,
Die mir zusagt sein wertes Wort,
Das ist mein Trost und treuer Hort,
Des will ich allzeit harren.

Und wer war‘s, durch den ihm Gott heraushalf aus diesen Anfechtungen? Kein Geringerer als der Generalvikar des Ordens selbst, Johann von Staupitz. Wohl war schon manches herzliche Wort seines alten Novizenmeisters, der trotz seiner Mönchskutte nach Luthers eigenem Ausspruch doch ein wahrer Christ war, tröstend in sein Herz gedrungen, wohl hatte seine Betonung des apostolischen Bekenntnisses „Ich glaube eine Vergebung der Sünden“, wohl hatte sein Hinweis darauf, daß Gott selbst uns geboten habe zu hoffen, ihn etwas aus seiner tiefen Niedergeschlagenheit erhoben, das erlösende Wort war doch noch nicht gefallen, Staupitz sollte das weitere tun, um Luther den rechten Weg dazu finden zu lassen. Ihm war der junge gelehrte Mönch gleich bei seinen ersten Visitationen aufgefallen, er hatte inniges Mitgefühl mit Luthers inneren Kämpfen, deren Schwere er wohl nachempfinden konnte. Er verwies dem Grübler ernstlich seine Selbstquälerei, wenn er aus Luthers Beichte ersah, daß er sich Sünden mache, wo keine seien. Um solchen „Humpelwerks“ willen habe Gott seinen Sohn nicht dahingegeben. „Gewöhnt Euch daran,“ sagte er einmal, „daß Christus der wahrhafte Heiland ist und Ihr ein wirklicher Sünder seid.“ Er belehrte ihn über das Wesen der Reue und Buße, er zeigte, daß es mit dem Kasteien und Gebethersagen und den äußerlichen Bußübungen nicht getan sei, daß man auf diesem Wege niemals zur wirklichen Buße kommen könne, daß der Grund, den man finden müsse, einzig sei die Liebe zur Gerechtigkeit und zu Gott. Vor allem suchte er Luther von einem Gedanken abzubringen, der ihn gepeinigt hatte schon in seinen Studentenjahren und der ihn jetzt immer wieder mit furchtbar erschütternder Gewalt packte, daß Gott ihn zum Verderben bestimmt haben könne. Er verwies ihn auf die Liebe Gottes, auf seine Gnade, auf die Wunden Christi, der sich für uns dahingegeben in unendlicher Liebe, wie könne da der Gedanke unabwendbaren Verlorenseins bestehen? Aber der Gnade Gottes müsse man auch allein vertrauen, denn Menschenkraft sei allzu schwach. „Ich will nicht mehr reden fromm zu sein,“ pflegte er zu sagen. „Ich habe Gott mehr denn tausendmal gelogen, daß ich wollte fromm werden, und hab‘s nie getan, ich sehe wohl, ich kann‘s nicht halten, ich will nimmer lügen. Ich will eines guten Stündleins erwarten, daß mir Gott mit seiner Gnade begegne, sonst ist‘s verloren.“ Diese Gnade Gottes, auf die ihn Staupitz so wieder und wieder hinwies, suchte er nun in der Schrift, und wie Schuppen fiel es ihm jetzt von den Augen, war doch alles nun so klar und so deutlich. Wo er nur den zornigen, richtenden, strafenden Gott gesehen, trat ihm jetzt der gnädige Gott entgegen. Die Gnade Gottes kam durch den Glauben, durch den Glauben allein, nicht durch die Werke. „Der Gerechte wird seines Glaubens leben“, dieses Wort des Habakuk, um dessen Ausführung, Durchdringung, Erläuterung sich der ganze Römerbrief des Paulus in seiner hehren Größe und Erhabenheit dreht, klang ihm jetzt überall entgegen, leuchtend hob er sich ihm ab von all dem, was um ihn stand. Er las des heiligen Augustin Erklärung des Spruches: „da ward‘ ich froh, sagt er, denn ich lernte und sah, daß Gottes Gerechtigkeit ist seine Barmherzigkeit, durch welche er uns gerecht achtet und hält; da reimte ich Gerechtigkeit und Gerechtsein zusammen und ward meiner Sache gewiß.“ Nicht als ob ihm nicht noch oft Stunden der Anfechtung gekommen wären, sie sind ihm in ihrer vollen Schwere später nicht erspart geblieben, sie blieben es jetzt nicht, aber er rang sich hindurch, er hatte seinen Grund gefunden. Daß dieser Grund, auf dem er stand, ein anderer war als der seiner Kirche, dessen war er sich in keiner Weise bewußt. Er war und blieb noch Augustiner mit Leib und Seele, noch war an seiner Ehrfurcht vor dem heiligen Vater nicht zu zweifeln. So stand es um Luther, als ihn seines Gönners Staupitz Einfluß von Erfurt an die neugegründete Universität Wittenberg brachte.

3. Luthers Berufung an die Universität Wittenberg

Die Universität Wittenberg war die jüngste der deutschen Hochschulen, erst 1502 hatte sie Kurfürst Friedrich der Weise von Sachsen, das Haupt der Ernestiner, der älteren Linie des Hauses Wettin, gegründet. Der Umstand, daß bei der Teilung der Wettinischen Lande die Universität Leipzig, die in den 100 Jahren, die seit ihrem Entstehen vergangen, schnell zu großer Blüte gelangt war, der jüngeren Linie des Hauses, den Albertinern, zugefallen, hatte gewiß die erste Veranlassung gegeben zur Neugründung dieser kursächsischen Universität in der kleinen Stadt Wittenberg – sie zählte damals nur gegen 3000 Einwohner – die alleinige Veranlassung aber war es wohl nicht. Der Kurfürst, ein frommer und treuer Landesherr, glaubte seinem Lande einen Dienst damit zu erweisen, wenn er ihm einen Mittelpunkt geistigen Lebens schuf, er hoffte auch in der Universität sich und seinen Nachbarn ein „höchstes Tribunal" zu schaffen, an welches sie sich wenden könnten als an ein Orakel, „so daß wir", sagt er in der Bestätigungsurkunde von Wittenberg, „wenn wir voll Zweifels gekommen, nach empfangenem Bescheid unserer Sache gewiß uns wieder entfernen". Eine neue Auffassung in dem, was die Universität sein sollte, macht sich also nicht geltend. Die neue Hochschule stand in dieser Hinsicht ganz auf dem Boden der älteren deutschen Universitäten, unterschieden nur dadurch von ihnen, daß sie keine selbständige gelehrte Körperschaft war, sondern ein wesentlich staatliches Institut, dessen Lehrer der Landesherr allein berief.

Die Männer, welche Friedrich der Weise zunächst bei Gründung der Universität zu Rate zog, waren wohl geeignet, der Hochschule tüchtige Kräfte zuzuführen: Martin Pollich aus Melrichstadt, der erste Rektor der Universität Wittenberg, galt für einen der tüchtigsten und vielseitigsten Gelehrten jener Zeit, und Johann v. Staupitz, der uns schon bekannte Generalvikar der Augustiner, war ein Theologe von Ruf, der in seiner hervorragenden Stellung im Augustinerorden Gelegenheit genug hatte, tüchtige Lehrer für die Universität zu werben. Er war der erste Dekan der theologischen Fakultät, in der Augustinermönche die wichtigsten Lehrer waren. Freilich seine Amtsgeschäfte erlaubten ihm selten dauernderen Aufenthalt in Wittenberg zu nehmen, er scheint in den Jahren, die der Gründung folgten, lange abwesend gewesen zu sein, und als nun noch eine Seuche die Stadt Wittenberg 1505/1506 heimsuchte, da war die Existenz der Hochschule in ernstlicher Gefahr. Aber 1508 ward Jodokus Trutvetter von Erfurt, den wir als den hervorragendsten Lehrer der dortigen Universität oben kennen gelernt, berufen, und 1508/1509, als Staupitz von neuem Dekan der theologischen Fakultät war, bewog er den Kurfürsten zur Berufung Luthers, dem Staupitz Großes zutraute und der denn auch mehr wohl, als sein Generalvikar geahnt, der Mittelpunkt der Universität werden sollte.

Luther war Augustinermönch, er gehorchte dem Rufe, der auf Veranlassung seines Generalvikars erging, so überraschend und unerwartet ihm derselbe auch kam. Und so finden wir ihn denn im Winter 1508/1509 als Lehrer der Physik und Dialektik des Aristoteles in Wittenberg, denn Philosophie nur konnte er als promovierter Doktor dieser Wissenschaft lesen, die Theologie zu lehren, blieb ihm noch versagt. Aber er brannte darauf, theologische Vorlesungen zu halten, und zwar aus dem Gebiete der Theologie, die, wie er sich ausdrückte „den Kern der Nuß und das Mark des Weizens erforscht", darum ging er sofort daran, die dazu fehlenden Berechtigungen sich zu erwerben. Er erlangte auch den ersten Grad, den eines Baccalaureus der Theologie, schon vor Ablauf des eisten Halbjahres, das er in Wittenberg zubrachte, er las nun und erklärte Stücke der heiligen Schrift und tat dies mit solchem Erfolge, daß wohl damals Martin Pollich die Worte aussprach: „dieser Mönch werde alle Doktores irre machen, denn er lege sich auf der Propheten und Apostel Schrift und stehe auf Jesu Christi Wort", dann aber ward er plötzlich mitten in den Arbeiten für den zweiten theologischen Grad – wir wissen nicht, aus welchen Gründen, aber vermutet wird, daß es auf Veranlassung seiner neidischen Ordensbrüder in Erfurt, zur Zeit, wo Staupitz von Wittenberg abwesend war, geschah – nach Erfurt zurückgerufen, erlangte hier den zweiten theologischen

Grad, kehrte aber dann, wahrscheinlich als Staupitz‘ Rückkehr in Aussicht stand, 1511 nach Wittenberg zurück. Doch noch im selben Jahre, ehe er hier zu rechter, erneuter Wirksamkeit kommen konnte, führte ihn sein Geschick wieder aus Wittenberg.

4. Luthers Romreise

Diesmal war es nicht eine Luther feindliche Partei, die ihn aus seinem Wirkungskreise zog, es war Staupitz selbst, der den jungen Mönch als seinen Vertrauensmann in Angelegenheiten des Ordens entsandte und an keinen geringeren Ort als nach Rom selbst. Mit einem Ordensbruder zog Luther zu Fuß durch Bayern, Schwaben, Vorarlberg, Graubünden nach Mailand und weiter über Florenz gen Rom. Die Wirkung, welche der Anblick der heiligen Stadt auf Luther machte, war gewaltig; er hat sie uns selbst geschildert. „Da ich‘s zuerst sähe, fiel ich auf die Erde, hub meine Hände auf und sprach: „Sei gegrüßet, du heiliges Rom.“ „Ja rechtschaffen heilig, fügt er hinzu, von den heiligen Märtyrern und ihrem Blut, das da vergossen ist.“ Vier Wochen hatte er zu tun in Rom, aber diese kurze Zeit, die er redlich ausnutzte, genügte, um ihm so vieles in anderem Lichte erscheinen zu lassen, als er sich das gedacht in seinem schwärmerischen Sinne. Wohl fand er manches, das zu loben war und das zu loben er auch später nicht aufgehört. Er freut sich an der hohen Kunst der römischen Maler, er rühmt die Spitäler in Italien, die er selbst in Bologna und Florenz kennen gelernt, er weiß von dem Papst Julius II., den er später einen „Blutsäufer“ nennt, zu erzählen, „daß er die Gassen zu Rom so rein gehalten, daß nicht viel Pestilenz da waren“, er spricht von dem „trefflichen harten Regiment zu Rom“, er lobt das „römische Consistorium und die Curia Rotae, da die Händel und Gerichtssachen sein rechtmäßig gehört, erkannt, verrichtet und geörtert werden“, aber das alles bezog sich doch nur auf die Fürsorge um Weltliches und Leibliches, gerade um das Ewige, das er am meisten in der „heiligen Stadt“ gesucht, fand er es schlimm bestellt. Mit großen Erwartungen für sein Seelenheil war er eingezogen. „Ich war auch so ein toller Heiliger,“ sagt er später, „lief durch alle Kirchen und Klüfte, glaubte alles, was daselbst erlogen und erstunken ist. Ich habe auch wohl eine Messe oder zehn zu Rom gehalten und war mir dazumal schier leid, daß mein Vater und Mutter noch lebten; denn ich hätte sie gern aus dem Fegfeuer erlöst mit meinen Messen und anderen mehr trefflichen Werken und Gebeten.“ Aber was mußte er in den Kirchen der heiligen Stadt erleben? Neben der größten Unwissenheit sah er in den tiefsten Abgrund der Frivolität. Die Worte, welche er aus dem Munde der Messe lesenden Priester am Altare hörte, enthielten die gröbsten Profanationen. Entheiligung der Messe erblickte er allenthalben. „Die Priester,“ sagte er später, „suchen nur ihren Genuß und den lieben Groschen, halten die Messen weder für ein Opfer noch für ein Sakrament, nur sehen sie unverschämt ihren Nutzen an; halten‘s für eine Hantierung und Gewerb,“ und an einer andern Stelle: „Niemand glaubt, was zu Rom für Büberei und greuliche Sünde und Schande gehen; man kann‘s keinem bereden, er sehe, höre und erfahre es denn. Daher sagt man: Ist irgendeine Hölle, so muß Rom darauf gebaut sein, denn da gehen alle Sünden im Schwang.“ Daß bei solchen Erfahrungen auch die „Werke“ ihm nicht geraten wollten, wer will sich darüber wundern? Als er die sogenannte Pilatusstiege, eine Treppe an einer römischen Kapelle, die vom Richthause zu Jerusalem nach Rom gebracht sein sollte, hinaufgerutscht auf den Knien, um sich den damit verbundenen Ablaß zu verdienen, da stand ihm des Römerbriefes Hauptspruch: „Der Gerechte wird seines Glaubens leben“ vor der Seele.

Und der heilige Vater? War, was er von ihm sah und hörte, angetan dazu, Luthers Vorstellung von der Heiligkeit des Papstes zu erhöhen? „Der Papst,“ erzählte er später,

„triumphiert mit hübschen, geschmückten Hengsten, die vor ihm herziehen, und er führet das Sakrament auf einem hübschen, weißen Hengst." Äußerer Glanz, das war's, was er sah; und weltliches Leben, Eroberungslust, verschlagene Staatskunst, Kniffe aller Art waren es, von denen er hörte. Als er im Januar 1512 Rom verließ, da zog er aus der Stadt, die er mit so großen Erwartungen betreten, um manche Enttäuschung reicher, aber auch belehrt über vieles. Nicht 100000 Gulden, erklärte er später, wollte er dafür nehmen, daß er nicht auch Rom gesehen hätte. „Ich müßte sonst immer besorgen," fügt er hinzu, „ich täte dem Papste Gewalt und Unrecht, aber was wir sehen, das reden wir."

5. Die Wittenberger Zeit bis zum Ausbruch des Ablassstreites

Es war im Frühling des Jahres 1512, als Luther nach Wittenberg in sein Kloster und zu seinen Studien zurückkehrte. An der Universität fand er manches verändert und nicht gebessert. Der berühmte Jodokus Trutvetter war schon 1510 wieder nach Erfurt zurückgegangen, ein Ersatz für ihn war nicht gewonnen; Staupitz, den das Generalkapitel der Augustiner zu Köln von neuem zum Generalvikar der Kongregation gewählt, ging damit um, seinen Lehrstuhl in Wittenberg, den er bei seinen umfassenden Geschäften doch nur selten einnehmen konnte, ganz aufzugeben; es war für das Gedeihen der Universität, ja für ihre Existenz notwendig, daß die Theologie, die nun einmal die Hauptwissenschaft jener Zeit war, einen Vertreter erhielt, der geeignet war, der Mittelpunkt des ganzen wissenschaftlichen Lebens, die treibende Kraft der Universität zu sein. Staupitz glaubte für diese Stellung in Luther den rechten Mann gefunden zu haben. Er hatte den jungen Mönch sich durchkämpfen sehen durch die Anfechtungen, die ihn bedrängt, er traute seiner

Kraft und seinem Können Großes zu. Er drängte ihn jetzt, als er im Spätsommer 1512 nach Wittenberg kam, dazu, sich den Grad eines Doktors der Theologie zu erwerben. Luther widerstrebte aufs nachdrücklichste, widerstrebte, trotzdem der Augustinerkonvent in Wittenberg Staupitz' Forderung zu der seinen machte. Es war, als fühlte er, daß ihn die Stellung als Lehrer der Gottesgelehrtheit an der Universität aus seiner inneren Ruhe', die er sich schwer genug erkämpft, herausreißen werde, er fügte sich erst, als ihn Staupitz alles Ernstes daran mahnte, daß er als Mönch ihm und dem Konvente „auf sein Prozeß schuldig sei zu gehorsamen". Noch lange Jahre nachher hat er wohl Freunden im Klosterhofe zu Wittenberg den Birnbaum gezeigt, unter dem er mit Staupitz das entscheidende Gespräch gehabt. Es war ihm ein Trost, daß er sich nicht zu dieser Würde gedrängt. „Ich bin dazu berufen und gezwungen worden," sagte er später, „daß ich mußte Doktor werden aus lauter Gehorsam."

Der Kurfürst Friedrich der Weise übernahm die nicht unbedeutenden Kosten, welche die Erwerbung des Grades verursachte – wir haben die Quittung noch, die Luther ausstellte über die 50 Gulden, die ihm dazu aus kurfürstlicher Kasse gewährt wurden – in den Tagen vom 18.–20. Oktober 1512 ward die feierliche Promotion vollzogen.

So war denn Luther aufgenommen unter die Lehrer der Theologie an der Universität. Er hatte seinen Doktoreneid geleistet, er hatte darin geschworen, „eitle, fremdartige Lehren, die von der Kirche verdammt sind und fromme Ohren verletzen, nicht zu lehren, sondern einen sie Lehrenden dem Dekan anzuzeigen," er hatte aber auch geschworen, die evangelische Wahrheit nach Kräften zu verteidigen und damit, wie er sich später ausdrückt, „seiner allerliebsten heiligen Schrift gelobt, sie treulich und lauter zu predigen." Es mußte sich zeigen, ob beides miteinander vereinbar war.

Gleich die ersten Vorlesungen, die Luther ankündigte, zeigten, wie sehr er abwich von dem herkömmlichen Wege. Statt sich als Doktor der Theologie nun erhaben zu dünken über die Heilige Schrift, machte er sie gerade zum alleinigen Gegenstände seiner Vorlesungen. Er erklärte zunächst die Psalmen, denen er dann den Brief des Apostels Paulus an die Römer und weiter den an die Galater folgen ließ. Diese Reihenfolge war keine zufällige. Der Psalter war ihm schon lange lieb und wert, er war ihm schon damals, wie er ihn später nennt, „aller heiligen Büchlein, darinnen ein jeglicher, in welcherlei Sachen er ist, Psalmen und Worte findet, die sich auf seine Sachen reimen und ihm ebenso sind, als wären sie allein um seinetwillen also gefaßt.“ In ihm fand er sich selbst, in ihm konnte und sollte jeder finden das rechte „Erkenne dich selbst“, dazu Gott selbst und alle Kreaturen!) Und der Römerbrief und der Brief an die Galater? Sie waren ihm besonders lieb, beruhte doch im wesentlichen auf ihnen seine Erkenntnis von der Gerechtigkeit vor Gott durch den Glauben. Mit heißem Bemühen und der ihm eigenen unermüdlichen Arbeitskraft versenkte er sich in seine Bibelstudien, er trieb hebräisch, er lernte griechisch, um dem Urtexte naher treten zu können, er forschte aber vor allem dem Sinne der Worte nach, er vertiefte sich ganz in die Gedanken des Sängers der Psalmen, des Apostels Paulus, er grübelte, er suchte und fand, wie alles so herrlich mit seiner Erkenntnis von der Gerechtigkeit vor Gott durch den Glauben übereinstimme, und wie man ohne diese Erkenntnis die heiligen Bücher so gar nicht verstehen könne. Er war überrascht, in dem heiligen Augustinus, dessen Namen sein Orden führte, so Ähnliches zu finden, er war glücklich zu sehen, daß deutsche Prediger, wie Johann Tauler (um 1350) Ähnliches empfunden, Ähnliches gelehrt wie er. Er wuchs mit seiner Erkenntnis höher und höher. Seinen Hörern ward der Eindruck des feurigen Lehrers mit seinem Gedankenreichtum, mit seinem gewaltigen Auge, dessen Tiefe schon Martin Pollich zu denken gegeben, immer mächtiger, „es war mit ihm in der Tat,“ wie Melanchthon später es ausgedrückt, „ein neues Licht der christlichen Lehre aufgegangen“. Schon in seinen ersten Vorlesungen hatte er hingewiesen auf den Glauben als „den Mittelpunkt, das Mark, den kurzen Weg“, er eiferte gegen die Selbstgerechtigkeit, die er nach seinem eigenen Geständnis selbst noch nicht ganz überwunden hat, die aber überwinden muß, wer vor Gott bestehen will, er betont den Unterschied zwischen Gesetz und Evangelium. In den Umrissen steht seine Lehre über beide schon damals bei ihm fest. „Das Gesetz ist, was wir tun sollen; Evangelium aber, was Gott geben will. Das erste können wir nicht tun; das andere empfahlen und fassen wir mit dem Glauben.“ „Wenn man des Gesetzes gleich aufs beste brauchet und es auch sein Bestes tut, so vermag‘s gleichwohl nichts mehr, noch anderes zu tun, denn verklagen, schrecken, verdammen und töten. Wo man aber erschrickt und fühlet die Sünde, den Tod, Gottes Zorn und Gericht, da ist gewißlich keine Gerechtigkeit. Doch treibt‘s das Gewissen mit seinem Schrecken auch dazu, daß es der göttlichen Verheißung begehret und auf Christum siehet. Aber dazu muß über das Gesetz der heilige Geist kommen, welcher im Herzen also sage: Gott will nicht (nachdem das Gesetz sein Werk und Amt in dir ausgerichtet hat), daß du allein sollst erschrecken und getötet werden, sondern daß du durchs Gesetz dein Elend erkennest und gleichwohl darum nicht verzweifelst, sondern glaubest an Christus, welcher des Gesetzes Ende ist und gerecht macht alle, die an ihn glauben.“

Daß die Studierenden begeistert Luthers großartiger Persönlichkeit anhingen und sich ganz hinreißen ließen von seiner Gewalt, wer wird sich darüber wundern? – mehr war, daß die Brüder im Kloster, die Bürger der Stadt, die Lehrer der Universität sich ebenso beugten vor der Überlegenheit des gewaltigen Mannes.

Gleich nach seiner Rückkehr aus Rom war Luther Unterprior im Wittenberger Kloster geworden, bald vertraute man ihm die Leitung des theologischen Studiums seiner Mitbrüder an, seit 1515 ward er durch die Wahl der Ordensmitglieder Distriktsvikar für Meißen und Thüringen; 10, dann 11 Klöster waren ihm unterstellt. Es war nicht seine Art, sich die ihm anvertrauten Arbeiten leicht zu machen, er war auch hier für seine Ämter im Orden mit Leib und Seele tätig. Er reiste von Kloster zu Kloster, er setzte deshalb die ihm lieb gewordene Lehrtätigkeit an der Universität Monate lang aus, er ermahnte durch mündliche Rede und seine Briefe, er war immer geneigt zu vergeben und christliche Liebe zu üben, er tröstete, wo es Not tat, aber er schritt auch mit Strenge ein, wenn es galt.

Der Ruf von der Gewalt seiner Rede war längst über die Mauern seines Klosters und die Hörsäle der Universität hinausgedrungen. Er hatte in Erfurt bereits im Kloster gepredigt, er hatte es im Wittenberger Kloster getan, jetzt (1516) ward ihm auch das Amt des Predigers an der Stadtkirche zu Wittenberg übertragen, da der damalige Inhaber des Stadtpfarramtes wegen körperlicher Schwäche die Kanzel nicht oft besteigen konnte. Luther predigte jetzt täglich, oft mehr als einmal am Tage, er ward der gefeiertste Prediger weit und breit.

Er war der erste Mann in Wittenberg, der erste Mann in den Augustinerklöstern Thüringens und Meißens, er ward jetzt auch die bestimmende Persönlichkeit für die Richtung der theologischen Fakultät in Wittenberg. Er ward, was Staupitz von ihm erwartet, aber doch so ganz anders, als Staupitz es vorgeschwebt haben mag. Die „Augustinische und Paulinische Theologie“, wie Luther seine Lehre von der Rechtfertigung durch den Glauben nannte, triumphierte an der Universität Friedrichs des Weisen vollständig. Die bedeutendsten Lehrer der theologischen Fakultät, ein Amsdorf, ein Karlstadt, schlossen sich nach anfänglichem Bedenken der neuen Richtung an, jetzt gab es kein Halten mehr. Luther selbst sagte darüber im Anfang 1517: „Unsere Theologie und St. Augustinus machen Fortschritte. Durch Gottes Beistand herrschen sie an unserer Universität. Mit Aristoteles (d. h. mit der scholastischen Theologie) geht es abwärts, hoffentlich auf immer. Wer noch Zuhörer haben will, darf nur diese Theologie vortragen, d. h. er muß über die Bibel, Augustin oder einen anderen Lehrer kirchlicher Geltung lesen."

Noch ist sich Luther seiner Entfremdung von der allgemeinen Kirchenlehre, vom Papsttum nicht bewußt. Er hat tatsächlich schon gebrochen mit ihnen, aber noch war er, wie er selbst später ausgesprochen, „ein unsinniger Papist, so trunken, ja so versunken in die Lehren des Papstes, daß ich gern alle, welche dem Papste auch nur mit einer Silbe den Gehorsam schmälerten, getötet oder ihren Mördern geholfen hätte." Da gab der Ablaßhandel den Anstoß, daß sich auch äußerlich schied, was innerlich schon längst geschieden war.

6. Das deutsche Reich und die Kirche

Vor dem Ausbruch des weltbewegenden Kampfes, der sich nun erhebt, scheint es notwendig, einen Blick zu werfen auf den Boden, wo dieser Kampf, zuerst wenigstens, ausgefochten, auf die Gegner, gegen die er geführt werden sollte. Nur so läßt sich der Gang und der Erfolg der Reformation verstehen.

Die Reformation ist das Werk eines deutschen Mannes, sie war aber auch nur durchführbar in Deutschland. Der Zustand des Staates und seiner Verfassung so gut, wie die Lage der Bevölkerung begünstigten sie hier in hervorragendem Maße. Noch stand an der Spitze Deutschlands ein König, der das römische Kaisertum, die höchste weltliche Würde der Christenheit, bekleidete. Aber diese Würde war doch kaum mehr denn ein leerer Schall. Die Könige Europas hatten sich längst frei gemacht von der Obergewalt des deutschen Königs, der ihr Kaiser sein sollte; ja seit Jahrhunderten waren die römischen Kaiser selbst in Deutschland nicht mehr wirkliche Könige. Die Fürstengewalt war übermächtig geworden, vergebens hatten einzelne Kaiser, wie der Luxemburger Siegmund im 15. Jahrhundert, eine Reichsreform in kaiserlichem Sinne erstrebt, sie waren gescheitert; es gab auch den deutschen Fürsten gegenüber nur noch einen Namenkönig, wie es den christlichen Königen Europas gegenüber nur noch dem Namen nach einen römischen Kaiser gab. Freilich auch den Versuch der deutschen Fürsten, aus Deutschland einen Staat zu machen, in dem die Regierung in den Händen der fürstlichen Aristokratie lag, der König und Kaiser nur die ausführende Behörde war, hatte jetzt eben um das Jahr 1500 der Kaiser Maximilian I. zu Fall gebracht. Das Kaisertum, so wenig es an sich bedeutete, hatte doch noch Macht genug besessen, diesen Anlauf gegen seine Stellung abzuschlagen. Die Fürstengewalt war damit nicht bezwungen, aber sie war auch nicht, wie sie erstrebt, die alleinherrschende geworden. Der reichsfreie Adel, der sich von ihr am meisten bedroht sah, die reichsfreien Städte, die nicht minder gefährdet waren, wenn die Macht der Landesfürsten wuchs, sie atmeten auf, sie hofften nun wieder auf eine Lösung der schwebenden Verfassungsfragen, die ihnen günstiger, die ihren Ansprüchen gerechter würde. Daß eine Reform des Reiches Not tue, sahen auch der Adel und die Städte wohl ein, überzeugten sie doch ihre eigenen Zustände täglich mehr davon. Die Wehrkraft des Adels ging bei der aufkommenden neuen Kriegsführung zurück, und die Städte konnten sich bei der Veränderung der Handelswege auf der Höhe, die sie im 13. und 14. Jahrhundert erstiegen, im 15. behauptet hatten, nicht mehr halten, sie mußten sinken und versinken, wenn nicht Reformen ihnen neue Lebensbedingungen schufen. Und das Gefühl, daß es anders, daß es besser werden müsse, hatte auch der gedrückteste Stand jener Zeit, der der Bauern. In früheren Jahrhunderten vielfach in glücklichen Verhältnissen, war seine Lage, seitdem aus den fürstlichen Dienstmannen, den Ministerialen, sich der niedere Adel entwickelt hatte, immer gedrückter, immer bedrängter geworden. Und während an den südlichen Marken deutschen Landes die Schweizer Bauern und Hirten sich frei kämpften von jeder Oberherrschaft adeliger und fürstlicher Herren, geriet der deutsche Bauer in immer drückendere Abhängigkeit von seinem Guts- und Landesherrn. Die Last der Fronden wuchs übermäßig, und wenn die Älteren sich ihr fügten, weil sie sorgten für Weib und Kind, die Jüngeren empfanden sie um so drückender, je mehr sie sich ihrer Kraft bewußt wurden, hatte doch so mancher unter ihnen des „frommen Landsknechts" Freiheit kosten gelernt und erfahren, wie wenig der Ritterspieß gegen die Wucht der geschlossenen Landsknechtshaufen noch ausrichtete. Kaiser und Königtum, die Fürsten, Adel, Städte und Bauern, sie alle ersehnten eine Änderung der Dinge. Alle waren unbefriedigt. Wenn jetzt die Stimme des Rufers sich erhob, die es verstand, den rechten Ton anzuschlagen, welche Wirkung konnte, ja mußte dann erzielt werden!

Aber gab es denn ein gemeinsames Interesse in diesen verschiedenen Ständen, gab es denn in den Seelen von Vornehm und Gering durch Gesamtdeutschland eine solche Saite, die nur angeschlagen zu werden brauchte, um überall voll und rein zu erklingen? Es hieße die Zeit und ihren Geist nicht verstehen, wollte man es leugnen.

Die Zeit des ausgehenden 15., des anhebenden 16. Jahrhunderts trägt unter den Merkmalen, durch welche sie sich abhebt von den vorausliegenden Menschenaltern, vor allem das, daß die Völker anfangen, sich als Einzelvölker, als Nationen zu fühlen. Der nationale Gedanke tritt damals überall mächtig hervor, er gewinnt auch in dem deutschen Geistesleben Gewalt und bald die Herrschaft.

Deutsche Lieder, deutsche Dichter hatte es lange gegeben, ja die deutsche Dichtkunst hatte im Mittelalter eine Höhe erreicht, wie sie ihr lange nicht wieder beschieden gewesen, aber die Sprache der Gebildeten in Geschäft und Wissenschaft war die lateinische gewesen und geblieben, jetzt erst begann auch die deutsche Prosa zu blühen. Deutsche Chroniken, deutsche Predigten, deutsche Volksbücher entstanden und fanden durch die neue Kunst des Buchdrucks weite Verbreitung. Gerade die besten Männer des deutschen Volkes wenden sich der Sprache des Volkes zu, weil sie sich an das Volk selbst wenden. Der Humanismus, der in Italien die Gebildeten fast zu Heiden machte, der sie schied von der Masse der Ungebildeten durch eine unüberschreitbare Schranke, verlor in Deutschland den Zusammenhang mit dem Volke nicht, er blieb im allgemeinen deutsch oder ward es wieder, er schied sich nicht hochmütig vom Volke, er suchte es zu sich emporzuziehen. Es waren die „Brüder vom gemeinsamen Leben", welche zuerst die Forderung aussprachen, daß auch die Laien die Bibel in der Muttersprache, ihn ihrem geliebten Deutsch lesen sollten, daß man sie ihnen übersetzen müsse. Die Forderung, deutsch zu sein, trat überall hervor, und schroff setzte man sich denen entgegen, welche dieser Richtung nicht folgten oder gar als ihre Gegner galten.

Es waren besonders die Vertreter der Kirche, die man für verwelscht ansah, die man darum mit Spott und Hohn nicht bloß, die man mit wirklichem Hasse verfolgte. In Volksbüchern und Volksliedern wurde die Verderbtheit der Geistlichen, vor allem der Mönche angegriffen, der Volkswitz spielte ihnen übel genug mit. Ihre Unwissenheit, ihre Völlerei bilden den regelmäßig wiederkehrenden Inhalt der Bücher, die sich mit dem Leben der Zeit beschäftigen. Gerade als Luther in Wittenberg sich seine gebietende Stellung schuf, machte in Deutschland der ärgerliche Handel gegen Johann Reuchlin, den scholastische Halbwisserei gegen die freie Forschung begonnen, alle Verständigen zu Gegnern der mönchischen Unduldsamkeit. Auf die Angebereien eines übergetretenen Juden war man eben darauf und daran gewesen, die hebräischen Bücher, mit Ausnahme des alten Testaments, zu vernichten, als Reuchlin, der einzige Christ, der genügend Hebräisch verstand, um ein Urteil darüber zu haben, sich gegen solches Tun erklärte. Die Dominikaner und Kölner Theologen begannen deshalb einen Streit gegen

Reuchlin, in dem allmählich die besten Elemente des Volkes gegen sie Partei nehmen mußten und der endlich einen literarischen Ausdruck fand durch die deutschen Humanisten, namentlich den Erfurter Crotus Rubianus und Ulrich von Hütten, in den „Briefen der Dunkelmänner", den Epistulae obscurorum virorum, dieser köstlichen Karikatur der Mönche mit ihrem Küchenlatein, ihren Gelagen und Liebeleien, ihren Streitfragen über Nichts und wieder Nichts.

Und wie dem einzelnen Gliede der Kirche, so stand man vor allem entgegen dem Papsttum und seinen Vertretern. Und wahrlich, die letzten Jahrhunderte gaben Ursache genug dazu. Was der christlichen Welt im 14. und 15. Jahrhundert während der Zeit des Schismas geboten worden war von ihren geistlichen Oberherrn, das war wohl stark genug, aber es ward überboten von dem, was dem ruchlosen Alexander VI. möglich war, der mit Gift und Dolch für seinen Sohn Cäsar Borghia, der ruchlos, aber auch tatkräftig war wie er, arbeitete an der Ausrichtung eines italienischen Reiches. Sein Tod war seines Lebens würdig. Er starb an Gift, das er für andere gemischt. So ruchlos, wie er, war sein Nachfolger Julius II., unter dessen Regierung Luthers Romreise fällt, zwar nicht, aber ein geistlicher Vater der Christenheit war er so wenig wie jener. Sein Streben war auf Macht und Pracht gerichtet, eine weltliche Herrschaft des Papsttums aufzurichten, groß genug, um Italien selbst ganz zu bezwingen, das war sein Ziel. Ihm jagte er nach. Kampf und Streit mit den Waffen der Welt war seine Hauptaufgabe. Und Leo X., der ihm 1513 gefolgt war, ein Sproß des Pracht und kunstliebenden Haufes der Medici aus Florenz, unterschied sich darin wenig von ihm. Humanistisch gebildet, im Grunde seines Herzens kaum noch ein Christ, sah er mit Verachtung auf die Herde der Gläubigen, deren Hirt er sein sollte. Sie waren ihm eine törichte Menge, deren religiöse Handlungen und deren Glaube ihm fast lächerlich erschienen. Italienischer Fürst war er dazu ebenso wie Julius II. vor allem und in erster Linie. Wie hätte ein solcher

Mann den Deutschen ein besseres Zutrauen zum Papsttum bringen können? Was sie von Rom erfuhren, war Verachtung, wie sie auch Luther zu seinem Grimm in Rom soweit verbreitet gegen die Deutschen gefunden hatte. Nur wenn man deutsches Geld brauchte, dann wußte auch der römische Vater sich seiner Kinder jenseits der Alpen in anderer Weise zu erinnern. Geld aber brauchte der päpstliche Stuhl immer, brauchte er unter prachtliebenden Päpsten wie Julius II. und Leo X. mehr denn je, namentlich als der erstere sich zum Bau der großartigen Peterskirche entschloß und sein Nachfolger die ihm damit übertragene Erbschaft antrat und den Bau fortführte. Der Ablaßhandel, den man dazu auch in Deutschland immer dreister betrieb, ward der Anlaß der Reformation.

DRITTER ABSCHNITT

Vom Beginne des Ablaßhandels bis zum Wormser Reichstag

1. Der Ablasshandel und die 95 Thesen Luthers

Die Lehre vom Ablaß hängt aufs innigste zusammen mit der Lehre von der Buße, wie sie sich im Laufe der letzten Jahrhunderte des Mittelalters in der Kirche entwickelt hatte. Danach hat der Mensch für seine Sünde doppelte Strafe zu erleiden, zeitliche hier auf Erden und ewige dort in der Hölle. Erlaß der ewigen Strafen erlangt er durch das heilige Sakrament und die Absolution des Priesters, die zeitlichen aber muß er abbüßen hier auf Erden durch Fasten und Beten, durch Wallfahrten und Stiftungen, kurzum durch gute Werke aller Art, wie sie der die Beichte hörende Priester auferlegt. Und gelingt es dem Sünder nicht, diesen zeitlichen Strafen genug zutun auf Erden, dann muß er sie im Fegefeuer büßen, das ihm also nicht erspart bleibt, wenn auch Christi Tod ihn von der ewigen Verdammnis erlöst hat. Nun besitzt aber die Kirche einen Schatz von guten Werken, aufgehäuft durch Christi Tod und der Heiligen Leben und Sterben, über den der Papst als der Kirche Oberhaupt verfügen kann zum Besten der Christenleute, die sich gläubigen und demütigen Herzens an die Kirche wenden. Solcher Ablaß war vielfach in den letzten Jahrhunderten von Rom verkündet worden. Gegen Bußhandlungen leichter Art, die die Kirche auferlegte, ward er den Bittenden gewährt. Nach der Lehre der Kirche sollte Ablaß nur denen zu teil werden, die gebeichtet und Vergebung der Sünden durchs Sakrament erhalten hatten, aber gar zu oft ward er mit empörendem Leichtsinn durch die Priester erteilt. Mit bitterem Hohn schildert der Dichter des Reineke Fuchs, wie Grimbart der

Priester dem hundertfältigen Sünder Reineke die Buße auferlegt, dreimal über ein Reis zu springen und es zu küssen, und ihm dann, als sei nun allem genug geschehen, Absolution erteilt, wobei er freilich nicht unterläßt, ihm fleißigen Kirchenbesuch und Absingen der Horen anzuempfehlen. Und schlimmer noch wurde der Mißbrauch, als die Kirche den Ablaß zu erteilen begann gegen Geld. Auch jetzt noch sollte Buße und Reue und Absolution solchem Ablaß wenigstens für Lebende vorausgehen, aber wie selten war das wirklich der Fall, und um die Seelen der Verstorbenen aus dem Fegefeuer zu erlösen, war ja wirklich bloße Geldzahlung erforderlich; auch das Geld, was für den Ablaß bezahlt wurde, sollte kirchlichen Zwecken, frommen Stiftungen zu gute kommen, aber wer wußte nicht, daß nur ein Teil dazu verwandt wurde, vieles in den Händen und Taschen der Ablaßprediger und ihrer Auftraggeber blieb! Die Anschauung, daß man um Geld ohne Reue und Buße sich Ablaß erkaufen könne, daß man damit ein Gut sich erwerbe, so wertvoll wie die Vergebung der ewigen Strafen selbst, ja daß im Ablaß die ewigen Strafen mit vergeben seien, griff immer mehr um sich. Ein solcher Ablaß nun mit seinen entsittlichenden Folgen war's, der im Jahre 1517 durch Deutschland gepredigt wurde. Leo X. brauchte Geld zum Bau der Peterskirche, Albrecht von Brandenburg, Erzbischof von Mainz, bedurfte des Geldes, um die Palliengelder im Betrag von 30000 Gulden (etwa 200000 Mark), die er dem Papste für die Verleihung des erzbischöflichen Palliums gezahlt, an das Haus Fugger, von dem er sie entliehen, zurückzuerstatten. So vereinten sich beide zu dem einträglichen Geschäft des Ablaßhandels in Deutschland in der Weise, daß Albrecht als päpstlichem Oberkommissar für einen großen Teil Deutschlands die Hälfte der einkommenden Gelder – ein Vertreter der Fugger, der den Ablaßprediger begleitete, nahm sie gleich für sein Haus entgegen – dem Papste die andere Hälfte für den Kirchenbau in Rom zufallen sollte. In Johann Tetzel, einem Dominikanermönch von wenig reinen Sitten, aber gewaltiger Stimme und marktschreierischer Beredsamkeit, im Ablaßhandel bereits erprobt, fand man den rechten Ausbieter der kostbaren Ware. Bald hörte man durch ganz Norddeutschland hin von den Erfolgen des neuen Ablaßpredigers, von seinen Predigten, von seinem Auftreten. Überall, wohin er kam, strömten ihm von weit und breit die Scharen derer zu, die Ablaß für sich oder für die im Fegefeuer schmachtenden Seelen ihrer entschlafenen Angehörigen begehrten. Denn Tetzel verstand sein Handwerk von Grund aus. Schon lange ehe er in die Städte, wo er den Ablaß predigen wollte kam, erging an die Pfarrherren des Orts und der Unigegend eindringliche Mahnung, daß sie ihren „Schafen“ sollten kundtun, „daß sie so hohe Gnade, die zu Seligmachung der Seelen verliehen ist, nicht versäumen wollen“. Und auf daß denen, welche den rechten Ton etwa nicht treffen sollten, der Weg gezeiget war, wie die Predigt, die sie ihrer Gemeinde halten sollten, beschaffen sein müsse, sandte er die Predigt gleich mit. Eine Probe aus einer derselben mag genügen: „Höret Ihr nicht die Stimme Eurer schreienden toten Eltern und anderer, die da sagen: Erbarmet, erbarmet Euch doch mein, weil die Hand Gottes uns gerühret. Wir sind in schwerer Strafe und Pein, davon Ihr uns mit wenigem Almosen erretten könnt und doch nicht wollt. Tut die Ohren auf, weil der Vater zu dem Sohn und die Mutter zur Tochter schreiet: Warum beißt Ihr mich wie ein Zahn und sättiget Euch von meinem Fleisch? Als wollten sie sagen: Wir haben Euch gezeuget, ernähret, erzogen und Euch unser zeitlich Gut gelassen: warum seid Ihr denn so grausam und hart, daß, da Ihr uns mit leichter Mühe erretten könnt, Ihr doch nicht wollet, und lasset uns in Flammen liegen, daß wir so langsam zu der uns verheißenen Herrlichkeit kommen?

Ihr könnt ja Beichtzettel haben, kraft deren Ihr volle Erlassung der Strafen, so der Sünden gebühren, erlangen könnt. O Ihr, die Ihr Gelübde auf Euch habt, Ihr Wucherer, Räuber und Lasterhafte! Jetzt ist es Zeit, Gottes Stimme zu hören, der nicht will den Tod des Sünders, sondern daß er sich bekehre und lebe u. s. w.“

Und war nun der Boden in einem weiteren Umkreise durch solche Predigten gehörig vorbereitet, dann zog der Ablaßprediger selbst ein mit allem Pomp, dessen die Gemüter der Gläubigen bedurften, um ganz erfüllt zu werden von der Großartigkeit dessen, was Tetzel ihnen bot. Ein Augenzeuge berichtet uns darüber: „Der Ablaß war so hoch geehrt, daß wenn man den Commissarium in eine Stadt einführte, so trug man die Bulle, d. h. den päpstlichen Erlaß über den Ablaß, auf einem Summet oder güldenem Tuch daher, und gingen alle Priestermönche, der Rat, Schulmeister, Schüler, Mann, Weib, Jungfrauen und Kinder mit Fahnen und Kerzen, mit Gesang und Prozession entgegen. Da läutete man alle Glocken, schlug alle Orgeln, begleitet ihn in die Kirchen, richtet ein rot Kreuz mitten in der Kirchen auf, da hängt man des Papsts Panier an, und in Summa: man hätte nicht wohl Gott selbst schöner empfangen und halten können." Und nun begann der Ablaßprediger selbst seine Arbeit. Nicht bloß für die Sünden, die bereits begangen waren, auch für solche, die erst begangen werden sollten, hatte er Zettel im Vorrat, und Schwarz auf Weiß konnte jeder die beglückende Gewißheit erkaufen, daß die Seelen der teuren Verstorbenen den Qualen des Fegefeuers entrissen seien. Heranströmte die Menge der Ablaß Heischenden, und luftig klang das Geld im Kasten – zur Freude der Unternehmer, wenn auch nicht immer zur Freude der Landesherren, von denen manche den Ablaßhandel in ihren Territorien geradezu verboten hatten, weil sie ihre Untertanen nicht wollten ausbeuten lassen. Auch Kurfürst Friedrich hatte Tetzel den Ablaß auszubieten in Sachsen untersagt, aber konnte er hindern, daß seine Landeskinder hinüberliefen in die Städte der benachbarten Staaten, wo der Ablaßhandel gestattet war?

Es war im Herbste des Jahres 1517, als Tetzel in dem zum Erzbistum Magdeburg gehörigen Jüterbog, in unmittelbarer Nähe des Wittenberger Kreises sein Wesen trieb. Lärmender als je pries er seine Ware an. Luther hörte von den frechen Reden des Mönches, er mußte es erleben, daß auch von seinen Beichtkindern viele gen Jüterbog zogen, daß sie, mit dem Ablaßzettel heimkehrend, der Vergebung auf lange versichert, der Reue und Buße nicht mehr glaubten zu bedürfen: da ergrimmte der glaubensstarke Mann in seinem Geiste, er konnte, er durfte nicht mehr schweigen, wo das Seelenheil seiner Gemeinde, ja das Christentum selbst in Gefahr kam. Geistliche und Laien mußte, so meinte er, der warnen, der warnen konnte. Am 31. Oktober 1517, am Tage vor Allerheiligen und vor dem Kirchweihfest der Schloßkirche zu Wittenberg, deren Prediger er war, schlug er seine 95 Thesen über den Ablaß an die Tür der Schloßkirche, am Abend desselben Tages predigte er seiner Gemeinde über die Geschichte des Zachäus aus dem Evangelium Lucae 19,1 ff. und nahm dabei Gelegenheit, der Gefahr, die im Ablaß liege, zu gedenken. Er sprach in seiner Predigt nur in Kürze davon und nur in soweit, daß es den Laien nicht irren konnte. Er betonte besonders den Unterschied zwischen der inneren Buße und den äußerlichen Bußwerken, wie sie die Kirche auferlege. Nur auf die letzteren beziehe sich der Ablaß, die innere Buße aber, die da wirket eine Besserung des ganzen Menschen, könne niemand durch Ablaß erspart werden. Daß er damit des Papstes Worte über den Ablaß nicht antasten wolle, hob er ausdrücklich hervor.

Es waren die Sätze über den Ablaß, welche ihm selbst schon volle Gewißheit geworden, die Luther hier seiner Gemeinde predigte, ganz anders stand es mit den 95 Thesen. „Aus Liebe und rechtem Fleiß, die Wahrheit an den Tag zu bringen," hatte er hier zusammengestellt, was ihm an der Lehre vom Ablaß ausführlicher und gelehrter Besprechung bedürftig schien. Er wollte gerade durch die Disputationen, die er damit anregte, sich selber über die schwierige Frage klarer werden.

Er geht von dem Satz aus: „Da unser Meister und Herr, Jesus Christus, spricht: Tut Buße! will er, daß das ganze Leben seiner Gläubigen auf Erden eine stäte oder unaufhörliche Buße soll sein", denn „der Papst will noch kann nicht einige andere Pein erlassen außerhalb derer, die er seines Gefallens oder laut der Canonum, das ist päpstlicher Satzungen, auferleget hat“, und wenn er in seiner Ablaßbulle von „vollkommener Vergebung aller Pein“ spricht, so meint er „die Pein allein, die er selbst hat aufgelegt.“ „Die predigen Menschentand,“ sagt Luther weiter, „die da fürgeben, daß, sobald der Groschen in den Kasten geworfen klinget, von Stund an die Seele aus dem Fegefeuer fahre.“ „Man soll die Christen lehren, daß der dem Armen gibt oder leiht dem Dürftigen, besser tut, denn daß er Ablaß löset,“ und daß der Papst, wüßte er von der „Ablaßschinderei“, „lieber wollte, daß St. Peters Münster zu Pulver verbrannt würde, denn daß es sollte mit Haut, Fleisch und Bein seiner Schafe erbauet werden.“ Ja, die freche und unverschämte Predigt vom Ablaß macht, daß es auch den Gelehrten schwer wird, des Papsts Ehre und Würde zu verteidigen vor Verleumdung oder gar vor den scharfen, listigen Fragen des gemeinen Mannes: „Als nämlich: Warum erlediget der Papst nicht alle Seelen zugleich aus dem Fegefeuer um der Allerheiligsten Liebe willen und von wegen der höchsten Not der Seelen als der allerbilligsten Ursachen, so er doch um des allervergänglichsten Geldes willen zum Bau St. Peters Münsters unzählig viel Seelen erlöset als von wegen der lösesten (d. h. leichtfertigsten) Ursachen?“ Solche und ähnliche Fragen, sagt Luther, darf man nicht einfach mit Gewalt „dämpfen“, sondern es gilt sie zu entkräften durch Gründe, und das ist schwer genug. „Man soll,“ so schließt er, „die Christen vermahnen, daß sie ihrem Haupte Christo durch Krenz, Tod und Hölle nachzufolgen sich befleißigen und also mehr durch viel Trübsal ins Himmelreich zu gehen, denn daß sie durch Vertröstung des Friedens sicher werden.“

Lateinisch hatte Luther seine Thesen abgefaßt und damit genugsam gezeigt, daß er sie nicht für das Volk, daß er sie nur für Gelehrte, für Theologen bestimmt. Es war Sitte der Gelehrten jener Zeit, wissenschaftliche Fragen durch Anschlagen von Thesen und durch Aufforderung zu öffentlicher Disputation zu weiterer Verhandlung und womöglich zum Austrag zu bringen; es war auch Sitte, solche Thesen zu veröffentlichen an kirchlichen Festtagen, weil sie da am leichtesten in weiteren Kreisen bekannt wurden. Etwas Auffälliges lag also in Luthers Tat an sich nicht, und doch welch Aufsehen erregten die Thesen allenthalben! In vierzehn Tagen hatten sie ganz Deutschland, in vier Wochen die ganze Christenheit durchlaufen, „als wären die Engel selbst Botenläufer". Was war's, das sie so berühmt machte? Waren es die theologischen Sätze, die Luther aufstellte? Schwerlich. Nein, „daß doch einmal einer gekommen wäre, der drein griffe", der aufzutreten wagte gegen den Ablaß, über den alle Welt klagte, daß jemand den Mut hatte auszusprechen, was alle fühlten, das war's, was Luther in der ganzen Christenheit, in seinem Volke vor allem, vieler Herzen gewann. Er ward den Deutschen mit seinen 95 Thesen der Vorkämpfer im Strauße gegen den welschen Herrn in Rom, und darum jubelten ihm alle zu, auch die – und das war die Mehrzahl –, welche von seinen theologischen Sätzen und Ausdrücken nichts verstanden.

Luther selbst hatte nicht geahnt, welchen Sturm seine einfachen Sätze heraufbeschwören würden. Er war fast betreten über den Ruhm, den sie ihm brachten; er fürchtete, daß „das Lied seiner Stimme zu hoch werden" möchte, war er doch nur ein elender, verachteter Mönch, abgemagert und krank, „dazumal mehr einer Leiche als einem Menschen gleichend", und sein Gegner kein geringerer als der Papst, der Herr der Christenheit auf Erden. Aber hineingezogen mit Gewalt in den Kampf, bewährte er den rechten und echten

Mut des gottesfürchtigen deutschen Mannes. Seinem Freunde, dem Juristen Hieronymus Schürf, der ihm bekümmert zugerufen: „man wird's nicht leiden", hatte er fast schelmisch geantwortet: „wie, wenn man's müßte leiden?" und seinen Ordensbrüdern, die ihn voll Angst um den Ruf des Ordens beschworen, abzustehen von seinem Werke, erwiderte er: „Ist's nicht in Gottes Namen angefangen, so wird's bald fallen; ist's aber in seinem Namen angefangen, so laßt den selbigen machen." Sein Vertrauen fetzte er nicht auf Menschen, nicht auf seinen Kurfürsten, nicht auf Freunde, zu seinem Gott allein erhob sich sein Blick hoffnungsvoll. „Ist das Werk aus Gott, wer wird's hindern? Ist's nicht aus Gott, wer wird's fördern, es geschehe nicht mein, sondern dein Wille, heiliger Vater im Himmel," so sprach er zu seinem Freunde Lange, so tönte es in seinem Herzen.

Zunächst ward ihm der Kampf nicht eben schwer gemacht. Wohl erhob sich Tetzel gegen ihn und verteidigte in den Thesen, mit denen er sich im Januar 1518 zu Frankfurt a. O. den Grad eines Doktors der Theologie erwarb, den Ablaß und die Allgewalt des Papstes in der Kirche, aber die Sätze, die er mit Hilfe des Konrad Wimpina zusammengebracht, enthielten bloße Behauptungen, keine Widerlegung der 95 Thesen. Luther würdigte sie keiner Erwiderung, seine Wittenberger Schüler verbrannten, was von Exemplaren in ihre Hände kam.

Kränkender war Luther der Angriff des Ingolstädter Theologen Johann Eck. Noch vor kurzem hatte Luther mit dem gewandten Disputator ein literarisches Freundschaftsbündnis geschlossen, jetzt sprach der „Freund" in einer Schrift, die er handschriftlich verbreiten ließ, vom „böhmischen Gifte", das in Luthers Thesen verborgen sei, und von Mißachtung des Papstes, die aus ihnen spreche. Schweigen war hier für Luther kaum möglich. Er antwortete, aber was wichtiger war als diese Erwiderung, die vorläufig nicht gedruckt wurde, er sah sich genötigt, sich immer von neuem mit dem Ablaß zu beschäftigen, und seine Gewißheit über vieles, was ihm noch zweifelhaft gewesen, wuchs. Er machte sich an die Ausarbeitung ausführlicher lateinischer, also für Gelehrte bestimmter „Resolutionen“, d. h. Erläuterungen zu seinen Thesen, und als sein Bischof von Brandenburg den Druck dieser Schrift aus Besorgnis wegen ihrer voraussichtlichen Wirkung verzögerte, da veröffentlichte er für die Laien den deutschen „Sermon von Ablaß und Gnade“. Was er schon im Februar 1518 seinem Freunde Spalatin im Vertrauen mitgeteilt, hier spricht er es geradezu aus, daß „der Ablaß zugelassen wird um der unvollkommenen und faulen Christen willen, die sich nicht wollen üben in guten Werken und ohne Leiden sein“.

Immer kühner ging der Mönch von Wittenberg vor. Auf einem Augustinerkonvent zu Heidelberg disputierte er, mit großem Erfolg namentlich bei den jüngeren Zuhörern, für seine „Paulinische und Augustinische Theologie“, einen erneuten Angriff Tetzels wehrte er mit scharfer Feder ab, die „Resolutionen“ veröffentlichte er mit einer Zuschrift an den Papst Leo X., die zwar der Demut des Mönches gegen die Heiligkeit des Papstes noch einmal vollen Ausdruck gibt, aber doch auch mutig erklärt, Widerruf der Thesen sei unmöglich; und daß es ihm ernst war mit dieser Erklärung, zeigen die Worte, die er damals an Staupitz geschrieben: „Meinen drohenden Feinden habe ich nichts zu erwidern als das Wort Reuchlins: wer arm ist, fürchtet nichts, er kann nichts verlieren; Geld und Gut habe ich nicht und begehre ich nicht; habe ich guten Ruf und Ehre gehabt, so macht mir diese, wer sie einmal zunichte macht, fort und fort zunichte; eins ist mir übrig, ein dürftiger, schwacher, von beständiger Beschwerde ermatteter Leib; nehmen sie mir ihn mit Gewalt oder mit List Gott zu Dienste, so machen sie mich um eine oder zwei Stunden des Lebens ärmer; mir genügt der süße Erlöser und Versöhner, mein Herr Jesus, dem ich singen will, so lang ich lebe; will einer nicht mit mir singen, was geht‘s mich an? Er mag, wenn er will, bei sich selber heulen.“

Noch hatte der Papst in Rom nicht gesprochen, noch durfte Luther hoffen, daß die Gerechtigkeit seiner Sache bei Leo X. für ihn entscheiden würde – da erhielt er den Dialogus des Silvester Prierias, eine Schrift, die aus der nächsten Umgebung des Papstes stammte, und wenige Tage später, am 7. August, gelangte die Ladung des vom Papste gegen ihn bestellten Gerichtshofes, der ihn binnen 60 Tagen nach Rom vor seine Schranken rief, in seine Hand. Des Prierias Schrift war nichts anderes als eine schrankenlose Verherrlichung der Allgewalt des Papsttums, sie erklärte geradezu, daß der Papst, wenn er von Amts wegen rede, nicht irren könne, daß „jeder, welcher in betreff der Ablaße sagt, daß die römische Kirche das, was sie faktisch tut, nicht tun könne, ein Ketzer ist". Und daß das Gericht, welches über Luther entscheiden sollte, in demselben Sinne urteilen würde, war zweifellos, denn gerade Prierias war das bedeutendste Mitglied des Gerichtshofes, welchen der Papst bestellt hatte.

Luther war zuerst aufs höchste betroffen über die Schrift des Prierias wie über die Citation, er hatte anderes und besseres von Rom erwartet. Als er aber den Dialogus gelesen, da erschien er ihm so nichtig, daß er nur darüber lachen konnte. Nur die bedeutende Stellung, welche der Verfasser in Rom bekleidete, erklärt es, daß er eine Entgegnung für notwendig hielt. In dieser stellte er seine Ansichten denen des Dominikaners Prierias scharf entgegen: Nicht der Papst kann über kirchliche Lehre entscheiden, sondern nur ein Konzil und – bezeichnend genug für die Gewißheit, die Luther bereits geworden – auch das Konzil kann irren, auch mit seinem Spruch ist die Irrigkeit der Lehre noch nicht erwiesen.

Der Ladung nach Rom Folge zu leisten, hieß, das sah Luther nur zu wohl ein, in das sichere Verderben gehen. Er gedachte jetzt der Zusicherung, die ihm Kurfürst Friedrich früher gemacht, daß man ihn nicht „nach Rom schleppen" solle; durch Spalatin bat er ihn, dahin zu wirken, daß über ihn in Deutschland gerichtet würde. Und als ahnte er, daß die Strafen der Kirche in nächster Zeit ihn treffen würden, veröffentlichte er damals eine lateinische Schrift über die Kraft des Bannes, worüber er schon früher in Predigten gehandelt hatte, und er stand nicht an, es hier offen auszusprechen, daß der Bann dem Christen nur die äußerliche Gemeinschaft der Christen nehmen könne, die innere geistliche Gemeinschaft könne dadurch nicht berührt werden, denn sie könne nur Gott geben und nehmen.

Während dieser großartigen literarischen Tätigkeit war der gewaltige Mann als Lehrer der Universität nicht müßig. Mit Eifer erklärte er das neue Testament, mit wahrer Hingebung folgten seine Schüler den begeisterten und begeisternden Worten ihres Lehrers. Und gerade damals kam ihm für seine Wirksamkeit an der Universität eine Hilfe, wie er sie sich schon lange gewünscht hatte. Der junge Philipp Melanchthon (d. i. Schwarzerd oder Schwarzert), ein Verwandter und Schüler des großen Reuchlin, war für Wittenberg gewonnen und begann, erst 21 Jahre alt, am 29. August 1518 seine Lehrtätigkeit. Mit ihm gewann das Studium des Griechischen in Wittenberg einen Mittelpunkt. Luther selbst widmete sich der Sprache mit Eifer, führte sie ihn doch zum Verständnis des Evangeliums, dieses Grund und Ecksteins, auf dem er seine Kirche baute.

3. Cajetan und Miltiz

Mit Schrecken sahen die Dominikaner und alle Anhänger der alten kirchlichen Richtung diese Fortschritte des neuen Wesens, mit Unruhe erkannte man in Rom die Gefahr für das Papsttum. Die Zeit, wo Leo X. fast wohlwollend Luther für einen „recht guten Kopf“ erklärt, war vorüber, auch die hochmütige Überhebung, die sich in dem späteren Wort, „ein voller, trunkener Deutscher“ habe die Thesen geschrieben, aussprach, verfing nicht mehr, man hatte Angst vor dem deutschen Mönche und man wäre ihm gern ans Leben gegangen; in einem päpstlichen Schreiben an den Kurfürsten wird Luther schon ein „ausgemachtes Kind der Bosheit“ genannt und seine Auslieferung an Rom verlangt, aber freilich die Verhältnisse in Deutschland waren dem gar nicht günstig. Friedrich der Weise war nicht gewillt, den Mann, der seine Universität so schnell zu hoher Blüte gebracht und an dem er als Christ nichts Tadelnswertes erkennen konnte, dem römischen Gerichte ohne weiteres preiszugeben, und verderben mit ihm durfte es der römische Hof nicht. Man bedurfte seiner, wollte man den von Kaiser Maximilian gepflegten Plan, seinen Enkel Karl I. von Spanien auf den deutschen Thron zu bringen, verhindern; man konnte ihn nicht entbehren, wollte man beim deutschen Reichstage, der damals in Augsburg zusammen war, die Steuer zum Türkenkriege durchsetzen, denn Friedrich war der einflußreichste Fürst in Deutschland, und der Kaiser war alt. So blieb denn zuletzt nichts übrig, als nachzugeben und dem Kurfürsten zu lieb die Ladung nach Rom einstweilen auf sich beruhen und Luther durch den päpstlichen Nuntius Cajetan in Augsburg verhören zu lassen.

Ende September machte sich Luther gen Augsburg auf. Seine Freunde fürchteten Schlimmes für ihn, Luther selbst dachte nicht anders, als daß er „nu sterben müsse“, aber er reiste, wie sein Fürst ihm geheißen. Zu Fuß, über Weimar, wo Friedrich damals weilte, wanderte Luther nach Nürnberg, tauschte hier von seinem Freunde Link gegen seine sehr abgebrauchte Kutte eine bessere ein und traf endlich am 7. Oktober, nicht ohne von neuem Warnungen vor päpstlichen Anschlägen erhalten zu haben, in Augsburg ein. Auf Rat seiner deutschen Freunde wartete er mit seinem Besuch bei dem Kardinal Cajetan, bis ihm freies Geleit, das er bisher nicht gehabt, zugesichert war; tags darauf, am 12. Oktober, erschien er vor dem päpstlichen Abgesandten. Cajetan – so genannt nach seiner Vaterstadt Gaeta, sein Name war Thomas Bio – trat dem Mönche, der sich ihm demütig und mit Beobachtung aller der Förmlichkeiten, wie sie einem

Kirchenfürsten gegenüber üblich waren, nahte, zunächst gnädig und freundlich entgegen, verlangte aber gleichwohl unbedingten Widerruf, sonst müsse er alle seine Sätze verdammen. Die Bitte Luthers, ihm seine Irrtümer nachzuweisen, führte zu einer längeren Disputation, in welcher der volle Gegensatz beider Männer deutlich hervortrat. Hier der Augustinermönch, das „Brüderlein“, wie ihn der Kardinal nannte, mit seinem Vertrauen zu Gottes Wort, auf das er sich allein stützte, dort der hohe Kirchenfürst, der Vorkämpfer der Unfehlbarkeit des Papsttums, dem die christliche Kirche „eine geborene Magd des Papstes“ war. Eine Einigung war unmöglich. Luther bat sich Bedenkzeit aus und auf den Rat von Staupitz, der inzwischen in Augsburg eingetroffen war, legte er in der zweiten Zusammenkunft mit dem Kardinal in aller Förmlichkeit gegen die Zumutung unbedingten Widerrufs eine schriftliche Verwahrung ein, der er in der dritten Unterredung eine ebenso abgefaßte Rechtfertigung seiner Hauptsätze folgen ließ. Cajetan blieb bei seiner Forderung des Widerrufes und drohte mit Bann und Interdikt, das Mandat dazu sei ihm vom Papst schon gegeben worden. „Geh! Widerrufe oder komme mir nicht wieder vor die Augen,“ das waren seine letzten Worte an Luther. So schieden die Vertreter der alten und der neuen Kirche. Sie haben sich nicht wieder gesehen. Staupitz‘ Versuche, eine Einigung herbeizuführen, blieben erfolglos, der Vermittler selbst sah sich in Gefahr, er verließ Augsburg, nachdem er Luther von der Ordensregel entbunden und ihm damit volle Freiheit des Entschlusses gegeben hatte. Noch hielt Luther aus. Er schrieb noch zweimal an den Kardinal; als er darauf keine Antwort erhielt, glaubte auch er dem Rate seiner Freunde folgen und den Ort verlassen zu müssen, der ihn in die Gewalt des Kardinals gab. Nachdem er noch vor Notar und Zeugen, also in aller Form, eine Appellation von dem schlecht unterrichteten Papste an den besser zu unterrichtenden niedergelegt hatte, ritt er in der Nacht vom 20. zum 21. Oktober auf einem „hart trabenden Klepper“ durch eine kleine Pforte der Stadtmauer, die ihm Freunde öffneten, von einem der Wege kundigen Mann geleitet, aus Augsburg fort auf Nürnberg zu. Er hatte „keine Hosen an, nur Kniehosen, kein Messer noch Wehr, keine Sporn“, des Reitens war er nicht gewohnt, und doch galt es ein tüchtiges Stück Weg zurückzulegen, um den Griffen seiner Gegner zu entkommen. Acht Meilen weit kam er am ersten Tage. Als er abends im Städtchen Monheim abstieg, „konnte er nicht stehen und fiel stracks auf die Streu“. So gelangte er nach Nürnberg, wohin ihm Staupitz vorangegangen, und von dort über Leipzig nach Wittenberg. Am 31. Oktober, am Jahrestage seines Anschlages der 95 Thesen, traf er hier ein. „Durch Gottes Gnade bin ich,“ so schrieb er noch am selbigen Abend an Spalatin, „gesund hier angekommen, ungewiß, wie lange ich bleiben werde; denn meine Sache steht so, daß ich zugleich fürchte und hoffe. Ich bin voller Freude und Friede, so daß ich mich wundere, wie die über mich gekommene Prüfung vielen als etwas Großes erscheinen möge.“

Der nächsten Gefahr war Luther so allerdings entzogen, daß aber der Kardinal und der päpstliche Hof, nachdem es in Augsburg den Ketzer zu ergreifen mißlungen war, nun die Maßregeln gegen das „Kind der Bosheit“ aufgeben würden, glaubte der Gefährdete selbst am wenigsten. Doch seine Ruhe und Freudigkeit ließ er sich dadurch nicht rauben. Gleich nach seiner Rückkehr nach Wittenberg gab er sich den Geschäften der Universität – er war damals Dekan – mit einer inneren Freiheit hin, gleich als gäbe es nichts, was ihn bedrohte. Er predigte in der Stadt und in seinem Stift, er war literarisch nicht müßig, fand er doch damals die Ruhe, seine „Auslegung des Vaterunsers für die Laien“ neu durchzuarbeiten und herauszugeben, ein Buch rein erbaulichen Inhalts, ohne Beziehung auf seinen Streit, von dem er selbst aussprechen konnte, daß er damit auch seinen Gegnern „einen Dienst erzeigen“ möchte.

Nur zu schnell ward er daran erinnert, daß Rom nicht schlief. Ende November erhielt er durch seinen Kurfürsten ein schon vom 25. Oktober datiertes Schreiben Cajetans, das Luthers Landesherrn geradezu aufforderte, den aufrührerischen Mönch entweder nach Rom zu schaffen oder wenigstens des Landes zu verweisen. „Rom,“ so schließt der Brief, „sei nicht gewillt, den gefährlichen Hader jetzt noch lange hängen zu lassen.“ Sofort stellte Luther alles, was er gegen des Kardinals Schreiben zu sagen hatte, zusammen und übersandte es dem Kurfürsten, der zwar mit Luthers rückhaltslosem Auftreten gegen das Papsttum nicht einverstanden war, doch aber den wahrhaftigen Mann und tüchtigen Lehrer seiner Universität nicht preisgeben wollte. Seine Antwort an Cajetan wie seine Verhandlungen mit der römischen Kurie und dem Kaiser zeigten das deutlich. Luther erkannte das Wohlwollen seines Fürsten dankbar an, sich dadurch aber von weiterem Fortschreiten auf seiner Bahn abhalten zu lassen, war er außer stände. Noch im Jahre 1518 veröffentlichte er einen, wenn auch nur lateinischen Bericht über die Augsburger Tage, der ihn besonders in seiner Stellung zum Papsttum weiter entwickelt erscheinen läßt. Die Lehre vom göttlichen Rechte des Papsttums ist ihm hier schon „eine Torheit alberner Menschen, welche gegen Christi Wort: ‚das Reich Gottes kommt nicht mit äußeren Gebärden‘ die Kirche Christi an Zeit und Ort gebunden haben und es wagen, keinen für einen Christen gelten zu lassen, der nicht unter des Papstes Gewaltherrschaft stehe.“

Daß bei solcher Auffassung der Bann ihm nicht erspart werden würde, wußte er, er appellierte darum schon jetzt in aller Form am 28. November 1518 an ein allgemeines Konzil, das, gesetzmäßig berufen und zusammengetreten an einem Orte, den er ohne Gefahr betreten könne – er meinte jedenfalls eine deutsche Stadt – seine Sache verhandelte. Ob er nach solchen Schritten noch in Wittenberg würde bleiben können, schien ihm zweifelhaft. Er machte sich zur Flucht, zum Abgang ins Exil bereit. „Wie Abraham wollte er ausziehen, ohne zu wissen, wohin – nur dessen gewiß, daß Gott überall sei.“ Seiner betrübten Gemeinde sagte er Lebewohl.

„Wenn er einmal weg sei, ohne wieder zu kommen, so möge sie dies für seinen Abschied nehmen.“ Er hatte den Plan gefaßt, nach Paris zu gehen, dessen Universität seinem Standpunkte nicht allzu fern zu stehen schien, da sie die Allgewalt des Papstes nicht anerkannte und dem allgemeinen Konzil die letzte Entscheidung in allen kirchlichen Fragen zuwies. Wie schwer mag er, der thüringische Bergmannssohn, der deutsche Mann mit dem echt deutschen Herzen sich entschlossen haben, in die Fremde, zu den Welschen zu gehen! Einem Schwächeren, denn er war, würde es den Mut geknickt, die Flügel des Geistes gelähmt haben, ihm erhob sich der starke Sinn nur um so höher, je mehr Schwierigkeiten ihn umgaben. Wunderbar die Worte, die er um jene Zeit an seinen Freund Link schreibt: „Weit Größeres noch will meine Feder gebären; ich weiß nicht, woher mir diese Gedanken kommen; diese Sache hat meines Erachtens noch nicht einmal recht ihren Anfang genommen, geschweige denn, daß die großen Hansen in Rom schon auf ihr Ende hoffen dürften.“ Und was er damit meint, deutet er im weiteren an, wenn er schreibt: „Du magst zusehen, ob ich mit Recht ahne, daß am römischen Hof der wahrhaftige Antichrist herrsche, von welchem Paulus redet; daß derselbe heutzutage schlimmer als die Türken sei, glaube ich beweisen zu können.“

Wenn der Bannfluch aus Rom kam, wollte Luther von Wittenberg gehen, aber der Bann kam nicht, statt seiner vielmehr ein neuer Unterhändler, der päpstliche Kämmerer Karl v. Miltitz, ein Deutscher, ein Sachse von Geburt, der die Sache seiner anfangen sollte als Cajetan. Das Ziel, das der päpstliche Stuhl verfolgte, blieb dasselbe; Luther sollte Rom ausgeliefert werden, aber man versuchte es jetzt auf andere Weise zu erreichen. Miltitz sollte dem Kurfürsten als besonderer päpstlicher Nuntius die geweihte Rose, dieses kostbare „Abzeichen des treuen Blutes und Leibes Christi“ überreichen und so Luthers Landesherrn gefügig machen für das päpstliche Ansinnen. Zugleich aber hatte der Abgesandte an alle einflußreichen Personen des kursächsischen Hofes, an die fürstlichen und städtischen Behörden in Wittenberg Schreiben mit, die eine gewaltsame Fortführung Luthers, dieses „vom Teufel ausgegangenen Sohnes des Verderbens“ ermöglichen füllten. Auch an die Orte, durch welche der Gefangene geführt werden mußte, waren Breves abgefaßt und in Miltitz‘ Hand. So war alles vorbereitet von langer Hand zu einem Hauptschlage gegen Luther. Aber gleich als Miltitz die Alpen überschritten hatte und auf deutsches Gebiet trat, im Winter 1518, ward ihm klar, daß so einfach, wie man sich in Rom gedacht, sich der Auftrag nicht würde erledigen lassen. Mit Staunen hörte er überall, vornehmlich in Augsburg und in Nürnberg, wo er sich länger aufhielt, die Besten sich für Luther erklären. Wohin er kam, fand er eifrige „Martinianer“. Er selbst sprach es später aus, „unter fünf Menschen habe er kaum zwei oder drei getroffen, die Rom noch günstig gewesen seien; nicht mit 25000 Mann – nach damaligen Begriffen ein gewaltiges Heer – würde er gewagt haben, Luther durch Deutschland nach Rom zu führen.“ Er sah ein, daß es gälte, die Gewalt vorläufig beiseite zu lassen.

Ende Dezember 1518 stattete er dem Kurfürsten in Altenburg seinen Besuch ab, nicht, wie man meinen könnte, um die goldene Rose nun zu überreichen, sondern nur um am Hofe die Stimmung zu ergründen, das Geschenk des Papstes lag bei den Fuggers in Augsburg, da es ohne Gegenleistung Friedrichs nicht übergeben werden sollte. Was Miltitz hier sah und hörte, bewog ihn, eine persönliche Zusammenkunft mit Luther anzuregen. Der Vorschlag fand in Altenburg Beifall, und in der ersten Woche des Januars stand Luther dem päpstlichen Abgesandten hier gegenüber. Wohl verlangte auch Miltitz von Luther zunächst Widerruf, ließ sich aber dann auf Luthers entschiedene Weigerung bereit finden zu einem Vergleiche dahin gehend, daß Luthers Sache einem deutschen Bischof – es ward besonders der Erzbischof von Trier ins Auge gefaßt – zur Entscheidung übergeben werden sollte, wogegen Luther versprach, „dieser Materie hinfürder stille zu stehen und die Sache sich selbst zu Tode bluten zu lassen sofern der Widerpart auch schweige“. Außerdem verstand er sich zu einem Briefe an den Papst, in dem er seine Heftigkeit bekannte, und zu einer öffentlichen Ermahnung an das Volk, der römischen Kirche zu gehorsamen. Hocherfreut über diesen Erfolg entließ Miltitz Luther mit Kuß und Umarmung, ohne doch dessen Vertrauen mit all seiner zu geflissentlich zur Schau getragenen Freundlichkeit zu gewinnen. Gleichwohl hatte es eine Zeitlang den Anschein, als sollten Miltitz‘ Hoffnungen sich erfüllen und ein Ausgleich zustande kommen, schienen doch die Ereignisse selbst einem solchen günstig. Maximilian I. war gerade damals gestorben, und der Papst bei dem Einflüsse, den Kurfürst Friedrich in Deutschland hatte, gewiß mehr als je zum Nachgeben bereit.

Luther schrieb einen demütigen Brief an Leo X., in dem er zwar die Unmöglichkeit des Widerrufs von neuem betonte, aber ausdrücklich erklärte, daß Papst und Kirche anzugreifen ihm ganz fern liege, daß im Gegenteil nichts im Himmel und auf Erden ihm höher stehe außer Jesus Christus, der Herr sei über alles. Und an das Volk richtete er seinen „Unterricht auf etliche Artikel, die ihm von seinen Abgönnern aufgelegt und zugemessen werden“, in dem er ebenfalls nachdrücklich seine Stellung in der Kirche hervorhob. Auch Miltitz bemühte sich in seiner Weise weiter. Gegen Tetzel schritt er streng ein, mit dem Erzbischof von Trier trat er wegen der Verhandlungen mit Luther in Verbindung, den Papst veranlaßte er zu einem gnädigen Schreiben an den Augustinermönch, der hier wieder „geliebter Sohn“ heißt, aber noch ehe dieses in Luthers Hände kam, war durch des vielgeschäftigen v. Eck Eingreifen der Brand von neuem entfacht, und die Flamme schlug schnell so hoch empor, daß es unmöglich ward, sie zu löschen.

Luther hatte Miltitz in Altenburg versprochen zu schweigen, wenn seine Gegner auch schwiegen. Ob er das Versprechen auf die Dauer hätte halten können, wer möchte das entscheiden wollen, gewiß ist, daß er es gehalten hat. Eck war es, der den Angriff gegen ihn begann.

Eck und Karlstadt standen schon lange in literarischer Fehde, die durch eine öffentliche Disputation zu Leipzig zum Austrag zu bringen man endlich übereingekommen war. Luther selbst hatte während seines Augsburger Aufenthalts mit Eck verhandelt. Von einer Disputation zwischen ihm selbst und Eck war dabei mit keinem Worte die Rede gewesen. Da erhielt Luther im Januar 1519 durch Eck selbst die 12 Thesen, welche derselbe für die Disputation unter dem 29. Dezember 1518 hatte drucken lassen, und mit Staunen und gerechtem Zorn sah er, daß diese Thesen alle sich direkt gegen ihn wandten. Sich so „packen" zu lassen, war er nicht der Mann. Miltitz wollte noch immer vermitteln, doch Luther erklärte kurz und rund, „man dürfe nicht ihm das Maul zubinden und jedem andern auftun". Er verlangte jetzt geradezu, an der Disputation teilzunehmen und stellte Ecks Sätzen eigene Thesen gegenüber. Doch die Leipziger Universität, die schon Ecks und Karlstadts Disputation nur auf den ausdrücklichen Befehl Herzog Georgs zugelassen, wollte von Luthers Teilnahme nichts wissen, selbst Herzog Georg erteilte ihm die Erlaubnis zuerst nur mittelbar, indem er den Geleitsbrief nicht bloß für Karlstadt, sondern auch für die, „welche er mit sich bringen werde", ausstellte.

Am 27. Juni sollte das Gespräch beginnen, am 22. schon kam Eck nach Leipzig, am 24. zogen die Wittenberger ein, durchs grimmaische Tor, von 200 Studenten, die mit Spießen und Hellebarden neben den Wagen herliefen, begleitet. Karlstadt hatte das Unglück, durch einen Bruch seines Wagens an der Pauliner Kirche in den Kot zu fallen, wahrend Luther, der mit Melanchthon in einem Wagen saß, ohne Unfall in die Stadt kam. Die Leute, welche es gesehen, erblickten darin eine Vorbedeutung. „Dieser,“ d. h. Luther, „wird obliegen,“ sagten sie, „und der andere wird unterliegen.“

Am bestimmten Tage nach feierlicher Messe und festlichem Zuge aus der Thomaskirche in den vom Herzoge für die Disputation eingeräumten und prächtig geschmückten Saal der Pleißenburg wurden vor einer zahlreichen Versammlung von Theologen und Nichttheologen, Professoren und Studenten – Herzog Georg selbst wohnte dem Gespräch oft bei – die Verhandlungen zunächst zwischen Karlstadt und Eck eröffnet. Man stritt sich über die Lehre von der göttlichen Gnade und vom freien Willen, ohne daß sich der Vertreter der Wittenberger Theologie irgendwelcher Erfolge rühmen konnte. Er war Eck als Disputator nicht gewachsen, und die Sätze, für die er eintrat, hatte er nicht im Leben sich erkämpft, wie Luther, von dem er sie angenommen.

Am 4. Juli trat dann Luther dem in dem Vollgefühl des eben erfochtenen Sieges schwelgenden Gegner gegenüber. Luther war damals, nach eines Augenzeugen, des Leipziger Humanisten Mosellanus, Schilderung „von mittlerer Statur“. Sein Leib war mager, durch Sorgen und Studien so abgezehrt, daß man fast alle Knochen an ihm zählen konnte. Seine Stimme war hell und klar. Von seiner Gelehrsamkeit und Schriftkenntnis, von der Gewandtheit und Fülle seiner Sprache, von seiner Liebenswürdigkeit im Verkehr mit andern, weiß der Gewährsmann nur Rühmliches zu sagen, zu tadeln nur, „daß Luther in der Polemik weniger Maß halte und bissiger sei, als es für einen Theologen und einen, der in göttlichen Dingen Neues aufstelle, gezieme“. Eck schildert derselbe Zeuge als einen Mann von gewaltigem Körper, mit groben Zügen, aber mächtiger Stimme. Ausgezeichnet durch Gedächtnisstärke wie er war, sei seine Hauptwaffe gewesen, die Gegner zu überschütten mit Zeugnissen und Schriftstellen, die freilich oft ziemlich willkürlich zusammengestellt waren. Zu alledem kam seine Schlauheit und die Keckheit im Verdrehen der Worte, die eben gesprochen waren.

Eck hatte schon in seiner ersten Schrift gegen Luthers 95 Thesen von „böhmischem Gifte“ gesprochen. Als er jetzt im Laufe der Disputation über das göttliche Recht des Papsttums etwas ins Gedränge kam gegen Luthers Gründe, da warf er die Bemerkung hin, daß ähnliches wie Luther auch schon Hus gefügt und gelehrt habe, daß aber diese Lehren durch das Konzil von Konstanz als irrig erkannt und damit für die Christenheit auf immer abgetan seien. Es war ein schlauer Schachzug, den Eck hier gegen Luther tat, berechnet darauf, den Gegner in Verlegenheit zu bringen. Denn entweder blieb Luther bei seinen Behauptungen, und dann löste er sich von der abendländischen Kirche, oder er nahm sie, erschreckt über diese Möglichkeit, zurück, dann war Eck der Bezwinger des gewaltigen Mannes, der einem römischen Kardinale widerstanden – welcher Triumph für den gewandten Disputator! Wohl erkannte Luther das Mißliche seiner Lage, wenn er auch schwerlich die Falle, die ihm gelegt war, ganz durchschaute, aber er zauderte nicht, seine Überzeugung auszusprechen, trotzdem er noch eben einen Zusammenhang mit den Böhmen und Hus heftig zurückgewiesen. Ruhig erklärte er, „unter den Artikeln des Hus seien viele ganz christlich und evangelisch“. Der Eindruck, den diese Worte auf die Hörer machten, war gewaltig. Herzog Georg, der zugegen war, „sprach mit lauter Stimme, laut, daß man‘s über das ganze Auditorium hörte: „Das walt die Sucht,“ und schüttelt den Kopf und setzet beide Arme in die beiden Seiten“. In der Tat war Luthers Erklärung die Absage von der bestehenden Kirche. Daß ein Konzil irren könne, hatte er schon früher ausgesprochen, jetzt war er dazu fortgegangen, zu erklären, daß das große Konstanzer Konzil geirrt habe, die Autoritäten der Kirche erkannte er damit nicht mehr an, er stand nicht mehr in der Kirche.

Der weitere Verlauf der Leipziger Disputation zeigt, wie schwer ihm, der gern ein getreuer Sohn der Kirche sein wollte, diese Erklärung geworden, er erschrickt selbst über das, was ihm Überzeugung geworden, er hätte es ganz gerne aufgegeben, aber seine Wahrheitsliebe litt es nicht, er mußte, was ihm wahr geworden, bekennen.

Am 13. Juli endigte die Disputation Luthers mit Eck. Noch einmal traten Karlstadt und Eck einander gegenüber, doch nur zu kurzem Wortgefecht. Am 15. Juli ward die Disputation ziemlich eilig geschlossen, da der Herzog schon in den nächsten Tagen Besuch in der Pleißenburg erwartete.

Nach seinem eigenen wie der Leipziger Urteil war Eck als Sieger aus dem Streit hervorgegangen. Karlstadt hatte sich ihm in der Tat nicht gewachsen gezeigt, und auch Luther gegenüber glaubte Eck an. seinen Triumph, und die Ehren, die ihm die Leipziger erwiesen, mußten ihn darin bestärken. Er war mit sich ohne Zweifel zufrieden. Luther war das durchaus nicht, nicht mit sich und nicht mit der Disputation. Und das nicht etwa, weil er zu folgereichen Aussprüchen gedrängt worden war, nein, weil er überzeugt war, „Eck habe nicht die Wahrheit, sondern Ruhm für sich gesucht", und darum, meinte er, sei es kein Wunder, „wenn die Disputation schlecht angefangen und noch schlechter geendet habe". So das Urteil der beiden Gegner. Die Entscheidung der Universitäten Paris und Erfurt, die das letzte Wort, wer denn gesiegt, sprechen sollten, ist nie erfolgt, und niemand wird das bedauern. Die evangelische Kirche hat jedenfalls Ursache, mit Freude auf die Leipziger Tage Luthers zurückzusehen, denn damals in Leipzig ward sie geboren.

5. Luthers Lossagung von der römischen Kirche

Daß auch nach der Leipziger Disputation Miltitz seine Versuche, einen Ausgleich zwischen Luther und der bestehenden Kirche zu schaffen, nicht aufgab, zeigt nur, wie er sich fast krampfhaft an die Hoffnungen klammerte, die ihm sein erstes Gespräch mit Luther gemacht hatte. Die Erfolglosigkeit seines weiteren Bemühens lag für jeden Unbefangenen auf der Hand.

Von Stunde zu Stunde ward der Riß zwischen Luther und der römischen Kirche größer, und geschäftige Hände waren eifrig bemüht, das Ihre zu seiner Erweiterung beizutragen. Eck namentlich betrachtete das als seine Aufgabe. Wo sich Widerspruch gegen Luther erhob, wie seitens der Franziskaner in Sachsen, da mischte er sich ein, an Kurfürst Friedrich wandte er sich in ausführlichem Schreiben, das damit schloß, zu betonen, „es wäre ganz löblich, wenn der Kurfürst Luthers Büchlein auf einem Haufen verbrennete," den römischen Stuhl forderte er dringend auf, gegen Luther einzuschreiten. Luther verkannte die Gefahren, die ihm drohten, keinen Augenblick, aber sie waren nicht imstande, ihn aus seiner Bahn zu drangen. Mit demütigem Stolz sagte er damals von sich: „Ich freue mich von Tag zu Tag mehr und werde stolz darauf, zu sehen, wie mein Name übler und übler berüchtigt wird denn die Wahrheit, d. h. Christus, muß wachsen, ich aber muß abnehmen."

Unermüdlich war er in Wort und Schrift. Gegen Eck, gegen Emser. gegen die Franziskaner wandte er sich in scharfen Entgegnungen. „Ich kann nicht leugnen," sagte er wenig später in einem Briefe an Spalatin, „daß ich heftiger bin, als ich sein sollte: sie wissen das und hätten daher den bissigen Hund nicht reizen sollen. Wie schwer es ist, Hitze und Feder zu mäßigen, kannst du an dir selbst lernen. Das ist der Grund, um deswillen ich immer unwillig war, öffentlich auftreten zu müssen, und je mehr ich es bin, desto mehr werde ich gegen meinen Willen hineingezogen, und zwar geschieht dies durch die allerärgsten Beschuldigungen, die man auf mich und Gottes Wort häuft; dies ist so schändlich, daß, wenn auch meine Hitze und meine Feder mich nicht fortrissen, sogar ein Herz von Stein dadurch bewegt werden könnte, zu den Waffen zu greifen; wie viel mehr ich, der ich hitzig bin und eine nicht ganz stumpfe Feder habe." Es ist wahr, er zahlte seinen Angreifern mit voller Münze zurück, und im Gefühl seiner Überlegenheit ging er wohl manchmal weiter, als nötig war. Aber die Gegner hatten den Ton angeschlagen, sie mußten sich nun gefallen lassen, wenn er ihnen nicht angenehm klang.

Luthers Innigkeit im Glauben, sein kindliches Gemüt, litt in diesem Streite nicht im geringsten, das beweisen die Predigten aus jener Zeit, die er veröffentlichte, das bezeugen vornehmlich die schönen „Sermone", die er damals dem deutschen Volke schenkte. Über Zinsnehmen und Wucher, über den Trost der Christen unter allerlei Anfechtung, über die Bereitung zum Sterben, über Buße, Taufe und Abendmahl, über den Bann, über die guten Werke handelte er in diesen Schriften für die Laien. Ähnlich legte er ihnen das Vaterunser und die zehn Gebote aus in kernigen, zum Herzen sprechenden Worten, deutsch, wie noch nie zum Volke über solche Gegenstände gesprochen war. Mochten die Doktoren der scholastischen Theologie hochmütig auf ihres Wittenberger Gegners Tun herabschaun, Luther erwiderte ihnen mit so gerechtem Selbstgefühl, daß es ihm mit Gottes Hilfe leichter sei, große Bücher ihrer Art zu schreiben, als jenen einen kleinen Sermon nach seiner Art. Denn dazu gehörte nicht bloß, was Luther" freilich im vollen Maßstabe besaß, „eine schnelle Hand und ein fertiges Gedächtnis, so daß alles mehr von sich selbst stießt, als erst hervorgeholt werden muß," es gehörte dazu auch die Tiefe des Glaubens, die Klarheit des Geistes, wie sie Luther eigen war. Und neben diesen volkstümlichen Schriften, die Luthers Lehre über ganz Deutschland verbreiteten, war er in wissenschaftlicher Arbeit nicht müßig. Ein eifriger Lehrer an der Universität und feuriger Erklärer seiner lieben heiligen Schrift, veröffentlichte er damals seine Erklärung des Galaterbriefes und eines Teiles des Psalters, und sorgte, wo er konnte, für das Gedeihen der Hochschule, an der er wirkte und die ihm allein ihre Stellung und ihr Ansehen verdankte. Sein Kurfürst ließ es an Unterstützung nicht fehlen, den besten Helfer aber fand er an dem Freunde, dem jungen Philipp

Melanchthon, der sich immer enger an Luther anschloß und nach der Leipziger Disputation selbständigen Anteil an der Weiterbildung der Lehre Luthers nahm. Er war's, der die Abendmahlslehre der katholischen Kirche zuerst angriff und durch seine Leistungen in der Theologie, der er eigentlich ferner stand, Luther zu aufrichtiger Bewunderung hinriß. „Der kleine Grieche," schreibt er an Lange, „übertrifft mich auch in der Theologie," und an Spalatin: „dieser wird soviel wie viele Martine zusammen leisten, als gewaltigster Feind des Satans und der scholastischen Theologie". Neid – das zeigen die Worte – war Luthers großer Seele vollkommen fremd. Nur der Neidlose konnte so sprechen, nur er offen bekennen, wie Luther an anderer Stelle tut: „Ich, der ich der freien Künste, der Philosophie und Theologie Doktor und fast mit allen Titeln, deren Eck sich rühmt, bekleidet bin, schäme mich nicht, von meiner Meinung zu weichen, wenn dieses Grammatikers – so hatte Eck geringschätzig den Melanchthon genannt – Geist anders urteilt." Hielt er sich doch selbst später noch, als er schon mit seiner gewaltigen Schrift „An den christlichen Adel" jedes Deutschen Gemüt in seinen Tiefen erregt hatte, nur für den „Vorläufer Philippi", dem er den Weg zu bereiten habe, „Schreck und Verwirrung bringend über Israel und die Leute Ahabs". Und Melanchthon vergalt Luther diese Liebe mit dem ganzen Reichtum seines Herzens. Er war an ihn gebunden, und auch glänzende Anerbietungen seines Oheims Reuchlin vermochten ihn nicht wieder aus Wittenberg wegzuziehen. Welch schönes Bild diese Freundschaft der beiden Männer in all der Feindschaft, die sie umgab!

Melanchthons Auffassung des Abendmahls, die Luther für eine „kleine Kühnheit, aber für sehr wahr" gleich bei ihrem Bekanntwerden erklärt hatte, war dann durch ihn in seinem Sermon vom Sakrament des Leibes Christi weitergeführt worden, und Luther hatte dort den Wunsch hinzugefügt, daß der Kelch auch den Laien gegeben werde. Sofort erhob sich ein neues Geschrei gegen ihn, denn nun war es sicher, daß er den Böhmen und den Husiten verfallen sei. Herzog Georg schrieb selbst an Kurfürst Friedrich, der Bischof von Meißen befahl in einem Dekrete die Beschlagnahme des Sermons. Spalatin, wie immer wegen der Folgen für Luther besorgt, versuchte den Freund von heftigen Antworten auf die neuen Angriffe abzuhalten. Doch Luther erwiderte ihm: „Meine nicht, man könne Christi Sache auf Erden in süßen Frieden fördern; das Wort der Gottseligkeit läßt sich nie treiben ohne Gefahr und Unruhe; .... es tötet, wie der Prophet sagt, die Fetten in Israel und schlägt die Vornehmen nieder; man muß in dieser Sache auf Frieden verzichten oder das Wort verleugnen; der Krieg ist des Herrn, der nicht gekommen ist, Frieden in die Welt zu bringen," und ein andermal schrieb er: „Denkst Du recht vom Evangelium, so glaub ja nicht, daß seine Sache ohne Lärm, Ärgernis, Aufruhr sich führen lasse; Du wirst aus einem Schwerte keine Feder machen." Wie es mit der vom Kurfürsten und seinem Spalatin gewünschten Zurückhaltung Luthers aussah, läßt sich danach beurteilen. Immer rückhaltloser ging er vor, je größer die Zahl der Gegner, je größer die Gefahr für ihn ward. Daß man ihn einen Husiten nannte, drückte ihn nicht mehr.

Noch in Leipzig hatte er gegen Eck jede Gemeinschaft mit den Böhmen heftig zurückgewiesen, jetzt sprach er offen aus: „Ich habe unbewußt bisher alle Lehren des Hus vorgetragen und behauptet – wir sind alle Husiten, ohne es zu wissen; Husiten sind auch Paulus und Augustin; ich weiß vor starrem Staunen nicht, was ich denken soll, indem ich die schrecklichen Gerichte Gottes in der Menschheit sehe, daß die ganz offenbar evangelische Wahrheit schon über 100 Jahre lang öffentlich verbrannt ist und für verdammt gilt, und man darf dies nicht bekennen." In welchem Lichte mußte Luther nun die alte Kirche, das Konstanzer Konzil, vor allem das Papsttum erscheinen? War es zu verwundern, daß was ihm früher bloß Ahnung gewesen, daß der leibhaftige Antichrist in Rom herrsche, ihm jetzt Gewißheit wurde je länger je mehr, ja daß er „fast nicht mehr zweifelte, der Papst sei recht eigentlich der Antichrist, den die Welt erwartet“?

Dem deutschen Manne schwoll das Herz vor Freude, daß er nicht zu diesen Welschen gehöre, zu „diesen Kardinalen, diesen Päpsten und dieser ganzen Rotte des römischen Sodom, welche, die Kirche Gottes ohne Ende verdirbt“, aber um so gewaltiger erhob sich sein Zorn, daß diese Römlinge die Deutschen gering achten wollten, wie er es in Rom selbst mit angesehen und immer von neuem erfahren mußte, daß man dort nur rede von den „trunkenen Deutschen“, von den „deutschen Narren, denen man das Geld ableckern müsse, wie man könne“, von den „Tölpeln, Barbaren, Bestien, die man an der Nase herumführe und ausplündere“. Und je mehr er sich als Deutscher fühlte und in seinen Schriften als Deutscher seinen Landsleuten gab, umso mehr wuchs sein Ansehen im Lande, überall in Dorf und Stadt, ja in jedem einzelnen Hause, bildete sich eine Partei für ihn, es war, wie ein Gegner schreibt: „Luthers Lehr hat viel Gezänk, Zwietracht und Aufruhr unter dem Volke erweckt, daß schier kein Land, keine Stadt, Dorf oder Haus ist, darin man sich nicht von seinetwegen entzweiet bis auf das Raufen.“

Damals geschah es, daß die deutschen Humanisten, die bisher den ganzen Streit für bloßes Mönchsgezänk angesehen, das zu beachten unter ihrer Würde sei, die rechte Bedeutung Luthers erkannten und ihm sich näherten. Selbst der vorsichtige Erasmus von Rotterdam, der berühmteste Gelehrte jener Zeit, mit dem Luther schon früher in Briefwechsel getreten, äußerte sich, so sehr ihn Luthers Heftigkeit im Streite abstieß, im allgemeinen wohlwollend, der Erfurter Crotus war des Rühmens und Lobens voll, vor allem aber wandte sich die deutsche Reichsritterschaft, geführt von Ulrich von Hütten und Franz von Sickingen, Luther zu. Verbündet mit den deutschen Humanisten durch ihren geistvollsten Vertreter, durch Hütten, voll Hoffnung auf den jungen Kaiser Karl und auf seinen Bruder Ferdinand, glaubten sie das deutsche Nationalreich aufbauen, die bessere Zeit, die alle Stände ersehnten, herbeiführen zu können. Sie waren die Vertreter des nationalen Gedankens jener Zeit. Nur natürlich war, daß sie die Verbindung mit Luther suchten. Hutten, der die Feder, wie Sickingen das Schwert der Reichsritter war, schrieb Melanchthon, daß Luther bei Sickingen sichern Aufenthalt finden würde, wenn er, aus Wittenberg vertrieben, nicht mehr wisse, wohin. Ein anderer Ritter, Silvester von Schauenburg, bot ihm die Hilfe von 100 Adligen an, die er hoffte aufbringen zu können. Und diese Zuflucht erschloß sich Luther gerade zu einer Zeit (Anfang 1520), wo seine Sicherheit in Wittenberg fraglich erschien, wo seine Freunde fürchteten, seine Feinde hofften, daß dem kühnen Manne keine andere Zuflucht mehr bleiben würde als die Böhmen. Mußte es nicht Luther wie die Stimme Gottes erscheinen, die ihm Hilfe verhieß, wo niemand mehr zu hoffen wagte, Hilfe, die ihm gebracht wurde aus der Mitte seiner lieben Deutschen und gerade von denen, welche damals die größten Gedanken für Deutschlands Neugestaltung in ihrem Geiste bewegten und mit des jungen Kaisers Hilfe durchzusetzen hofften? „Von der Menschenfurcht war er befreit, er fürchtete nichts mehr," und daß dies mehr war als bloße Worte, bewies seine im August 1520 erscheinende Schrift „An den christlichen Adel deutscher Nation. Von des christlichen Standes Besserung", diese offene Kriegserklärung – eine Kriegstrompete hat sie Luthers Freund Lange genannt – gegen die römische Kirche.

„Die Zeit des Schweigens ist vergangen, und die Zeit zu reden ist kommen", so beginnt Luther die Zuschrift, mit der er das Büchlein seinem Freunde Amsdorf überreicht. Der geistliche Stand sei ganz unachtsam geworden, so habe er „etliche Stücke christlichen Standes Besserung belangend, zusammengetragen, dem christlichen Adel deutscher Nation vorzulegen, ob Gott wolle doch durch den Laienstand seiner Kirche helfen." Wohl würden es ihm viele als Torheit auslegen; möchten sie ihn immerhin für einen Narren halten, er sei aber ein geschworener Doktor der heiligen Schrift und froh, daß sich ihm so Gelegenheit biete, seinem Eide genugzutun. Und nun hebt er in der Schrift selbst hervor, wie „alle Stände der Christenheit, zuvor Deutschlands“ in Not und Beschwerung seien. Jetzt aber habe Gott Deutschland ein junges, edles Blut zum Haupt gegeben, da gezieme es sich, daß jeder das Seine tue, „der Zeit und Gnade nützlich zu brauchen.“ Die Not der Kirche aber verschulden die „Romanisten“, welche drei Mauern um sich gezogen haben, „damit sie sich bisher geschützt, daß sie niemand hat mögen reformieren, dadurch die ganze Christenheit greulich gefallen ist.“ Und wie „strohern und papiern“ sind diese Mauern! Denn wenn sie zum ersten behaupten, „weltliche Macht habe nicht Recht über sie, sondern geistliche sei über weltlicher,“ so lehren sie Irriges, da alle getauften Christen geistlichen Standes sind, Priester aber nur werden durch der Gemeinde Willen und Geheiß. Sie sind Priester der Gemeinde, wie andere Richter in der Gemeinde sind und strafen was böse und schlimm ist an jedem, er habe das Amt eines Priesters oder das Handwerk eines Schusters oder Schmieds. Ist aber dem so, dann fallen die zweite und dritte Mauer, daß die Heilige Schrift auszulegen nur Sache des Papstes sei und daß nur er ein Konzil berufen könne, von selbst, denn kann nicht der Papst ein schlechter Christ sein und dann jeder gute Christ besser befähigt, die Bibel zu verstehen, und sogar verpflichtet, ein Konzil gegen den Papst zu berufen, wenn er gegen die Heilige Schrift handelt? Und nun behandelt Luther, nachdem er sich so den Boden von der römischen Kirche geebnet, in 26 Stücken die Punkte, „die man billig in Konzilen sollte handeln und damit Papst, Kardinale, Bischöfe und alle Gelehrten sollten billig Tag und Nacht umgehn, so sie Christum und seine Kirche lieb hätten.“ Ärgerlich ist ihm zuerst die Prachtliebe und Hoffart der Päpste, ärgerlich die Schar der nach deutschen Pfründen gierigen Kardinale, ärgerlich der ganze Schwärm, der den Papst und Rom umgibt. Und das führt ihn darauf, von den Erpressungen des römischen Stuhles ausführlich zu handeln. Er ist wohl bewandert in all den Praktiken, die da angewandt wurden, um Geld nach Rom zu ziehen, und er hält mit seinem Rat, wie dem zu begegnen, nicht zurück. Selbsthilfe hält er für durchaus erlaubt. Ein jeglicher Fürst, Adel, Stadt solle ihren Untertanen solches zu tun „frisch verbieten". Wozu auf ein Konzil damit warten? Energisch verwahrt er sich gegen den Satz, daß der Papst über den Kaiser Gewalt habe. „Unverschämt" nennt er die Forderung des Papstes, daß der Kaiser ihm „huldige und treue Untertänigkeit schwöre". Aber nicht bloß der Kaiser soll der Bevormundung des Papstes entzogen werden, „es soll auch ein kaiserlich Gesetz ausgehen, keinen Bischofsmantel, auch keine Bestätigung irgendeiner Dignität fortan aus Rom zu holen", sondern wie das nicäische Konzil vorschreibt, „ein Bischof solle bestätigt werden von den andern zwei nächsten oder von dem Erzbischof". Dem Papst aber, „daß er nicht klage, er werde seiner Obrigkeit beraubt", solle in allen kirchlichen Fragen die Entscheidung bleiben, wenn die „Erzbischöfe nicht möchten eine Sache ausrichten, daß unter ihnen sich ein Hader erhöbe". Und weiter spricht es Luther nun offen aus, daß es gegen das Bibelwort sei, wenn ein Pfarrer gedrungen sei, ohne ehelich Weib zu leben. Noch nach der Leipziger Disputation war ihm die Ehelosigkeit der Pfarrer als ein „ratsames Mittel, die von Gott gebotene Keuschheit zu bewahren", erschienen, in seiner deutschen Entgegnung gegen das Dekret des Meißner Bischofs (Anfang 1520) findet sich schon die Frage: „Wie? wenn ich sagen würde, es dünke mir sein, daß ein Konzil den Priestern im Pfarramt wieder Eheweiber gäbe?" jetzt rät er ohne weiteres, „man lasse einem jeglichen seine freie Willkür, ehelich oder nicht ehelich zu werden". Er betont aber ausdrücklich, daß er nur vom Pfarrstande spreche, nicht von „Papst, Bischöfen, Pfaffen und Mönchen, die Gott nicht eingesetzt hat. Haben sie sich selbst Bürden aufgelegt, so tragen sie sie auch."

Und so spricht er weiter eindringlich und eingehend von allem, was die damalige Zeit im kirchlichen und staatlichen

Leben bewegte, vom Mönchswesen, von der Abschaffung der Fasten, der Wallfahrten, der Feiertage, die auf die Sonntage zu verlegen seien, von der Verbesserung der Armenpflege, von den Schulen, hohen und niederen, vom Unterricht der Mädchen, der bisher ganz darnieder lag, von den Schäden des weltlichen Lebens, von Luxus und Wucher, von Fressen und Saufen und Unzucht. Überall deckt er unnachsichtlich die bestehenden Schäden auf, aber er zeigt auch den Weg, wie zur Besserung zu kommen sei. Vieles von dem, was er da angedeutet, hat seine Lösung im Laufe der Jahrhunderte, die seitdem verflossen sind, gefunden, Vieles ist noch unerledigt, eine Aufgabe für die kommenden Geschlechter.

Wohl durfte da Luther am Schlüsse seiner Schrift sagen: „Ich achte wohl, daß ich hoch gesungen, viel Dings fürgegeben, das unmöglich werde angesehen, viele Stücke zu scharf angegriffen." Doch er durfte auch hinzufügen: „Ich bin es schuldig zu sagen. Könnt ich, so wollt ich auch also tun. Es ist mir lieber, die Welt zürne mit mir denn Gott; man wird mir ja nicht mehr denn das Leben können nehmen," und aus vollem Herzen kommt ihm der Wunsch, den er ans Ende seines Büchleins gesetzt hat: „Gott gebe uns allen einen christlichen Verstand, und sonderlich dem christlichen Adel deutscher Nation einen rechten geistlichen Mut, der armen Kirche Bestes zu tun. Amen."

Während die Schrift im Druck vollendet wurde, in den ersten Tagen des August, wandten sich Staupitz und Lange, beide damals in Erfurt weilend, an Luther mit der dringenden Bitte, das gefährliche Buch, von dessen Werden sie gehört, zurückzuhalten. Sie fürchteten die Aufregung, die es in der Christenheit hervorrufen würde, wohl auch die Gefahr für den Augustinerorden, namentlich Staupitz besorgte das, ihm ging überhaupt Luther in den letzten Zeiten zu weit und zu stürmisch vor. Willfahren konnte Luther ihren Bitten nicht mehr. Als ihre Briefe eintrafen, waren schon viertausend Exemplare der Schrift ausgegeben. Es währte nicht lange, so war die erste Auflage vergriffen, und Luther schickte sich an, eine neue Ausgabe fertig zu stellen, der er noch einen Abschnitt zufügte gegen den Anspruch des Papstes, über den römischen Kaiser deutscher Nation darum Herr zu sein, „weil der Papst das Kaisertum von dem griechischen Kaiser überkommen und der deutschen Nation übergeben habe".

Von Rom her kamen inzwischen widersprechende Nachrichten. Man hörte, daß es Ecks Bemühungen gelungen sei, eine Bannbulle gegen Luther durchzusetzen; andere wieder wollten wissen, daß Luthers Gegner noch nichts hätten ausrichten können. Mochte Luthers Freunden solche Kunde noch wichtig erscheinen, Luther selbst kümmerte sich um das, was aus Rom kam, wenig oder gar nicht mehr. Er ging seinen Weg unverrückt, und verlorene Arbeit wäre es gewesen für jeden, ihm Einhalt tun zu wollen in seiner Sache, zu der er von der Vorsehung bestimmt erschien. Noch ehe die Schrift „An den christlichen Adel" vom Drucker ausgegeben war, versandte Luther schon einen neuen Sermon von der Messe an seine Freunde und wenige Wochen später, noch im August, war bereits ein Teil der zweiten großen Kampfschrift dieses Jahres, des „Präludiums" oder „Vorspiels von der babylonischen Gefangenschaft der Kirche" – „Von der babylonischen Gefängnis" lautete der Titel in der deutschen Ausgabe – im Druck fertiggestellt. Noch einmal sind dann von dem unermüdlichen Miltitz Versuche eines Ausgleichs mit Luther durch Staupitz gemacht worden. Luther verstand sich zu einem neuen Briefe an Leo X. Aber inzwischen war Eck nun wirklich mit der Bannbulle in Sachsen angekommen und publizierte sie, wo er konnte. Luther wußte das Ende September. Seine erste Antwort war die Anfang Oktober erfolgende Ausgabe des „Präludiums". Luther selbst nennt die Schrift eine „Kriegstrompete". Er weiß, daß sie „sehr scharf und heftig ist", es sind in diesem „Liedlein von Rom", auf das er in den Schlußworten seiner Schrift „An den christlichen Adel" hingedeutet, „die Noten aufs höchste gestimmt," wie er vorher gesagt, aber eben darum hofft er, daß davor die „matten kleinen Schmähredner erstarren".

Von der babylonischen Gefangenschaft der Kirche handelt er, d. h. von der Knechtung der Seelen und Gewissen, wie solche von der römischen Hierarchie den Christen auferlegt ward durch ihre Lehre von den Sakramenten.

Tyrannei der römischen Kirche steht er zuerst darin, daß sie dem Laien den Kelch vorenthält, denn wie Christus für alle gestorben, so habe er auch den Kelch für die ganze Christenheit eingesetzt. Gefangen aber ist das Sakrament des Altars Luther auch deshalb, weil die Lehre von der Verwandlung von Brot und Wein in Christi Fleisch und Blut als Glaubenssatz der Christenheit aufgenötigt werde, gefangen ist das Sakrament endlich, weil man gottloserweise den Glauben fordere, daß die Messe „ein gutes Werk und ein Opfer sei". Mit „scharfen und heftigen" Worten wendet sich Luther gegen diese Mißbräuche, aber daß er kein Mann des Umsturzes, daß er ein Reformator im echten Sinne des Wortes war, das beweist er doch auch hier gar deutlich, will er doch Messe wie Abendmahlslehren den Römischen unangetastet lassen, nur sollen sie niemand zu ihrer Meinung zwingen wollen.

Die Gefangenschaft der Taufe sieht Luther vor allem darin, daß man ihre Bedeutung, die sie fürs ganze Leben habe, zu vernichten bemüht gewesen sei. Hier wie bei der Abendmahlslehre steht er bei dem Worte unseres Herrn. „Wer glaubet und getauft wird, wird selig werden," steht in der heiligen Schrift, von einer Einschränkung auf Tage und Jahre ist da keine Rede. Und an diesem Gotteswort soll der Christ festhalten und sich durch leine menschlichen Satzungen, sie kommen von einem Bischof oder dem Papste selbst, irren lassen.

Von den übrigen fünf Sakramenten der römischen Kirche, der Buße, der Ehe, der Firmelung, der Priesterweihe und der letzten Ölung läßt er nur das erste, die Buße, bedingungsweise gelten, die übrigen verwirft er als Sakramente insgesamt, weil sie der göttlichen Verheißungsworte und der Zeichen, die Gott gesetzet, entbehren.

6. Der Bann

Im Schlusse seiner Schrift „Von der babylonischen Gefangenschaft“ hatte Luther gesagt: „er höre, daß päpstliche Bannflüche gegen ihn fertig seien; falls dies wahr sei, so solle sein gegenwärtiges Büchlein den ersten Teil seines Widerrufes bilden ... bald werde er einen solchen weiteren Teil herausgeben, dergleichen Rom noch nie gesehen oder gehört habe.“ Er sollte sofort Gelegenheit bekommen, seine Erklärung auszuführen.

Die Bannbulle, die Eck nach Deutschland gebracht und zuerst, um recht eindrucksvoll auf Luther zu wirken, in Sachsen und Brandenburg veröffentlicht hatte, war unter dem 15. Juni 1520 erlassen. „Mache Dich auf, Herr, und richte Deine Sache,“ so beginnt der „Knecht der Knechte Christi“, wie sich Papst Leo X. darin nennt, die Bulle, und weiter fordert er in schwülstigen, mit Bibelworten gespickten Worten Petrus und Paulus, die Schar der Heiligen und die ganze heilige Kirche zum Kampfe auf, „denn die Füchse wollen den Weinberg verwüsten,“ „ein Eber aus dem Walde zerwühlt ihn, ein wildes Tier weidet ihn ab.“ Einundvierzig, aus dem Zusammenhang gerissene, und so oft recht belastend für Luther klingende Sätze waren dann aufgeführt und als ketzerisch bezeichnet. Zum Schluß wendet sich die Bulle gegen Luther selbst. In salbungsvoll väterlichem Tone wird er ermahnt, binnen sechzig Tagen zu widerrufen und binnen weiteren sechzig Tagen dem Papst den Widerruf zu überreichen, sonst sollten er und alle seine Anhänger „für notorische, hartnäckige, verdammte Ketzer angesehen und allen Strafen, welche das Recht über solche verhänge, unterworfen werden“. Welche Strafe Luther zugedacht war, ging daraus hervor, daß die Bulle unter die einundvierzig Sätze, die verdammt wurden, ausdrücklich den mit aufgenommen hatte, daß es gegen den Willen des heiligen Geistes sei, die Ketzer zu verbrennen.

Anfang Oktober 1520 kam die Bulle auch nach Wittenberg. Die Universität, welcher die Veröffentlichung oblag, zögerte damit und bestritt namentlich in einem Schreiben an den Kurfürsten, daß der Übersender der Bulle, Eck, sich gehörig legitimiert habe, und die Kurfürstlichen Räte waren ebenfalls der Meinung, daß es geraten sei, mit dem Vollzug der Bulle „nicht zu eilen, bis man sehe, wo die Sache hinauswolle". Der Kurfürst, der gerade damals der Kaiserkrönung Karls V., die in Machen am 23. Oktober stattfand, beigewohnt hatte und auf der Rückreise in Köln von päpstlichen Legaten angegangen worden war, gegen Luther einzuschreiten, gab durch seine Räte die Antwort, daß der Fürst nimmermehr Luther beistehen würde, wenn er der Ketzerei überführt sei. Das sei aber nicht geschehen, noch sei Luther nicht, wie es sich gebühre, verhört; in solchem Falle werde ihm, des sei er gewiß, selbst der Papst nichts Ansinnen, was er nicht mit Ehre leisten könne. Das Bemühen der Legaten, eine andere Antwort der Räte zu erlangen, war vergeblich; eine persönliche Verhandlung mit den Legaten lehnte Friedrich ab, dagegen suchte er mit dem damals in Köln weilenden Erasmus eine Unterredung. Was er dort hörte, bestärkte ihn in seiner abwartenden Haltung, bestand doch nach des großen Gelehrten Ansicht Luthers Sünde nur darin, „daß er dem Papst an die Krone und den Mönchen an den Bauch gegriffen habe". Und wie Friedrich selbst, so waren die anderen Glieder des fürstlichen Hauses gesinnt. Sein Bruder Johann war gegen die Veröffentlichung der Bulle, Johanns Sohn, Johann Friedrich, ermutigte sogar Luther in einem eigenen Schreiben zum Kampfe in Schrift und Wort.

Und Luther selbst? Er war und blieb der glaubensstarke Held, den nichts abbringen kann von dem Pfade, den ihm Gott vorgeschrieben. Als Miltitz, der in seiner Verblendung auch nach dem Anschlag der Bannbulle noch immer an friedliche Beilegung des Streites glaubte, in einer erneuten Zusammenkunft mit Luther zu Lichtenberg (jetzt Lichtenburg, unweit Torgau) ihn aufforderte, in einer besonderen Schrift dem heiligen Vater den Hergang der Sache auseinanderzusetzen, denn nur durch Ecks Verleumdungen sei die Bulle erwirkt worden, da sandte Luther noch im Oktober dem Papste Leo X. sein herrliches Schriftchen „Von der Freiheit eines Christenmenschen“ mit einem Begleitschreiben, das freilich anders ausfiel, als Miltitz es sich gedacht haben mochte. Luther weist hier zunächst die Beschuldigung, daß er des Papstes Person angegriffen habe, entschieden zurück; gegen die Schändlichkeiten des Papsttums habe er sich gelegt und wolle er sich legen, „solange noch sein christlicher Geist in ihm lebe“, denn die römische Kirche, vordem die Allerheiligste, sei nun „worden eine Mordgrube über alle Mordgruben“. Und darin sitze der heilige Vater Leo „wie ein Schaf unter Wölfen und gleich wie Daniel unter den Löwen“ und könne nichts gegen so Viel wilde Ungeheuer. Er führt dann aus, wie nicht er, sondern Eck den Streit erweckt habe, wie er nun aber von seiner Lehre nicht zurück könne, auch nimmer leiden „Regel oder Maß, die Schrift auszulegen“. Er schließt, nachdem er dem Papste noch scharfe Worte über des Papsttums Hoffart gesagt, damit, Leo sein Büchlein zu überreichen. „Es ist,“ sagt er, „ein klein Buchte, so das Papier wird angesehen, aber doch die ganze Summe eines christlichen Lebens drin begriffen, so der Sinn verstanden wird.“ Und damit hat er nicht zuviel gesagt. Es ist ein köstliches Schriftchen, welches Luther damit geschaffen, und ein neues Zeichen für die innere Ruhe des von äußeren, gewaltigen Feinden hart bedrohten Mannes. „Gin Christenmensch ist ein freier Herr über alle Dinge und niemand untertan“ und „Ein Christenmensch ist ein dienstbarer Knecht aller Dinge und jedermann untertan“, das sind die beiden Sätze, die er durchführt. Frei ist jeder „nach der Seele als ein geistlicher, neuer, innerlicher

Mensch“, Knecht ist er „nach dem Fleisch und Blut“, als ein „leiblicher, alter und äußerlicher Mensch.“ Frei macht den Menschen allein der Glaube, er ist „all Ding und gilt allein genugsam fromm zu machen“, die guten Werke aber haben nur Wert, wenn sie aus dem Glauben stammen, aber der Glaube wird solcher Frucht auch nicht ermangeln. Wie Luther sagt: „Gute, fromme Werke machen nimmermehr einen guten frommen Mann, sondern ein guter frommer Mann macht gute Werke.“ Und nicht für sich selbst tut der Christ gute Werke, um einen Vorteil daraus zu ziehen, sondern als Diener seiner Mitmenschen, denn weil er jeden derselben fördern muß im Glauben, so ist er jedes Knecht und jedem untertan. „Aus dem Allen folget der Beschluß,“ so endigt Luthers Büchlein, „daß ein Christenmensch lebt nicht in ihm selbst, sondern in Christo und seinem Nächsten; in Christo durch den Glauben, im Nächsten durch die Liebe; durch den Glauben führet er über sich in Gott, aus Gott führet er wieder unter sich durch die Liebe und bleibt doch immer in Gott und göttlicher Liebe .... Siehe, das ist die rechte geistliche, christliche Freiheit, die das Herz frei macht von allen Sünden, Gesetzen und Geboten, welche alle andere Freiheit übertrifft, wie der Himmel die Erde. Welche gebe uns Gott recht zu verstehen und zu behalten. Amen.“

Es war ein warmes Bekenntnis Luthers, diese Schrift, es war aber auch eine ernste Mahnung an den Papst zur Umkehr. Daß sie befolgt werden würde, hat Luther selbst keinen Augenblick glauben können. Er trat denn auch sofort gegen die Bulle in den Kampf ein. Daß seine Freunde die Publizierung der Bulle hinderten, wo sie konnten, daß die Studierenden in Wittenberg, in Erfurt für ihn Partei nahmen, daß seine Wittenberger Gemeinde ihm treu blieb, war ihm eine Freude, aber bedurft hätte er dieser Unterstützung nicht. Er war gewappnet zum Strauße gegen das Papsttum und bereit, ihn allein zu bestehen, wenn es Not sei. Der Abfall alter Freunde, wie der Nürnberger Pirkheimer und Spengler, die ängstliche Hilflosigkeit seines Staupitz, die Verbrennung seiner

Schriften in den Niederlanden, in Köln und Mainz konnten seine Kraft nicht mindern. In seiner Schrift „Von den neuen Eckischen Bullen und Lügen“ bestritt er zunächst die Echtheit der Bulle, und dasselbe tat er noch in der lateinischen Ausgabe des folgenden Schriftchens „Wider die Bulle des Endchrists“. In der bald folgenden deutschen Ausgabe hat er keinen Zweifel mehr, daß die Bulle aus Rom vom Papste, „dem Antichrist“, komme. Von neuem appellierte er jetzt, am 17. November 1520, an ein Konzil und forderte in der Urkunde, die er darüber in aller Form hatte aufnehmen und dann durch den Druck verbreiten lassen, den Kaiser, die Kurfürsten, Fürsten, Herren, Städte und Obrigkeiten deutscher Nation auf, sich seiner Appellation anzuschließen, den Papst aber klagt er an als ungerechten Richter, verstockten Ketzer, antichristlichen Unterdrücker der heiligen Schrift und als übermütigen Lästerer der heiligen Kirche und eines rechtmäßigen Konzils. Und um jeden Zweifel zu beseitigen, daß er auf immer gebrochen mit der römischen Kirche, entschloß er sich nun zu einem Schritte, der eine Umkehr unmöglich machte. Für den 10. Dezember 1520 kündigte er durch öffentlichen Anschlag den Studierenden an, daß um neun Uhr vormittags die antichristlichen Dekretalen, d. h. die päpstlichen Rechtsbücher, verbrannt werden würden. Eine gewaltige Menschenmasse strömte auf dem dazu gewählten Platze vor dem Elstertor zusammen. Ein Scheiterhaufen ward getürmt und mitsamt den darauf gelegten Dekretalen angezündet, dann, als die Flammen emporloderten, warf Luther auch die Bannbulle hinein mit den Worten: „Weil du den Heiligen des Herrn (d. i. Christus) betrübt, verzehre dich das ewige Feuer“ und wandte sich zur Stadt zurück. Die Studenten aber unterhielten das Feuer noch weiter und verbrannten nach possenhaften Umzügen unter Spottgesängen Eckische und andere gegen Luther gerichtete Schriften.

Luther, der gleich am andern Tage vor seinen Zuhörern seine Tat besprochen hatte, sandte auch an seine Deutschen eine Rechtfertigung in der Schrift: „Warum des Papsts und seiner Jünger Bücher von v. Martin Luther verbrannt seien?“ und im Anfange des folgenden Jahres veröffentlichte er noch weiter dem Wunsche des Kurfürsten und seines Spalatin gemäß „Grund und Ursach aller Artikel, so durch die römische Bulle unrechtlich verdammt worden“. Noch ehe diese Schrift aber erschien, hatte Rom endgültig gesprochen, der Bann, den die Bulle Luther angedroht, ward am 3. Januar 1521 erklärt, und die Orte, wo der Gebannte sich aufhalten würde, mit dem Interdikte belegt.

7. Der Wormser Reichstag

Nach der Ansicht der Kirche war mit dem Erlaß vom 3. Januar 1521 eine fernere Verhandlung mit Luther nicht zu führen. Luther war gebannt als Ketzer, die staatliche Gewalt hatte nun nichts weiter zu tun, als das Urteil der Kirche zu vollstrecken. Der neugewählte deutsche König Karl V. hatte auf das erste Ansinnen der päpstlichen Legaten die Verbrennung der ketzerischen Schriften Luthers in seinen Erblanden verfügt, gewiß hoffte der päpstliche Stuhl weiteres gefügiges Nachgeben. Sie hatten sich doch getäuscht, getäuscht nicht minder als Hütten und seine Freunde, wenn sie noch immer auf Karls V. Unterstützung hofften, wie es auch Luther eine Zeit lang getan hatte.

Karl war ein junger Mann, damals 21 Jahre alt, aber er war frühreif und von einer Kälte und politischen Verschlagenheit, wie man sie seinen Jahren nicht hätte zutrauen sollen. Für die Lehre Luthers hatte er, in den strengen Satzungen und Formen der Kirche erzogen, dem deutschen Geiste in seinem Innersten fremd, kein Herz; er ist immer ein getreuer Sohn der römischen Kirche geblieben, aber er sah, als er zur Krönung nach Aachen und dann zum Reichstag, der im Jahre 1521 in Worms gehalten werden sollte, durch

Deutschland zog, gar bald, daß seine Auffassung nicht die der Deutschen sei und daß es schwere Kämpfe kosten würde, wollte man gegen Luther jetzt einschreiten. Und dann war er durchaus nicht gewillt, dem Papste, mit dem er wegen seiner italienischen Politik, wegen der Begünstigung seines Gegners Franz I. von Frankreich etwas gespannt war, jeglichen Wunsch und Willen zu erfüllen. Die Lehre der Kirche wollte er nicht antasten lassen, aber die Mißbräuche, die er gar wohl sah, wollte auch er abstellen und vor allem wollte er nicht bloß um des Papstes willen in Feindschaft geraten mit deutschen Fürsten und deutschen Herren, welche er in seinen Kämpfen mit Frankreich, die er voraussah, würde brauchen können. So war in ihm alles kalte Überlegung, ruhiges Abwägen.

Die päpstlichen Abgesandten boten alles auf, um ihre Auffassung, daß jede Beschäftigung der weltlichen Gewalten mit Luthers Sache ein Eingriff in die kirchlichen Rechte sei, zur Geltung zu bringen. Sie erklärten entschieden, daß in der Sache nichts weiter zu tun sei, als das Urteil an Luther zu vollziehen. Es gab Augenblicke, wo Karl diese Anschauung zu teilen schien, schließlich aber fiel die Entscheidung doch anders aus. Auf den Vorschlag der Stände erging unter dem 6. März 1521 die Citation an Luther, den „Ehrsamen, Geliebten, Andächtigen", sich binnen 21 Tagen nach Empfang der Ladung in Worms zu stellen vor Kaiser und Reich, wo bei ihm eine „Erkundigung" wegen seiner Schriften vorgenommen werden sollte. Freies Geleit für Hin und Rückfahrt ward ihm bewilligt. Am 26. März brachte der Reichsherold Kaspar Sturm die Citation zu Luther nach Wittenberg.

Würde Luther der Ladung folgen? So fragten seine Freunde, so die Feinde. Luther war keinen Augenblick darüber im Zweifel. Er fetzte keine Hoffnungen mehr wie noch vor wenigen Monaten auf das „junge, edle Blut" auf Deutschlands Thron; aber was er im Dezember 1520 an Spalatin geschrieben: „Ich werde, wenn man mich ruft, kommen, soweit an mir liegt, ob ich mich auch krank müßte hinführen lassen, denn man darf nicht zweifeln, daß ich vom Herrn gerufen werde, wenn der Kaiser mich ruft", das galt für ihn auch jetzt noch. Er wollte über sich ergehen lassen, was die weltliche Obrigkeit beschließen würde, jedoch „Gott bitten, daß nicht Karls Kaisertum mit seinem (d. h. Luthers) Blut sich zum Schutz für die Gottlosigkeit in seinem ersten Tun bestecke." Aber an Widerrufen dachte er nicht. Wie er in jenem Briefe vom Dezember gesagt: „Nimm von mir alles an, nur nicht, daß ich fliehe oder widerrufe; fliehen will ich nicht, widerrufen noch viel weniger", so schrieb er jetzt: „Zweifle nicht, daß ich nichts widerrufen werde, nachdem ich sehe, daß sie keinen Beweis gegen mich haben, als die Bräuche der Kirche, wie sie erdichten." Von Aufruhr um seinetwillen, an den wohl Freunde wie Hütten gedacht, wollte er nichts hören. „Ich möchte nicht," schrieb er im Januar 1521 an Spalatin, „daß man mit Gewalt und Totschlag fürs Evangelium streite: so habe ich auch dem Manne (Hütten) geschrieben; durchs Wort ist die Welt überwunden worden, durchs Wort die Kirche errettet, durchs Wort wird sie auch wieder hergestellt werden."

Mitten aus seinen Arbeiten – Streitschriften gegen Emser, Thomas Murner u. a.. die Fortsetzung der Psaltererklärung, tägliche Predigten nahmen ihn neben seinen Vorlesungen unausgesetzt in Anspruch – riß er sich los. In den ersten Tagen des Aprils verließ er Wittenberg mit drei Begleitern auf einem überdeckten Wagen, den samt den Pferden die Stadt Wittenberg ihrem großen Bewohner gestellt hatte. Der Reichsherold ritt dem Wagen voraus. Die Fahrt ging über Leipzig durch Thüringen bis Eisenach, dann über Frankfurt und Oppenheim nach Worms. Überall war ein gewaltiger Zulauf von Leuten aus Stadt und Land, die den Mann sehen wollten, der mit dem Papste den Streit aufzunehmen wagte. Prächtig wurde Luther in Erfurt empfangen. Er predigte hier wie in anderen Orten Thüringens unter großem Andrang von Hörern. Als er in den Städten, durch die er zog, das kaiserliche Edikt, daß seine Bücher sollten ausgeliefert werden, angeschlagen fand, erschrak er wohl und zitterte, aber als der Herold ihn fragte: „Herr Doktor, wollt Ihr fortziehen," erklärte er doch mutig: „Ja, unangesehen daß man mich hat in den Bann getan und dies in allen Städten publizieret, so will ich doch fortziehen und mich des kaiserlichen Geleites halten." In Eisenach warf ihn schwere Krankheit darnieder, aber er raffte sich auf und zog weiter. Da ward den Feinden bange. Man fürchtete die Aufregung des Volkes, wenn er kam. Vielleicht, daß er sich durch eine schlaue Wendung fernhalten ließ. 21 Tage vom Empfang der Citation an sollte das Geleit Kraft haben, am 26. März war ihm die Ladung übergeben worden, er mußte also spätestens am 16. April in Worms sein, und das konnte er, wenn er unaufgehalten weiterzog. Da, als er in Oppenheim war, kam ihm von Sickingens Sitz, der Ebernburg her Kunde, des Kaisers Beichtvater, Glapio, der dort weilte, wollte mit ihm sich unterreden. Hütten riet, Folge zu leisten, Luther aber, das Verfängliche der Einladung wohl erkennend, erwiderte: „Hat des Kaisers Beichtvater mit mir zu reden, so kann er solches zu Worms wohl tun" und setzte seine Reise fort. Und als Spalatin ihn jetzt noch im letzten Augenblicke an Hus' Schicksal erinnerte, das man ihm bereiten könnte, da machte ihn auch das nicht irre. „Ich war unerschrocken, fürchtete mich nicht," sagte er später von jener Zeit, „Gott kann einen wohl so toll machen." Damals aber rief er: „Ist Hus verbrannt worden, so ist doch die Wahrheit nicht verbrannt" und „wenn so viel Teufel in Worms wären, wie Ziegel auf den Dächern, so will ich doch hineingehen."

Am 16. April vormittags zog er in Worms ein zu Wagen, begleitet von einer Reiterschar, die ihn eingeholt. Kaum konnte der Zug sich hindurchwinden durch die dichten Massen des Volkes. Gleich am nächsten Tage mußte er vor Kaiser und Reich erscheinen. Des Kaisers Feldhauptmann, der berühmte Landsknechtführer Georg v. Frundsberg, soll ihn noch vor dem Eintreten in den Saal ermutigt haben durch den Hinweis auf Gottes Beistand. Solche Freundlichkeit tat gewiß auch ihm, dem Mutigen, wohl, denn es war in Wahrheit ein schwerer Gang, den er vorhatte. Er stand jetzt vor seinen Richtern, und daß es nicht milde, ihm geneigte Richter waren, erfuhr er sogleich. Man gab ihm keine Gelegenheit zur Verteidigung. Einfach die zwei Fragen wurden ihm vorgelegt, ob dies seine Schriften seien und ob er ihren Inhalt widerrufen wolle. Luther bat sich Bedenkzeit aus, die ihm bewilligt wurde. Am Abend des 18. April, es war ein Donnerstag, erschien er dann von neuem und zum letzten Male vor dem Kaiser. Der Saal war dicht gefüllt. Eck, nicht der Ingolstädter Gegner Luthers, sondern ein Beamter des Trierer Erzbischofs, der schon am Tage vorher die Verhandlungen in des Kaisers Auftrag geführt hatte, fragte jetzt Luther nach einem kurzen, aber scharfen Hinweis auf die gewährte Bedenkzeit, ob er die Bücher, die er als die seinigen schon gestern erkannt, alle verteidigen oder etwas zurücknehmen wolle. Luther antwortete darauf lateinisch und deutsch in wohl überlegter Rede. Er unterschied drei Arten unter seinen Schriften, erstens solche, die auch seine Widersacher für evangelisch bekennen müßten, dann solche, welche gegen das Papsttum gerichtet seien, endlich Streitschriften gegen Einzelne. Widerrufen könne er keines seiner Bücher, wenn er nicht mit prophetischen und evangelischen Schriften überwunden werde.

Luther willfahren hieß eine neue Disputation über seine Sätze gewähren. Das wollte der Kaiser um keinen Preis. Eck erhielt also Weisung, Luther zu fragen, ob er gewisse Artikel einfach widerrufen wolle, erst dann ließe sich weiter verhandeln. Darauf erwiderte Luther: „Weil denn Eure Kaiserliche Majestät und Eure Gnaden eine schlichte Antwort begehren, so will ich eine Antwort ohne Hörner und Zähne geben diesermaßen: es sei denn, daß ich durch Zeugnisse der Schrift oder durch helle Gründe überwunden werde – denn ich glaube weder dem Papst noch den Konzile allein, dieweil am Tag liegt, daß sie öfters geirrt und sich selbst widersprochen haben – so bin ich überwunden durch die von mir angeführten heiligen Schriften und mein Gewissen ist gefangen in Gottes Wort; widerrufen kann ich nichts und will ich nichts, dieweil wider das Gewissen zu handeln unsicher und gefährlich ist. – Ich kann nicht anders, hier stehe ich, Gott helf mir! Amen.“ Und als Luther in der nun folgenden kurzen Erörterung mit Eck dabei blieb, daß Konzile geirrt und daß er das beweisen könne und wolle, da schloß der Kaiser die Verhandlungen. Unter Geleit, verfolgt von dem Zischen der Spanier, von der Teilnahme seiner Deutschen kam Luther gegen 8 Uhr abends in seine Herberge, wo er von den Seinen erwartet wurde. Ihn erfüllte nur Freude, daß er vor Kaiser und Reich er selbst geblieben, seine Worte: „Ich bin hindurch, ich bin hindurch!“ zeigen, daß ihm der Kampf nicht leicht geworden und daß ihm ein Stein von der Brust gefallen, da er bestanden war.

Für den Kaiser war mit Luthers letzter Antwort die Zeit der Verhandlungen vorüber. Er wollte dem Mönche das Geleit halten, dann aber gegen ihn als einen Ketzer verfahren. Die Reichsstände waren noch zu weiteren Erörterungen geneigt, und ihre Ansicht drang durch. In freundlichster Weise verhandelte der Erzbischof von Trier mit ihm, freilich, da die Forderungen die Alten blieben, ohne Erfolg. So wurde denn Luther am 25. April entlassen, am folgenden Tage am Vormittag fuhr er von Worms ab. Er wußte bereits, daß er nicht nach Wittenberg zurückkehren werde, sondern daß ihn sein Kurfürst einstweilen in Gewahrsam bringen wolle. In einem Briefe aus Frankfurt a. M. an seinen Freund Lukas Cranach in Wittenberg teilt er das mit: „Ich laß mich eintun und verbergen, weiß selbst noch nicht wo.“ So kam er ins Thüringer Land in die Gegend von Eisenach, er predigte hier, wie er anderwärts getan, trotzdem es ihm verboten war, und wandte sich dann, nur noch von Amsdorf und einem Augustiner begleitet, in das Heimatsdorf seines Geschlechts, nach Möhra. Auf der Weiterfahrt von hier, in der Nähe von Schloß Altenstein, wurde er am Abend des

4. Mai von Reitern aus dem Wagen gerissen, gewaltsam fortgeführt und endlich auf die Wartburg gebracht, wo er nun als „Junker Georg“ in ritterlicher Kleidung die nächsten Monate zugebracht hat.

In Deutschland erfuhr man seine Fortführung mit geteilten Gefühlen. Luthers Freunde glaubten zuerst, er sei in eine Falle seiner Feinde gegangen, seine Gegner aber hatten den richtigen Gedanken, wie denn der päpstliche Legat nach Rom berichtete, der sächsische Fuchs habe Luther verborgen. Der Kaiser ließ sich durch die Nachricht nicht zu besonderen Maßnahmen veranlassen, dagegen war am 26. Mai das sehr scharfe Wormser Edikt gegen Luther ergangen, das ihn in des Reiches Acht erklärte und gegen die Verbreitung seiner Lehre und seiner Schriften aufs strengste vorging. Es war fälschlich auf den 8. Mai zurückdatiert, um den Anschein zu erwecken, als sei es beschlossen mit „einhelligem Rate der Kurfürsten und Stände“.

Die Zukunft mußte lehren, ob es die Wirkung haben würde, welche die Päpstlichen davon erwarteten.

VIERTER ABSCHNITT

Vom Wormser Edikte bis zur Gründung der Landeskirchen

1. Luther auf der Wartburg

Es war wahrlich nicht Feigheit, daß Luther dem Rate des Kurfürsten Folge geleistet und sich auf der Wartburg hatte verbergen lassen, er hatte das richtige Gefühl, daß er seiner Sache jetzt in Wittenberg wenig helfen konnte, wohl aber seinen Fürsten durch seine dortige Tätigkeit in schwere Verlegenheit bringen mußte. So hauste er denn nun in der „Region der Luft und der Vögel", die „lieblich um ihn her auf ihren Zweigen sangen und Gott lobten aus allen Kräften Tag und Nacht". Freilich erschien ihm sein Aufenthalt nicht immer so anmutig, oft war es ihm nur seine „Wüste" oder sein „Patmos", und einfallt genug mochte es ihm wohl nach der aufregenden Tätigkeit der letzten Jahre und namentlich der letzten Tage in Worms auf seinem Thüringer Burgsitz sein. Vom Verkehr mit Menschen war er nicht ganz abgeschlossen, aber der Schloßhauptmann von Berlepsch, auf den er in der Burg angewiesen war, konnte ihm, so ernst und tüchtig er sein mochte, den Umgang mit den lieben Freunden, einem Melanchthon, einem Amsdorf u. a. nicht ersetzen, und sein sonstiger Verkehr war gar sehr eingeschränkt, damit er sich selbst nicht verraten sollte. Wohl streifte er mit einem vertrauten Knecht durch Wald und Flur, er ritt in die umliegenden Ortschaften, er nahm an Jagden teil, aber mit seinem Herzen war er doch immer bei seiner lieben Theologie und seiner heiligen Schrift. Ein Häschen, das er bei der Jagd, diesem „sauersüßen Vergnügen der Helden", dieser „wahrhaft würdigen Beschäftigung müßiger Menschen", wie er sie nennt, gerettet und in seinem Mantel geborgen, ward ihm doch noch durch den Mantel totgebissen – ihm erschien es wie eine Seele, die er gerettet und die nun doch von Satan und Papst verderbet werde. Es waren meist Gedanken recht trüber Natur, die ihn erfüllten. Und daran war wohl auch sein körperliches Befinden mit schuld. Schon nach Worms hatte er keinen gesunden Körper mitgebracht; die ungewohnte Lebensweise, die kräftige Kost auf der Wartburg machten sein Übel, schmerzhafte Verdauungsbeschwerden, nur ärger; bis in den Oktober hinein litt er oft sehr hart, so daß er seinen Freunden wiederholt es klagen mußte. Natürlich blieben da geistige Anfechtungen nicht aus, wenn er so, wie er selbst mit bitterer Übertreibung sagt, „müßig und trunken den ganzen Tag dasaß“. Ihm waren das Anfechtungen des Satans selbst, und der Volksmund weiß, z. T. nach Luthers eigenen Aufzeichnungen, gar vieles zu erzählen von den Kämpfen, die der Gottesmann mit dem leibhaftigen Teufel ausfechten mußte. Noch heute wird auf der Wartburg im Lutherzimmer der Tintenfleck gezeigt, den Luther durch den Wurf des Tintenfasses nach dem Satan veranlaßt haben soll. Tiefer ergriff ihn der quälende Zweifel, ob es wirklich die Wahrheit sei, die er lehre. „Bist du allein klug?“ fragte er sich. „Sollen die anderen alle irren und so eine lange Zeit geirret haben? Wie, wenn du irrest und so viel Leute in Irrtum verführest.“ Immer wieder kehrten solche Gedanken und peinigten ihn, bis Christus ihn „mit seinem einigen gewissen Wort befestigt und bestätigt“ hatte. Aus der Schrift und ihrem Studium fand er seine Ruhe jedesmal wieder, ihres Rühmens fand er denn auch kein Ende. Aber die Bibel im Urtext, in „hebräischer und griechischer“ Sprache, konnte wohl er, der Gelehrte, studieren, von seinen lieben Deutschen, für die er arbeitete, vermochten das nur wenige. Sollte ihnen die Bibel werden, was sie Luther war und jedem Christen sein sollte, so mußte eine deutsche Übersetzung geschaffen werden, nicht eine bloß „buchstabilierte“, die Wort für Wort den Urtext wiedergab, sondern eine, die sich lesen ließ und zum Volke in seiner Sprache redete. Wenn einer, so war Luther der Mann, dies kostbare Gut seinem Volke zu verschaffen.

Im Herbst des Jahres 1521 machte er sich daran, das neue Testament ins Deutsche zu übertragen. Zu Grunde legte er dabei den Text des Erasmus, der damals der übliche war. Daß er mit dem neuen Testament begann, lag vornehmlich daran, daß er das Evangelium zuerst vor dem Gesetz jedermann zugänglich machen wollte dann aber auch daran, daß es ihm zu schwer erschien, allein das alte Testament recht zu übersetzen. Denn der Schwierigkeiten seines Unternehmens war er sich voll bewußt. „Jetzt erst, sagte er, sehe er, was übersetzen heiße; jetzt sei dafür gesorgt, daß er nicht in dem Irrtum sterbe, als wäre er gelehrt gewesen.“ Er faßte aber auch seine Aufgabe mit ganzem Ernste an. Wie herrlich bezeugen das seine Worte aus dem kleinen Schriftchen „Vom Dolmetschen“, das er 1530 veröffentlichte: „Ach es ist Dolmetschen nicht eines jeglichen Kunst. Es gehöret dazu ein recht, fromm, treu, fleißig, furchtsam, christlich, gelehret, erfahren, geübet Herz.“ Und läßt sich ein besserer Grundsatz für einen Übersetzer aussprechen, als der oft wiederholte und doch so vielfach nicht genug befolgte, daß die Übersetzung eine „völlige deutsche klare Rede“ werden müsse? Denn man solle nicht die Buchstaben in der fremden Sprache fragen, wie man soll deutsch reden, „sondern man muß die Mutter im Hause, die Kinder auf der Gassen, den gemeinen Mann auf dem Markt drum fragen und den selbigen auf das Maul sehen, wie sie reden, und darnach dolmetschen, so verstehen sie es dann und merken, daß man deutsch mit ihnen redet.“ Also auf der lebendigen Sprache seines Volkes fußt Luther in seiner Bibelübersetzung, und danach ergibt sich denn, daß seine viel angefühlten Worte aus den Tischreden: „Ich rede nach der sächsischen Kanzlei, welcher nachfolgen alle Fürsten in Deutschland“ nicht so zu verstehen sind, wie es oft noch geschieht, als habe er die hochdeutsche Sprache, die er in seiner Übersetzung schreibt und damit zum Gemeingute aller Deutschen und zur Grundlage unserer Schriftsprache gemacht hat, fertig in jener Kanzleisprache vorgefunden. Nein, Luther folgte der Sprache der Kanzleien nur, wenn sie sich mit seinem, durch Beobachtung der Volkssprache gebildeten Sprachgefühl vertrug, oft waren ihm auch die „Herren Schreiber" Sprachverderber, namentlich von ihren Ungeheuerlichkeiten im Satzbau hat er sich glücklich ferngehalten. Er wußte wohl, für wen er schrieb und daß seine liebe Bibel nimmer ganz Eigentum des Volkes werden konnte, wenn er nicht alles Gekünstelte und Geschnörkelte vermied.

Wie Luther alles, was er ergriff, mit Feuereifer betrieb, so auch seine Bibelübersetzung. Im Herbst 1521 ward das Werk begonnen, und schon im Frühjahr 1522 konnte er die ersten Stücke drucken lassen. Im September 1522 ging das Grundbuch der evangelischen deutschen Kirche mit dem einfachen Titel: „Das Neue Testament Deutsch. Wittenberg," ohne Angabe des Übersetzers und der Jahreszahl des Erscheinens hinaus in die Welt und fand eine Verbreitung wie noch kein anderes Buch, trotzdem der Preis (1,5 Gulden. 8 Mark) nicht niedrig gestellt war.

Luther war damals schon langst nicht mehr auf der Wartburg, er hatte sie bereits am 1. März 1522 verlassen. Was hatte er in den zehn Monaten, die er dort war, alles geschaffen! Wahrlich, wenn sein Aufenthalt uns bloß seine Übersetzung des neuen Testamentes gebracht, wir würden ihn reich an Ertrag für unsere evangelische Kirche nennen müssen. Luther hatte aber außer diesem deutschen neuen Testament noch gar vieles andere dort auf seiner Burg geschrieben. Denn er war von dem Beginn seines Aufenthaltes, wenn er sich selbst auch „müßig" nennt, wie immer rastlos tätig gewesen. Auf der Wartburg entstanden die ersten Stücke seiner Postille in deutscher Sprache. Das Buch ist zunächst für die Pfarrer bestimmt, welche gar oft mit dem Predigen nicht weit kamen; ihnen wollte er zeigen, wie man der Gemeinde das Evangelium auslegen solle. Bald aber wurden die Predigten, die Luther hier ausgearbeitet, auch von Laien fleißig gelesen, waren doch, wie er selbst sagt, „die Episteln und Evangelien hier deutlich und lüstiglich zugerichtet und vorgekäuet, wie eine Mutter ihren Kindern den Brei vorkaue". Neben dieser großen Arbeit erschienen einzelne Predigten, der Lobgesang der Maria, den er schon vor der Fahrt nach Worms begonnen hatte und nun hier vollendete, sein „Büchlein von der Beichte", das er dem „gestrengen und festen" Franz von Sickingen, „seinem besondern Herrn und Patron", widmete, weiter eine Reihe Schriften, zu denen ihn die nachher zu besprechenden Wittenberger Unruhen veranlaßten, endlich mußte er auch hier manche Stunde, die er lieber zu Nutz und Frommen seiner Mitchristen verwandt hätte, der Bekämpfung seiner Gegner widmen. Gegen die Löwener Theologen, gegen seinen alten Widersacher Emser, gegen die theologische Fakultät der Universität Paris, zu der er früher so gutes Zutrauen gehabt und deren „wütendes Dekret" gegen ihn er jetzt mit scharfen Begleitworten veröffentlichte, gegen den Papst selbst trat er heftig auf. Hart fielen die Schläge des gefürchteten Streiters. Welche Macht sein Wort in Deutschland war, das zeigt am deutlichsten sein Handel mit Erzbischof Albrecht von Mainz und Magdeburg. Albrecht, in Geldverlegenheiten wie immer, hatte nämlich im Herbst 1521 in seiner Stadt Halte eine Masse von Reliquien der wunderbarsten Art zusammengebracht und den Gläubigen zur Erbauung in der Stiftskirche ausgestellt. Da gab es Überreste vom Manna, das Jehovah einst für das Volk Israel in der Wüste vom Himmel fallen ließ, Wein samt den Krügen von der Hochzeit zu Kana u. a. m. Wer sie andächtig anschaue, diese Heiligtümer, und dem Stift ein Almosen gebe, dem ward ein „übertrefflicher Ablaß" verheißen. Es war eine Erneuerung des Ablaßhandels unter anderer Form. Luther ergrimmte. War denn der Kampf gegen Tetzel, den derselbe Albrecht von Mainz und Magdeburg ausgesandt, so ganz vergeblich gewesen? In den ersten Oktobertagen schrieb er Spalatin, daß er gegen solchen Frevel nimmer schweigen könnte. Öffentlich und privatim werde er dagegen auftreten. Sofort ging er an die Ausarbeitung seiner Schrift „Wider den Abgott zu Halle", und als ihm Spalatin jetzt eröffnete, der Kurfürst werde eine Veröffentlichung der Schrift nicht dulden, da brauste er auf in gewaltigem Zorn. „Einen unangenehmeren Brief als Deinen letzten habe ich kaum gelesen," schrieb er an Spalatin. „Ich lasse mir es nicht gefallen, daß. wie Du sagst, der Fürst nicht zugeben will, daß gegen den Mainzer geschrieben werde, noch was den öffentlichen Frieden störe; lieber magst Du und der Fürst und die ganze Welt mir verloren gehen; habe ich dem Papste widerstanden, warum soll ich seiner Kreatur weichen?" Diesem Briefe fügte er das fertige Büchlein gegen den Erzbischof bei. Aber Spalatin sandte es trotz Luthers gemessener Weisung nicht ab, und Luther ließ sich endlich bereit finden, von der Ausgabe einstweilen Abstand zu nehmen. Aber er schrieb unter dem 1. Dezember 1521 einen eigenen Brief an Albrecht von Mainz, in dem er ihn auf das Ernsteste ermahnte, „das arme Volk unverführt und unberaubt zu lassen". Wo nicht der Abgott abgetan werde, müsse er den Erzbischof wie den Papst öffentlich antasten. Er fordert ferner von Albrecht Besserung seines Lebenswandels, sonst müsse er reden, so wenig „ihm Lust sei in des „Erzbischofs Schande". „Hierauf bitte ich und erwarte ich," so schließt er, „richtige schleunige Antwort innerhalb vierzehn Tagen, denn nach bestimmten vierzehn Tagen wird mein Büchlein wider den Abgott in Halle ausgehen." Und unter dem 21. Dezember schrieb der Erzbischof wirklich an Luther einen demütigen Brief. „Lieber Herr Doktor," hieß es da, „ich Hab Euren Brief gelesen und zu Gnaden und allem Guten angenommen, versehe mich aber gänzlich, die Ursach sei längst abgestellt, die Euch zu solchem Schreiben bewegt hat." Und in solchem Tone schreibt der mächtige Reichs und Kirchenfürst noch weiteres Mal den gebannten Mönch. Wer wollte es Luther verdenken, wenn er dem Worte mehr Kraft zuschrieb, als irgendwelcher weltlichen Gewalt?

Während Luther fern von den Seinen einsam in seiner „Wüste“ weilte, war in der Bewegung der Geister, die er hervorgerufen hatte, kein Stillstand eingetreten. Das Wormser Edikt war wohl erlassen und publiziert, aber mit seiner Ausführung stand es mißlich genug. Kaiser Karl V., der es veranlaßt und dem an der Vollziehung etwas lag, war nicht mehr in Deutschland. Die Unruhen in Spanien, der Ausbruch des Krieges gegen Franz I. von Frankreich, die ganze verwickelte italienische Politik, die Ausdehnung der spanischen Macht in dem neu entdeckten Amerika, das alles nahm ihn und seine Tätigkeit ganz in Anspruch. Das Reichsregiment, welches statt seiner die Leitung der deutschen Angelegenheiten übernommen hatte, war seiner Mehrzahl nach Luthers Sache zwar abgeneigt, aber ernstlich dagegen einzuschreiten wagte es bei dem offenbaren Schütze, den ihm Friedrich der Weise angedeihen ließ, doch nicht, zumal man bei der Gärung unter Ritterschaft und Bauernstand bei gewaltsamem Vorgehen Schlimmes befürchten mußte.

In Wittenberg fing man denn, von diesen Umständen begünstigt, damit an, die kirchlichen Ordnungen und Gebräuche selbst nach dem, was die rechte Erklärung der Bibel gebot, zu ändern. Daß die römische Kirche den Pfarrern die Ehe verbot, hatte Luther schon in seiner Mahnung „An den christlichen Adel“, angegriffen, jetzt traten wirklich mehrere Geistliche, darunter als einer der ersten ein Schüler Luthers, in den Ehestand. Und Luther, der von allem, was in Wittenberg geschah, durch seinen Melanchthon Nachricht erhielt, billigte ihr Vorgehen, wenn er auch die Hemmnisse, die das eheliche Leben bereiten konnte, nicht verkannte. Er billigte nach anfänglichem Bedenken auch das Streben der Mönche, sich frei zu machen von den Banden des Klosters, war er‘s doch vor allen, der einen Beschluß des Augustinerkonvents erwirkte, wonach das Kloster verlassen durfte, wer da wolle, die aber, welche blieben, aufhören sollten zu betteln. In seiner lateinischen Schrift von den Gelübden begründete er seinen Standpunkt.

War so die Beseitigung des Cölibats und der Möncherei angebahnt, so gingen jetzt die Wittenberger auch dazu, das Sakrament des Altais in der schriftgemäßen Gestalt herzustellen. Schon Michaelis 1521 nahm Melanchthon mit seinen Schülern im Abendmahl neben dem Brot auch den Kelch, und ein Ausschuß der Universität, Jonas an der Spitze, bat geradezu den Kurfürsten, in seinen Landen das Sakrament in seiner ursprünglichen Fassung wieder herzustellen. Friedrich antwortete seiner ganzen Art gemäß ausweichend und ermahnte nur eindringlich, Aufruhr zu meiden; aber die Wittenberger ließen sich durch solche Worte nicht mehr hemmen. Die Anhänger des Neuen und die am alten Brauch festhielten, waren in beständigen Streitigkeiten, so daß Luther es sogar im Dezember für nötig hielt, auf einige Tage nach Wittenberg zu kommen, um sich vom Stande der Dinge zu unterrichten. Auch ihm erschien, was er sah, nicht unbedenklich, denn sofort nach seiner Rückkehr nach der Wartburg veröffentlichte er seine „Treue Vermahnung zu allen Christen, sich zu verhüten vor Aufruhr und Empörung“, denn Aufruhr könne nie Besserung bringen, treffe auch mehr die Unschuldigen als die Schuldigen. Nur die Obrigkeit habe ein Recht zu Taten, dem Einzelnen stehe nur das Wort zu.

In Wittenberg kamen gerade damals die Dinge in eine Strömung, die schließlich zum offenen Aufruhr treiben mußte. Karlstadt, der gleich nach Luthers Weggang wieder mehr hervorgetreten war, stellte sich jetzt an die Spitze derer, welche die Neuerungen nicht schnell genug einführen konnten. Es waren im wesentlichen Gedanken Luthers, die er zur Ausführung bringen wollte, nur hatte er in seiner Unklarheit gar manches schief aufgefaßt, und so geschah denn des Auffälligen und Anstößigen nicht wenig. Daß er das Abendmahl in beiderlei Gestalt erteilte, war ja nur in Luthers Sinne, aber nun forderte er auch die Beseitigung der Bilder in den Kirchen, „der Ölgötzen“, wie er sie nannte, und das verführte Volk riß sie gewaltsam aus den Gotteshäusern weg. Die Beichte erschien ihm unnötig, die Fasten hob er auf, das Studium erklärte er für nichtig und eitel, Schulen für überflüssig, er selbst ging zu den Handwerkern, um sich über Bibelstellen, die ihm zweifelhaft waren, Rats zu holen, da Gott den Unmündigen offenbare, was er den Gelehrten verborgen. Kein Wunder, daß die Aufregung in Wittenberg von Stunde zu Stunde wuchs. Melanchthon war gegen solche Fluten machtlos. Und nun fügte es sich, daß zu alle dem gegen Ausgang des Jahres 1521 in Wittenberg noch neue „Schwarmgeister“ zu wanderten, Welche das wilde Durcheinander noch wilder machten. Es waren Zwickauer, Männer aus dem Volke, welche sich besonderen Verkehrs mit Gott und den Engeln rühmten, behaupteten, durch Gottes Stimme selbst zum Lehren berufen zu sein und nun, aus Zwickau vertrieben, hier in der Stadt Luthers, auf den sie sich ausdrücklich beriefen, Aufnahme suchten und fanden. Melanchthon, schon Karlstadt gegenüber nicht stark genug, ward hier vollkommen unsicher. Ihre Berufung auf Gottes Eingebung machte ihn bestürzt, er wandte sich wieder und wieder an Luther, selbst zu kommen, und zu ordnen, was verwirrt war und immer verwirrter wurde. Luther erklärte zwar zuerst, die Zwickauer seien für ihn kein Grund zu kommen, sie hätten für ihn kein Gewicht; als dann aber auch der Rat und die Gemeinde von Wittenberg ihn riefen, da entschloß er sich gegen Ende Februar, zu tun, was man von ihm forderte. Das „gnädige Bedenken“ Friedrichs des Weisen, welches der Kurfürst auf Luthers Andeutung, daß er seinen Aufenthaltsort verlassen wolle, an ihn ergehen ließ, um ihn zu fernerem Bleiben auf der Wartburg zu bewegen, konnte in dem Reformator keine Änderung des Entschlusses bewirken. Am 1. März 1522 ritt er in seiner Rittertracht ohne Geleit von seinem „Patmos“ gen Wittenberg.

Er war heiter und fröhlich in seinem Gemüt, nicht wie ein Gebannter und Geächteter, der gewissen Schutz verläßt und Schwerem entgegengeht. Könnte es dafür ein schöneres Zeugnis geben als die Begegnung mit den beiden Schweizern zu Jena, die uns der eine von ihnen, Johannes Keßler, so treu geschildert hat? Wie oft ist es nacherzählt worden, wie sie ihn im Wirtshaus zum schwarzen Bären fanden in Reitertracht „mit einem roten Lederkäppel, in Höfen und Wams, ohne Rüstung, ein Schwert an der Seite," vor sich ein „Büchel", und von ihm aufgefordert, sich zu ihm zu setzen, bald in ein Gespräch gerieten, das sie auf die Vermutung brachte, der Fremde, der so genau Bescheid wußte unter den Gelehrten der Zeit, der von der Notwendigkeit des Studiums der hebräischen und griechischen Sprache redete und, wie sich zeigte, eben in einem hebräischen Psalter gelesen hatte, möchte wohl der Hütten sein, der damals in aller Munde war. Denn daß es Martinus Luther selbst sei, dessen Lehre zu hören, sie nach Wittenberg zogen, wollten sie dem Wirt nicht glauben, meinten, sie hätten sich verhört. Als sie dann ihren Tischgenossen, der für sie die Zehrung berichtigte, merken ließen, daß sie ihn für den Hütten hielten, antwortete er wohl: „Ich bin es nicht", gab aber auch dem Wirt nicht zu, daß er der Luther sei, sondern erwiderte ihm: „Die halten mich für den Hütten, Ihr für den Luther, bald werde ich wohl gar Markolfus (eine Art Till Eulenspiegel jener Zeit) werden". Und dann trank er mit den Schweizern den Abschiedstrunk, bot ihnen die Hand und entließ sie mit den Worten: „So Ihr nach Wittenberg kommt, grüßet mir den Dr. Hieronymus Schürf" – an ihn als einen Landsmann waren die Schweizer empfohlen. – Und als sie nun antworteten: „Wir wollen das gerne tun, doch wie sollen wir Euch nennen, daß er den Gruß von Euch verstehe?" sprach er: „Saget nichts weiter als: der da kommen wird, läßt Euch grüßen, – so versteht er die Worte sogleich." Und als sie nun nach Wittenberg kamen und zu Dr. Schürf gingen, da fanden sie dort den „Reiter Martinus ebenso wie zu Jena".

Und bei ihm waren Melanchthon und Jonas, Amsdorf und des Hieronymus Schürf Bruder Augustin, die erzählten ihm, was sich während seiner Abwesenheit zu Wittenberg ereignet hatte. „Er aber," so schließt Keßler seinen Bericht, „grüßt uns und lacht, zeigt mit dem Finger und spricht: „Dies ist der Philipp Melanchthon, von dem ich Euch gesagt hab."

Es war den Tag nach jener Begegnung zu Jena, daß er in Borna bei Leipzig bei einem Freunde Nachtlager nahm und hier am 5. März Zeit und Gelegenheit fand, den Erwiderungsbrief auf seines Kurfürsten „gnädiges Bedenken" zu schreiben, ein großartiges Denkmal für den Glauben und den Freimut des Gottesmannes. „Von meiner Sache, gnädiger Herr – so schreibt er da – antworte ich also. Eure Kurfürstliche Gnaden weiß, oder weiß Sie es nicht, so lasse Sie es Ihr hiermit kund sein, daß ich das Evangelium nicht von Menschen, sondern allein vom Himmel, durch unsern Herrn Jesum Christum habe, daß ich mich wohl hätte mögen, wie ich denn hinfort tun will, einen Knecht und Evangelisten rühmen und schreiben. Daß ich mich aber zum Verhör und Gericht erboten habe, ist geschehen, nicht daß ich dran zweifelte, sondern aus übriger Demut, die andern zu locken. Nun ich aber sehe, daß meine zu viel Demut gelangen will zur Niedrigung des Evangelii und der Teufel den Platz ganz einnehmen will, wo ich ihm nur eine Hand breit räume, muß ich aus Not meines Gewissens anders dazu tun. Ich habe E. K. F. G. genug getan, daß ich dies Jahr gewichen bin E. K. F. G. zu Dienst. Denn der Teufel weiß fast wohl, daß ich's aus keinem Zag getan habe."

Und von Herzog Georg, auf den Rücksicht zu nehmen der Kurfürst Luther gemahnt, heißt es: „Nun ist Herzog Georg noch weit nicht einem einzigen Teufel gleich. Und sintemal der Vater der abgründlichen Barmherzigkeit uns durchs Evangelium hat gemacht zu freudigen Herren über alle Teufel und Tod und uns gegeben den Reichtum der Zuversicht, daß wir dürfen zu ihm sagen, herzliebster Vater: kann E. K. F. G. selbst ermessen, daß es solchem Vater die höchste Schmach ist, so wir nicht sowohl ihm vertrauen sollten, daß wir auch Herren über Herzog Georgs Zorn sind. Das weiß ich ja von mir wohl, wenn diese Sachen zu Leipzig also stünden, wie zu Wittenberg, so wollte ich doch hinein reiten, wenn's gleich (E. K. F. G. verzeihe mir mein närrisch Reden) neun Tage eitel Herzog Georg regnete und ein jeglicher wäre neunfach wütender denn dieser ist. Er hält meinen Herrn Christum für einen Mann aus Stroh geflochten: das kann mein Herr und ich eine Zeit lang wohl leiden. Ich will aber E. K. F. G. nicht verbergen, daß ich für Herzog Georg habe mehr als einmal gebetet und geweint, daß ihn Gott wolle er leuchten. Ich will auch noch einmal bitten und weinen, darnach nimmermehr. Und bitte, E. K. F. G. wolle auch helfen bitten und bitten lassen, ob wir das Urteil können von ihm wenden, das (ach Herr Gott!) auf ihn dringt ohne Unterlaß. Solches sei E. K. F. G. geschrieben, der Meinung, daß E. K. F. G. wisse, ich komme gen Wittenberg in gar Viel einem höheren Schutz denn des Kurfürsten. Ich hab's auch nicht im Sinn, E. K. F. G. Schutz zu begehren. Ja, ich halte, ich wollte E. K. F. G. mehr schützen, denn sie mich schützen könnte. Dazu wenn ich wüßte, daß mich E. K. F. G. könnte und wollte schützen, so wollte ich nicht kommen. Dieser Sache soll noch kann kein Schwert raten oder helfen; Gott muß hier allein schaffen, ohne alles menschliche Sorgen und Zutun. Darum, wer am meisten glaubt, der wird hier am meisten schützen. Dieweil ich denn nun spüre, daß E. K. F. G. noch gar schwach ist im Glauben, kann ich keinerlei Wege E. K. F. G. für den Mann ansehen, der mich schützen oder retten könnte."

„Daß nun auch E. K. F. G. begehrt zu wissen, was Sie tun solle in dieser Sache, sintemal Sie achtet, Sie haben viel zu wenig getan, antworte ich untertäniglich: E. K. F. G. hat schon allzuviel getan und sollte gar nichts tun. Denn Gott will und kann nicht leiden E. K. F. G. oder mein Sorgen und Treiben. Er will's ihm gelassen haben; da mag sich E. K. F. O. nach richten. Glaubt E. K. F. G. dies, so wird Sie sicher sein, und Friede haben: glaubt Sie nicht, so glaube doch ich, und muß E. K. F. G. Unglauben lassen seine Qual in Sorgen haben, wie sich's gebührt allen Ungläubigen zu leiden. Dieweil denn ich nicht will E. K. F. G. folgen, so ist E. K. F. G. vor Gott entschuldigt, so ich gefangen oder getötet würde. Vor den Menschen soll E. K. F. G. also sich halten: nämlich der Obrigkeit, als ein Kurfürst, gehorsam sein und Kaiser! Maj. lassen walten in E. K. F. G. Städten und Ländern, an Leib und Gut, wie sich's gebühret, nach Reichsordnung und ja nicht wehren noch widersetzen, noch Widersatz oder irgend ein Hindernis begehren der Gewalt so sie mich sahen oder töten will. Denn die Gewalt soll niemand brechen noch widerstehen, denn allein der, der sie eingesetzt hat; sonst ist's Empörung und wider Gott. Ich hoffe aber, sie werden-der Vernunft brauchen, daß sie E. K. F. G. erkennen werden als in einer höheren Wiege geboren, denn daß Sie selbst sollte Stockmeister über mir werden. Wenn E. K. F. G. die Tore offen läßt und das frei kurfürstliche Geleit halt, wenn sie selbst kämen, mich zu holen, oder ihre Gesandten: so hat E. K. F. G. dem Gehorsam genug getan. Werden sie aber je so unvernünftig sein und gebieten, daß E. K. F. G. selbst die Hand an mich lege, will ich E. K. F. G. alsdann sagen, was zu tun ist: Ich will E. K. F. G. Schaden und Gefahr sicher halten an Leib, Gut und Seele, meiner Sache halben, es glaube es E. K. F. G. oder glaub's nicht."

„Hiermit befehl ich E. K. F. G. in Gottes Gnaden. Weiter wollen wir... reden, so es Not ist. Denn diese Schrift habe ich eilend abgefertigt, daß nicht E. K. F. G. Betrübnis erführe von dem Gehöre meiner Zukunft; denn ich soll und muß jedermann tröstlich und nicht schädlich sein, will ich ein rechter Christ sein. Es ist ein anderer Mann denn Herzog Georg, mit dem ich handele, der kennet mich fast wohl, und ich kenne ihn nicht übel. Wenn E. K. F. G. glaubte, so würde Sie Gottes Herrlichkeit sehen; weil Sie aber noch nicht glaubt, hat Sie auch noch nichts gesehen. Gott sei Liebe und Lob in Ewigkeit. Amen."

Am 6. März langte Luther in Wittenberg an.

Frisch und fröhlich, wie Luther auf seinem Heimritt gewesen, ging er nun in Wittenberg an die schwierige Arbeit, die des Meisters harrte. Körperlich stattlicher geworden, hatte er in der Zeit seines Wartburgaufenthaltes auch geistig noch an Kraft und Klarheit gewonnen.

Dem Kurfürsten sandte er auf seinen Wunsch einen neuen Brief, der ausdrücklich betonte, daß er ohne Friedrichs Willen und Zulassen die Wartburg verlassen; aber er habe das tun müssen, denn setze er sich nicht wie eine Mauer vor das Volk, so sei für ganz Deutschland eine große Empörung zu fürchten, da der gemeine Mann das Evangelium fleischlich nehme. In Wittenberg war er binnen wenigen Tagen durch die Berichte seiner Freunde aufgeklärt über die Zustände, aber auch klar darüber, was zu tun sei. Am 9. März bestieg er seine Kanzel in der Pfarrkirche zum ersten Male wieder. Acht Tage hintereinander hörten nun die durch Karlstadt und die Zwickauer Schwärmer Verwirrten von dieser Stelle her aus seinem beredten Munde die Verurteilung des bisherigen Treibens in der Gemeinde. Mit tiefem Ernste, aber ohne persönliche Ausfälle gegen den Urheber der Irrungen, aus der Fülle der christlichen Liebe, die ihn beseelte, heraus, stellt er ihnen ihr Tun vor Augen. Er tadelt nicht, daß Meßopfer, Fastzwang, Entziehung des Laienkelches u. a. abgeschafft seien, aber wohl, daß es mit Gewalt geschehen sei. Man hätte bei Abschaffung aller hergebrachten Gebräuche der Schwachen, die an solchen Bräuchen hängen, gedenken und ihrer schonen sollen; man hätte sich erinnern sollen, daß das Wort allein es tun müsse. –

Und der Gewalt seiner Rede widerstand niemand. Die Herrschaft über seine Gemeinde hatte Luther in wenigen Tagen wiedergewonnen, aber auch die Anstifter der Unruhen wagten nicht, gegen den Reformator aufzutreten. Karlstadt verbiß seinen Grimm, die Zwickauer Schwärmer zogen, von Luther abgefertigt, ihres Anhanges beraubt, ab.

Luther war wieder der Herr der Geister in Wittenberg, aber der Kampf hatte ihn doch tief erschüttert; er selbst erklärte, daß er noch von keinem seiner Feinde samt allen Teufeln so „tief getroffen“ sei, als damals von seinen Freunden.

Sollte die Wiederkehr ähnlicher Verwirrungen verhindert werden, so galt es, eine neue Ordnung des Gottesdienstes zu schaffen, nach der sich alle Gemeinden richten konnten, die sich zum Evangelium bekannten. Luther verkannte nicht, daß es ihm oblag, zunächst für seine Gemeinde diese Aufgabe zu lösen, aber es ist auch nach seinem bisher geschilderten Auftreten erklärlich, daß er nur langsam vorgehen konnte und wollte. Gerade ihm, der die Freiheit und Macht des Wortes noch eben so sehr betont hatte, mußte es doppelt schwer werden, nun doch Ordnungen herzustellen, welche mit jener Freiheit des Einzelnen unvereinbar waren.

Zuerst verschwanden in der Wittenberger Pfarrkirche, wo Luther zunächst noch selbst Pfarrer war, die Worte aus der Messe, welche sich auf das Opfer des Leibes Christi durch den Priester bezogen; das Abendmahl ward zwar unter beiderlei Gestalt verteilt, aber doch nicht ausschließlich; die, welche es nach der alten Weise nehmen wollten, erhielten es ohne Kelch; erst gegen Ende des Jahres 1523 wurden die Anhänger des Alten, „weil nun genug Nachsicht gegen die Schwäche“ geübt sei, vom Genüsse des Abendmahls in der Pfarrkirche ausgeschlossen. Die Verehrung der Heiligen trat zurück, ihre Feste wurden ebenso wie das Fronleichnamsfest nicht mehr gefeiert. Die Privatmessen unterblieben, an ihre Stelle traten Wochengottesdienste, in denen Bibelabschnitte gelesen und erklärt werden sollten. Für den Hauptgottesdienst am Sonntag – Luther nannte ihn noch Messe – behielt er gar vieles aus der Ordnung der römischen Messe bei, neu aber war, daß er die Predigt zum Hauptteile des Gottesdienstes machte und in den Mittelpunkt stellte, es sollte eben alles geschehen, „damit das Wort im Schwange gehe“, man sollte „Jesu Wort täglich hören.“ An der äußeren Ausstattung der Kirchen wie an der Tracht der Priester änderte er nichts, nur dem Prangen sollte entgegengetreten werden. Und diese Ordnung der Wittenberger Pfarrkirche, sowenig Luther sie als allgemeine Norm angesehen wissen wollte, fand bald Nachahmung in anderen Städten des Sachsenlandes, wie Altenburg, Zwickau, Borna, ja manche gingen bereits weit über das in Wittenberg Gewagte hinaus. Auch Luther konnte sich nicht verhehlen, daß ein Stillstand in den Änderungen noch nicht möglich sei. War es nicht ein Unrecht, daß die deutsche Christengemeinde lateinisch die Bibeltexte verlesen, lateinisch singen hörte? Gegen den ersten Übelstand schaffte seine Bibelübersetzung, von der das neue Testament damals (Ende 1522) erschien, das alte stückweis bis 1534 veröffentlicht ward, bald Abhilfe, und auch die übrigen lateinischen Worte, die der Priester sprach, wurden bald durch deutsche ersetzt, dem zweiten suchte er dadurch entgegenzutreten, daß er sich bemühte, deutsche Kirchengesänge zu schaffen, welche nicht mehr vom Chor, sondern von der Gemeinde gesungen werden. Einzelne wenige gab es wohl schon, aber die reichten nicht hin. So ward er denn wie der Lehrer und Prediger nun auch der Dichter der evangelischen Kirche. 1524 erschien sein erstes Gesangbüchlein, das im ganzen nur acht Lieder enthielt, darunter vier, die von ihm stammten, so „Nun freut Euch, lieben Christen gemein“ und „Aus tiefer Not“, weiter drei von Speratus. Bald folgten Ergänzungen, sie brachten noch im selben Jahre den Bestand der Lutherlieder auf 24, später hat er nur noch 12 folgen lassen; aber die Bahn war gewiesen, es fanden sich andere, die Kirchenlieder für die evangelische Christenheit Deutschlands schufen. Mit der Einführung der deutschen Kirchenlieder hob sich auch der Gesang der Gemeinde. Luther legte seinen Kirchenliedern entweder bekannte Volksmelodien unter, oder er stellte auch selbst die Weise zusammen, andere folgten seinem Beispiele.

So war alles dazu angelegt, die Gemeinde ganz anders als bisher zur Teilnehmerin am Gottesdienste zu machen, entsprechend der Stellung, die nach Luthers Ansicht von dem allgemeinen Priestertum der Christen jedes Glied der Gemeinde hatte. Sollte aber die Gemeinde diese Stellung wirklich einnehmen, dann war es notwendig, ihre Bildung im ganzen zu heben, durch Schule und Unterricht der Knaben und Mädchen. Darum wandte sich Luther im Jahre 1524 in einer besonderen Schrift an die „Bürgermeister und Ratsherren allerlei Städte in deutschen Landen, daß sie christliche Schulen aufrichten und halten sollten." Denn der Unterricht der Jugend sei Sache der Obrigkeit; nicht auf die Eltern dürfe man sich verlassen, hänge doch die Zukunft der Stadt ab von denen, die heranwüchsen. Ausführlich behandelt er, wie solche Schulen einzurichten seien, daß Geistliche und Gelehrte daraus hervorgehen können, aber auch die Knaben, so ein Gewerb ergreifen wollen, oder die Mägdlein, welche alle einmal im Hause schaffen sollen, lernen, was not tut.

Und da fügte es sich nun gut, daß durch die Verödung der Klöster, die von Tag zu Tage zunahm, den Städten überall Gebäude und Einnahmen zufielen, die für die Schulen zu verwenden Luther geradezu riet. Was konnte auch Besseres geschehen mit diesen kirchlichen Stätten, die sich überlebt hatten, als daß sie der christlichen Jugenderziehung Heim und Wohnung wurden? Luther verlangte denn auch, daß man von den damaligen Mönchen zwar keinen zum Austritt aus dem Kloster zwinge, aber auch niemand neu eintreten lasse. Aussterben sollten die Mönche mit dem Geschlechte, das lebte. Er selbst war der Ordnung seines Augustinerordens noch lange nach seiner Rückkehr von der Wartburg treu. Er wohnte im Kloster, er hielt die Fasten, er trat in die Öffentlichkeit nur als Mönch, erst gegen Ende des Jahres 1524 legte er die Mönchskutte ab, aber wohnen blieb er im Kloster, trotzdem es von fast allen Brüdern verlassen war.

4. Das Evangelium und das Reichsregiment. Sickingens Untergang

Wie aber stellte sich das Reich und das Reichsregiment zu den Umänderungen bestehender kirchlicher Ordnungen, wie sie in sächsischen Städten und sonst in Deutschland vorgenommen wurden? Daß die Verhältnisse im Reiche Luther und seiner Sache nicht ungünstig waren, haben wir schon gesehen. Aber ließ sich der Papst, der Oberherr der christlichen Kirche, – und als solcher galt er doch auch in den meisten deutschen Landen noch – ließ er sich ruhig gefallen, was der Kurfürst Friedrich in Sachsen und andere deutsche Obrigkeiten in ihren Gebieten nicht glaubten hemmen zu sollen? Dem war doch nicht so. Gerade als Luther von der Wartburg nach Wittenberg zurückkehrte, erhob sich das Papsttum zu neuem Kampfe gegen den gefährlichen Widersacher. Papst Leo X. war gestorben; der neue Papst, der sittenstrenge Hadrian VI., Karls V. Lehrer, war ein entschiedener Gegner Luthers, so ernst und treu er es mit der Kirche meinte. Er wandte sich sofort an Deutschlands Fürsten und Stände in einem Breve, in dem er Besserung der kirchlichen Zustände versprach. Beim heiligen Stuhl, bei dem „seit manchem Jahre vieles Verabscheuenswerte getrieben worden, solle angefangen, Schritt für Schritt vorgegangen und so die Krankheit der Kirche geheilt werden. Die deutsche Nation, bisher vor anderen christlich, solle aber auch tun, was an ihrem Teil geschehen könne zum Heile der Kirche, und abtun das „Brüderlein“, das wie Mahomed durch Gewähr sinnlicher Freiheit die Gemüter gewinne. Zugleich wandte sich der Papst wiederholt an Friedrich den Weisen, daß er sich lossagen möge von Luther, diesem „Stein des Ärgernisses“, der „immerfort Wein und Rausch ausrülpse“. Aber hier wie dort war sein Bemühen ohne Erfolg. Kurfürst Friedrich ließ sich durch solche Ausbrüche in seinem Verfahren nicht irren. Er unterstützte Luther nicht mit seiner staatlichen Autorität, aber er trat ihm auch nur entgegen, wenn er zu heftig vorging. Das kaiserliche Edikt aber, welches die Beschlüsse, die sich aus den Beratungen der Stände zu Nürnberg ergeben hatten, 1523 publizierte, lehnte die Ausführung des Wormser Edikts geradezu ab, forderte vielmehr zur Beilegung der Lutherschen Sache ein „freies christliches Konzil an bequemer Malstatt deutscher Nation“ und betonte, daß bis dahin allein das heilige Evangelium gepredigt werden solle, und in dem Nürnberger Reichstag vom Jahre 1524 – Hadrian VI. war damals schon gestorben und seines Nachfolgers, Clemens VII., Legat anwesend – versprachen zwar die Fürsten und Stände, das Wormser Edikt zu halten, „so viel ihnen möglich sei“, aber das Konzil und die Predigt des heiligen Evangeliums verlangten sie auch hier. Es ist bezeichnend für die deutschen Zustände jener Zeit, daß, während über diese Fragen in Nürnberg verhandelt ward, in der Lorenzkirche ein Prediger es auszusprechen wagte, daß der Papst ihn nicht von Gottes Wort abwendig machen werde, „und wenn er zu seinen drei Kronen noch eine vierte auf dem Kopfe hätte“, daß hier das Abendmahl in beiderlei Gestalt ausgeteilt, katholische Gebräuche abgeschafft wurden.

Auf Luther selbst machten die Edikte wenig Eindruck. Sie schienen ihm voller Widersprüche; namentlich gegen das Edikt von 1524 erhob er sich in scharfen Worten. Aufhalten auf seinem Wege konnten ihn solche Beschlüsse nicht. Über seine Stellung zu den Maßregeln weltlicher Gewalt gibt vollen Aufschluß seine 1523 erschienene Schrift „Von weltlicher Obrigkeit, wie weit man ihr Gehorsam schuldig sei“, von der er selbst später „schier rühmen“ wollte, „daß seit der Apostel Zeit das weltliche Schwert und Obrigkeit nie so klärlich beschrieben und herrlich gepreiset sei“, wie in ihr. Da hatte er es schon vorher, ehe jene kaiserlichen Edikte ergingen, ausgesprochen, daß das von Gott eingesetzte weltliche Recht und Schwert Zwang in Glaubenssachen nicht üben dürfe. Gehorsam sei man weltlicher Obrigkeit, wo es sich um Himmelsgüter handle, nicht schuldig, da man Gott mehr gehorchen müsse denn den Menschen. Der Gewalt müsse man freilich weichen, sie anzuwenden aber sei verfehlt, denn selbst Ketzerei werde durch Gewalt niemals ausgerottet werden.

So dachte Luther über das weltliche Regiment. Er hatte nicht lange und weit zu suchen, bis er einen Fürsten fand, der es so handhabte. Oder meinte Kurfürst Friedrich mit seiner oft wiederholten Erklärung, daß ihm als Laien eine Entscheidung in Luthers Sache nicht zieme, etwas anderes, als daß ihm Zwang in Glaubenssachen auszuüben nicht zustehe?

Wenn aber vom Reiche und von dem landesherrlichen Regimente Luthers Lehre mehr Förderung als Hemmung erfuhr, es blieben die Hemmungen nicht aus, und sie kamen zuerst von einer Seite, die Luthers Sache gar befreundet erschien und es in vieler Hinsicht auch war. Es war im August 1522, als der Führer der deutschen Ritterschaft, die, unzufrieden schon lange mit dem Emporwachsen der Fürstengewalt, in ihren Hoffnungen auf Kaiser Karl getauscht, die Zeit zum Losschlagen gekommen glaubte, als Sickingen einbrach in das Gebiet des Erzbischofs von Trier, dem er Fehde angekündigt „vor allem um der Dinge willen, die er gegen Gott und Kaiserliche Majestät gehandelt". Große Pläne reiften in dem Haupte des kühnen Ritters. Den Abmahnungen des Reichsregimentes gegenüber erklärte er, „er selber gedenke eine neue Ordnung im Reiche einzuführen". Der Reichsritterschaft glaubte er sicher zu sein, die Städte suchte er durch Hinweis auf die Übergriffe der Fürsten zu sich herüberzuziehen, vor allem aber meinte er der religiösen Bewegung sich bemächtigen, ihr Führer werden zu müssen. Daß er für Luther zur Zeit des Wormser Reichstags einzutreten bereit war, haben wir gesehen; er war aber seiner Gesinnung auch treu geblieben. Auf seiner Burg ward das Abendmahl schon damals in beiderlei Gestalt genommen, gegen die Anrufung der Heiligen und gegen den Bilderdienst hatte er sich noch kurz vor seinem Kriegszuge ausgesprochen, und in seinem Manifest an die Untertanen des Trierer Erzbischofs versprach er, „sie von dem schweren antichristlichen Gesetz der Pfaffen zu erlösen und sie zur evangelischen Freiheit zu bringen“. So suchte er die nationale und religiöse Strömung der Zeit für sich zu gewinnen, sich an ihre Spitze zu stellen. Es sollte ihm nicht gelingen. Luther blieb der Bewegung vollkommen fern. Wie hätte auch der Mann, der jeden Krieg eines Fürsten gegen seinen Oberherrn, er sei König oder Kaiser, gerade damals für ein Unrecht erklärte, für ein solches Unternehmen eintreten sollen? Die Ritterschaft zeigte keineswegs den Eifer, den Sickingen und sein Freund Hütten erwartet, die Städte konnten über den schönen Worten Sickingens nicht vergessen, was sie von deutschen Rittern erlitten, und dachten mit Schrecken daran, was sie erleiden würden, wenn die Ritter Sieger blieben. Um so eifriger erhoben sich die umwohnenden Fürsten, weltliche und geistliche, Anhänger der alten und der neuen kirchlichen Strömung, gegen den Friedensstörer. Der Pfälzer Kurfürst, der Landgraf von Hessen eilten dem angegriffenen Erzbischof zu Hilfe, Sickingen wagte nicht, da Trier schnell zu nehmen ihm mißlungen, die Heranziehenden zu erwarten; er wich, seine Bundesgenossen wurden einzeln bezwungen, er selbst ward endlich im Frühjahr 1523 auf seiner Feste Landstuhl eingeschlossen. Noch hoffte er, die Festigkeit der Mauern werde dem Geschütz der Gegner widerstehen, aber die Kugeln zertrümmerten den Turm, zerbrachen die Mauern, der Burgherr selbst lag, von einem Geschoß schwer getroffen, im Sterben, als die Fürsten, denen er die Burg übergeben mußte, einzogen. Noch im selben Jahre starb auch, von allen verlassen, Ulrich von Hütten auf der Infel Ufnau im Züricher See. Der Sieg der Fürsten war entschieden.

Wir sahen schon, Luther hatte keine Gemeinschaft mit Sickingen gehabt, aber der Tod des Ritters war doch ein schwerer Schlag für ihn und seine Sache. Sickingen hatte mit Recht als Anhänger Luthers gegolten, er hatte bei seinem Losbrechen das Evangelium offen auf seine Fahne geschrieben, nur natürlich war, daß die Romanisten vor allem Luther für das ganze Unternehmen mit verantwortlich machten. Es half ihm wenig, daß unter Sickingens Schriftstücken sich nichts für ihn Belastendes gefunden. Man blieb dabei, daß nun, da Sickingen, der „Gegenkaiser", gefallen, der „Gegenpapst" Luther ihm bald folgen würde. Es waren bittere Erfahrungen, die Luther machen mußte, und weit bittrere standen ihm noch bevor.

5. Die Schwärmer. Der Bauernkrieg

Luthers früherer Freund Karlstadt konnte die Demütigung, die ihm Luthers Rückkehr von der Wartburg gebracht, nicht vergessen. Klarer war er nicht geworden, der Ehrgeiz zehrte mehr denn je an ihm, er wollte neben, womöglich vor Luther eine Rolle spielen. Die Gelegenheit dazu fand sich bald.

Zu dem Archidiakonat, welches Karlstadt bekleidete, gehörte auch die Pfarrstelle von Orlamünde. Als der ordnungsmäßig bestellte Vikar derselben sein Amt aufgab, ließ sich Karlstadt von der Gemeinde in diese Stelle wählen und begann nun sofort, ohne sich weiter um seine Wittenberger Professur zu kümmern, seine Tätigkeit. Er wollte hier zeigen, was der wahre Reformator, der er zu sein meinte, tun müsse. Wie früher in Wittenberg wurden die Bilder beseitigt, dann aber weiter auf Grund der Satzungen des alten Testamentes die kirchlichen und gesellschaftlichen Ordnungen geändert, endlich erklärte sich Karlstadt auch gegen Luthers Abendmahlslehre. Nicht den wirklichen Leib Christi empfange der Christ beim Abendmahle, sondern solle nur des Opfertodes Christi beim Genüsse von Brot und Wein gedenken. Auch die Kindertaufe verwarf er. Bei dem allem berief er sich auf höhere Eingebung, unmittelbar von Gott wollte er seine Lehre erhalten haben.

Noch weiter als Kapstadt ging Thomas Münzer, ein

Prediger, dessen schwärmerische Lehre jene Zwickauer, welche neben Karlstadt in Wittenberg gewirkt, erweckt hatte und der jetzt, aus Zwickau vertrieben, in Allstedt sein Wesen trieb. Auch er glaubte zu handeln, getrieben von göttlicher Eingebung; aber wenn bei Karlstadt sich der Gedanke, daß man die Abgötterei mit Gewalt dämpfen müsse, doch nur schüchtern hervorwagte, Münzer und seinem Genossen Pfeifer stand es fest, daß sie göttliche Werkzeuge seien, die Gewalt der gottlosen Fürsten zu zertrümmern. Zur Ausführung dieses gottgefälligen Werkes stifteten sie einen Geheimbund, in dessen Artikeln unter anderen auch die Gütergemeinschaft ausgesprochen ward. Bald tauchten weitere Lehren ähnlicher Art auf, daß das Zinszahlen verbrecherisch sei, daß das mosaische Jubeljahr, „in welchem ein jeder wieder zugelassen werden soll zu seinen verkauften Erbgütern“, noch zu Recht bestehe, daß überhaupt nicht die Gesetze der Juristen rechtsbeständig seien, sondern auf die Heilige Schrift in allem zurückgegangen werden müßte.

Luther sah die Gefahr, die seinem Werke von diesen „Schwärm und Rottengeistern“ drohte. Gegen Münzer, der ihm mit Recht als der gefährlichste erschien, schrieb er sein Büchlein von dem „Satan zu Allstedt“, und durch sein „Sendschreiben“ an den Kurfürsten erlangte er, daß gegen Münzer eingeschritten ward. Er wurde verhört, floh aber, ehe Weiteres geschehen konnte, nicht ohne in einem Briefe an den Kurfürsten den „verlogenen“ Luther – später nannte er ihn „das geistlose, sanftlebende Fleisch zu Wittenberg“ – mit Schmähungen zu überhäufen. Mit Karlstadt suchte Luther noch eine Verständigung. Er machte sich selbst nach Orlamünde auf; aber die Erfahrungen, die er dort und vorher schon in Jena machen mußte, zeigten ihm, daß seine Hoffnung eitel sei. Auch Karlstadt wurde nun des Landes verwiesen. Auch er begann nun gegen Luther heftig in Schrift und Wort vorzugehen. Hatte er schon in Orlamünde von den „Schlemmern in Wittenberg“ gesprochen, so wurden seine Angriffe jetzt nur schärfer und heftiger, umso mehr, als er mit seiner Abendmahlslehre in Süddeutschland, wohin er sich gewandt, nicht allein stand. Luther blieb ihm die Antwort nicht schuldig. Gewaltig erhob er sich gegen ihn in seiner Schrift „Wider die himmlischen Propheten von den Bildern und Sakrament“. In dem ersten Teile derselben wandte er sich hauptsächlich gegen das Stürmen der Bilder und die Hereinziehung des mosaischen Gesetzes in das damalige Staatsleben, während er im zweiten sich mit der Abendmahlslehre beschäftigte.

Mit Karlstadt konnte Luther nach dieser Schrift meinen, für immer fertig zu sein, der Streit um das Abendmahl aber war damit nicht geendet. Er hat ihn begleitet bis an sein Ende und ihm noch manche schwere Stunde bereitet. Schwere Stunden nahten sich ihm von anderer Seite auch jetzt, noch während er an seiner Schrift gegen Karlstadt arbeitete.

Lange hatte es bei den Bauern namentlich von Süd und Mitteldeutschland gegärt. Die Nachbarschaft der freien Schweizer, der oft recht harte Druck, unter dem die Bauern seufzten, der trotzdem in langem Frieden erwachsene Wohlstand und das daraus sich ergebende Verlangen nach größerem Lebensgenuß, der ungebundene Sinn, den so mancher Dorfbewohner aus wild verlebten Landsknechtsjahren mit in seine Heimat brachte, dazu kirchliche und kommunistische Umtriebe aller Art, das waren die Momente, welche schon seit dem Ende des 15., vor allem im Anfange des 16. Jahrhunderts leidenschaftliche Ausbrüche des lang verhaltenen Grimmes hervorgerufen hatten. Der „Bundschuh“ im Breisgau, der „arme Kunz“ im Schwäbischen wurden ohne große Mühe niedergeschlagen, es waren nur die verlorenen Posten, die Vorläufer größerer Bewegungen. Das siegreiche Auftreten Luthers, des einfachen Augustinermönchs, gegen die höchsten Gewalten der Menschheit, gegen Papst und Kaiser, sein neues Evangelium von der Gleichheit aller Christenmenschen, von dem Priestertum, das jeder Christ in sich trage, von oft ungeschickten, unklaren Lehrern gepredigt, von den armen Leuten auf dem Lande halb verstanden, ließ den Gedanken an eine Gesamterhebung des Bauernstandes wieder aufleben. Thomas Münzers und seiner Gesinnungsgenossen Lehren von der Gemeinschaft der Güter, die in den zwanziger Jahren durch Süddeutschland eifrig verbreitet wurden – Thomas Münzer selbst reiste allenthalben herum und lehrte und warb in seinem Sinne – trugen das Ihre dazu bei, die Gemüter noch mehr zu erregen. Gegen Ende des Jahres 1524 erhoben sich einzelne Haufen in Schwaben und Franken, sie fanden massenhaften Zulauf, die Bürger der kleinen, dann auch größerer Städte, von den herrschenden Geschlechtern nicht weniger gedrückt, wie die Bauern von ihren Gutsherren, schlössen sich ihnen an, im Frühjahr des Jahres 1525 war das ganze Land zwischen den vier Wäldern, dem Wasgau, dem Algau, dem Böhmer und dem Thüringerwald, in hellem Aufstand. Die Bauern herrschten. Was sie erstrebten, hatten sie in den zwölf Artikeln zusammengestellt. Freiheit der Jagd und der Fischerei, Abschaffung der ungemessenen Fronden, vor allem das Recht, die Geistlichen selbst zu wählen, wollten sie zugesichert haben. Die Herren, geistliche wie weltliche, mußten sich ihnen fügen, wer sich widersetzte, wie der Graf Helfenstein in Weinsberg, ward grausam getötet. Burgen und Klöster gingen in Flammen auf. Bald blieb man bei den doch immer gemäßigten Forderungen nicht stehen. In Heilbronn schuf man eine „allgemeine Kanzlei“, die eine Art Regierung der aufständischen, von den Bauern beherrschten Lande sein sollte; hier dachte man an eine vollkommene Neuordnung des Reiches, gleiches Maß und Gewicht, gleiche Münze sollten eingeführt, die kirchlichen Güter säkularisiert werden, die Steuern, die Zölle sollten aufhören, die Gerichte sollten volkstümlich geordnet werden, auf der Grundlage eines freien Bauernstandes, tüchtiger Städte, frommer Fürsten sollte sich das neue Kaisertum – denn einen Kaiser wollte man bestehen lassen – aufbauen.

Und während die siegenden Bauern Süddeutschlands so in kühnen Plänen sich ergingen, war auch in Thüringen der Kampf losgebrochen. Thomas Münzer, der immer Beziehungen zu Thüringen, namentlich zu Mühlhäuser Bürgern unterhalten hatte, hatte in dieser Stadt mit Hilfe der Gemeinen die Herrschaft des Rats gestürzt und sich zum Herrn und Meister der Dinge gemacht. Bald legten die rauchenden Trümmer der zerstörten Burgen und Klöster beredtes Zeugnis ab von dem wilden Sinne des „Propheten“ von Mühlhausen. „Thomas Münzer, mit dem Schwert Gideonis“ unterzeichnete er sich, und Mord und Brand trug er durch Thüringen. Er wollte nichts wissen vom Vertrag mit den Gottlosen, und dies waren ihm alle Fürsten und Herren, jeder Vertrag war ihm ein Betrug durch Gerechtigkeit. Er überbot an Wildheit des Sinnes weit die Bauern des Südens; sie wollten ein Reich erhalten, er wollte nur zerstören.

Luther, der von den Bauern des Südens über ihre Forderungen, die sie in den 12 Artikeln aufgestellt, gewissermaßen als Schiedsrichter sich zu äußern öffentlich aufgefordert worden war, sah den Aufstand, auch als er noch nichts wußte von den verabscheuenswerten Taten, die dabei geschehen, mit tiefer Betrübnis. Es war ein Aufruhr gegen die Obrigkeit und als solcher ihm ein Greuel. Aber er verkannte doch auch nicht, daß die Bauern in den Aufruhr getrieben seien durch die Schuld der Herren, „die schinden und schätzen, bis der arme gemeine Mann nicht kann noch mag länger ertragen“, die „toben wider das heilige Evangelium.“ Und so rät er den Herren, „ein wenig um Gotteswillen dem Zorne Gottes zu weichen ... und mit Vernunft an den Bauern zu handeln“, und den Bauern, „daß sie etliche ihrer Artikel fahren lassen, die zu viel und zu hoch greifen“. So schrieb er in seiner „Ermahnung zum Frieden auf die 12 Artikel der Bauernschaft in Schwaben“ im April 1525. Aber als er nun vernahm von dem Schrecklichen, das durch die rohen Bauern geschehen, als er aus nächster Nähe das Wüten Thomas Münzers sah, da übermannte ihn der Zorn über solch gottloses, frevelhaftes Treiben, und in furchtbaren Worten wandte er sich „wider die mörderischen und räuberischen Rotten der Bauern“.

Er sieht jetzt in ihnen nur die pflichtvergessenen Empörer gegen die Obrigkeit. Noch einmal zum Überfluß sollte diese, „ob es die Bauern gleich nicht wert seien“, sich zu Recht und Billigkeit erbieten, dann aber mit der Schärfe des Schwertes gegen die Aufrührer verfahren. Ja, jeder Empörer sei vogelfrei, „zerschmeißen, würgen und stechen“ sollte ihn, „wer da könne“. Nur derer, die mit Gewalt von den Bauern zum Anschluß gezwungen worden, sollte sich die Obrigkeit erbarmen.

Es bedurfte seiner Worte nicht, um die Fürsten und Herren zu gewaltsamem Vorgehen gegen die Bauern im Süden und Norden zu treiben. Sie mußten um ihrer Existenz willen alles daran setzen, den Bauern obzusiegen. Im Mai entschied sich der Aufrührer Schicksal in Schwaben wie in Thüringen; dort siegte Georg Truchseß, der Führer der Truppen des schwäbischen Bundes, hier die vereinigten Fürsten von Hessen und Braunschweig, von Sachsen und Mansfeld. Bei Frankenhausen trafen sie auf die Scharen Münzers. Trotzig wild lehnte der „Prophet“ jede Unterhandlung ab. Am 15. Mai griffen die Fürsten an und gewannen in kurzem einen vollkommenen Sieg. Die Bauern flohen, als die Kugeln des schweren Geschützes unter sie schlugen, Münzer floh mit ihnen. Er ward gefangen und samt Pfeifer in Mühlhausen hingerichtet. Überall erlagen die Bauern. Furchtbar wütete unter ihnen das Schwert der Sieger.

Friedrich der Weise erlebte den Untergang der Bauern nicht mehr. Ihr Aufstand hatte seine letzten Lebenslage verbittert, aber die christliche Liebe, welche sein Herz erfüllte, ließ ihn nicht mit Zorn gegen die Unglücklichen sterben. Er wußte wohl und sprach es noch an seinem Todestage seinen Dienern aus: „Wir Fürsten tun den armen Leuten allerlei Beschwerung und das nicht taugt.“ Das Abendmahl in beiderlei Gestalt, das er bisher in seinem Lande hatte seinen Untertanen reichen lassen, ohne zu wagen es selbst zu nehmen, ließ er sich jetzt auf dem Totenbette geben und legte so Zeugnis ab, daß sein Herz Luthers Lehre gehörte. So starb er am 5.

Mai 1525 in Frieden, wie er ein Kind des Friedens gewesen war. Luther, den man hatte holen lassen, traf ihn nicht mehr am Leben, er sollte seinen Beschützer nur im Tode sehen.

Auf Friedrich folgte sein Bruder Johann, dessen erste Aufgabe als Regent die vollkommene Niederwerfung der Bauern in seinen Landen sein mußte. Schnell gelang ihm das, da er Milde gegen die Besiegten walten ließ, wie es auch Luther jetzt empfahl. Dem hatte sein Aufruf wider die Bauern zunächst viel Anfeindung eingetragen. Seine Popularität hatte einen furchtbaren Stoß erhalten. vielen war er jetzt ein „Fürstenknecht und Heuchler", er sah sich endlich genötigt, in einer besonderen Schrift sein Auftreten zu rechtfertigen, ohne daß er damit seinen Zweck bei vielen erreichte. Der ganze Bauernaufstand war für den Reformator und sein Werk von verhängnisvollen Folgen.

Dem Reformator flößte das Auftreten der Bauern ein Mißtrauen gegen das Volk selbst ein, welches er nie wieder überwinden konnte. Von einem Zusammengehen mit dem Volke, wovon er früher so Großes erwartet, erhoffte er jetzt nichts mehr für das Evangelium. Die blutigen Taten der Bauern, die Trümmer der Klöster, Kirchen und Schlösser, die sie zerstört, trennten ihn für immer von denselben. Er schloß sich den Obrigkeiten an, und er mußte es tun, wollte er sein Werk nicht untergehen sehen. Damit aber war die Aussicht, eine deutsche evangelische Gesamtkirche zu schaffen, verloren. Der Kaiser, das hatte der Wormser Reichstag, das hatte die Folgezeit gezeigt, war für Luther nicht zu gewinnen, nur durch das Volk hätte eine Reformation von ganz Deutschland erzwungen werden können. Jetzt wurde das Evangelium Sache einzelner Fürsten, die Zerreißung Deutschlands in zwei konfessionell getrennte Lager war damit entschieden. Und den Widersachern der Reformation waren gar gewichtige Waffen in die Hand gegeben. Daß Luthers Lehre schuld sei an dem Bauernaufstand, stand ihnen fest, daß Männer wie Karlstadt, der mit in die Bewegung hineingerissen worden war, Luthers Freund und

Genosse gewesen, war bekannt, mußte nicht künftig jeder Landesherr, jede Obrigkeit sich wehren mit Hand und Fuß gegen das Evangelium? Freilich erklärte Philipp von Hessen seinem eifrig solche Ansichten vertretenden Schwiegervater Georg von Sachsen: „das Evangelium bringt keinen Bauernaufruhr, welches jetzt muß Luthers Werk genannt werden, sondern allen Friede und Gehorsam", aber dachten nicht viele Fürsten und Herren anders? Und dann, welche Aussicht eröffnete sich, da nun auch der Bauern Scharen zertrümmert waren, den Gegnern für den Fall eines ernstlichen Kampfes gegen die Anhänger der Reformation? Der Adel war mit Sickingen geschlagen, seine Macht gebrochen, jetzt war auch des Volkes Masse zerschmettert, würde man nicht auch derer, die für Luther eintreten wollten, Herr werden, wenn es zur letzten Entscheidung kam? Hatte nicht die geordnete Obrigkeit im Kampfe mit den neuen Gewalten überall den Sieg behalten?

6. Heirat

Es war in diesen schweren Zeiten, daß Luther zu dem Schritte sich entschloß, den er bisher zu tun noch immer gescheut, dazu, einzutreten in den Ehestand und damit vollkommen zu brechen mit seiner mönchischen Vergangenheit. Er wollte Zeugnis ablegen für die Heiligkeit des Ehestandes, mochten seine Widersacher auch „toll und töricht" darüber werden.

Welche Wandlungen waren in dem großen Manne vorgegangen! Während seines Wartburgaufenthalts schrieb er an Spalatin: „Mir werden sie kein Eheweib aufdrängen", und noch gegen Ende des Jahres 1524 erklärte er in einem Briefe: „So wie mein Herz bisher gestanden und jetzt steht, wird es nicht geschehen, daß ich ein Weib nehme ich bin weder Holz noch Stein, aber mein Sinn ist fern vom Heiraten, da ich täglich den Tod und die wohlverdiente Strafe eines Ketzers erwarte." Aber er fügt auch hinzu, er wolle „weder Gott ein Ziel setzen in dem, was er ihm tun wolle, noch in seinem Herzen sich fest machen." Und die Zeit kam, wo sein Herz anders sprach als bisher.

Unter den Nonnen, die, wie so viele andere in jener Zeit, aus dem Kloster entwichen waren, befand sich auch ein Fräulein aus altem, aber wenig begütertem Geschlecht, Katharina von Bora – damals (1525) 26 Jahre alt –, die in einem angesehenen Bürgerhause Wittenbergs ein Unterkommen gefunden hatte. Luthers Bemühungen, sie zu vermählen, gaben ihr Veranlassung, Amsdorf als dem Freunde Luthers zu erklären, daß sie den ihr vorgeschlagenen Bräutigam nicht nehmen könne, dagegen sei sie bereit, Luther selbst oder Amsdorf die Hand zu reichen. Luther erhielt von dieser Erklärung Kunde. Katharina von Nora stand zwar in dem Rufe des Hochmuts, war aber unbescholten und ehrsam. Wollte Luther ein Ehegemahl gewinnen, so schien sie die geeignete Frau. Entschlossen aber zu solchem Schritte war er damals wohl schon. Er fühlte, daß es ihm nicht gut sei, allein zu sein. Bereits im April 1525 hatte er Spalatin gegenüber angedeutet, daß er, „dessen Sinn dem Freien ganz fremd gewesen, dem Spalatin damit zuvorkommen" dürfte. Und wenig später im Anfang Mai finden sich in einem seiner Briefe die Worte: „Und kann ich's schicken, dem Teufel zum Trotz, will ich meine Käthe noch zur Ehe nehmen, ehe denn ich sterbe". Seine Freunde konnten sich in seinen Entschluß und in seine Wahl nicht finden; es war des Geredes kein Ende. Er setzte dem allen ein schnelles Ziel. Am Abend des 13. Juni vermählte er sich vor erwählten Zeugen – Lukas Cranach, Jonas und der Stadtpfarrer Bugenhagen gehörten dazu – mit Katharina in damals üblicher Weise; eine öffentliche Hochzeitsfeier richtete er 14 Tage später aus. Dazu lud er denn auch Freunde von auswärts, namentlich seine Eltern von Mansfeld. Der Vater vor allem sollte den Sohn als Gatten sehen, als Familienhaupt, wie er sich ihn vordem gedacht, ehe er Mönch ward.

Der Eindruck, den Luthers Vermählung auf Freund und Feind machte, war ein gewaltiger. „Wenn dieser Mönch ein Weib nimmt, wird alle Welt und der Teufel selbst lachen, und jener wird sein ganzes bisheriges Werk zunichte machen“ hatte Luthers Freund Schürf erst vor kurzem geäußert; man kann sich denken, wie die Kunde von der Vollziehung der Ehe gleich einem Blitze in Wittenberg einschlug. Melanchthon war außer sich, er konnte gar nicht fassen, wie sein großer Freund sich so habe erniedrigen können. Was man im Lager der Gegner sagte, läßt sich danach ermessen. Man erinnerte daran, daß aus der Verbindung von Mönch und Nonne der Antichrist kommen solle. Verdächtigungen gegen Luther wie gegen Katharina wurden nicht gespart. Luther selbst wußte wohl, daß er sich durch seine Heirat „so gering und verächtlich gemacht, daß er hoffe, die Engel lachen und alle Teufel weinen“, aber er kümmerte sich wenig um die Meinung der Freunde und Feinde. Er hatte getan, was er mußte. Es war nicht Leidenschaft, was ihn zu seiner Käte gezogen, aber er hatte sie lieb, und sie war eine gesunde und tüchtige Natur, der die Hochachtung vor dem Gatten zur innigen Liebe ward. So konnte Luther später von seiner Ehe sagen: „Es ist mir, gottlob, wohl geraten, denn ich habe ein fromm, getreu Weib, auf welches sich des Mannes Herz verlassen darf.“ Ihm ward die Ehe ein Segen, ein Segen ward sie dem deutschen Volke. Luther ward nun auch, wie er der Reformator der Kirche und der Sprache war, der „Reformator des häuslichen Lebens“ der Deutschen.

7. Die Ausbreitung des Evangeliums. Alte Freunde – neue Feinde

Luthers Lehre und ihre Entwicklung haben wir bisher verfolgt. Wir sahen sie werden und wachsen und sich vertiefen, wir sahen, wie die Gebildeten der Nation, wie Männer vom deutschen Adel, wie das Volk für sie Partei nahm, wie Luthers Name und Ansehen wuchs in den deutschen Landen riesengroß – aber die Ritterschaft erlag der Fürstengewalt, das Volk schritt zu wilder Empörung und mußte, nachdem sich Luther von ihm losgesagt, blutig niedergeworfen werden. Wie stand es jetzt mit dem Werke des Reformators? Wohl waren die Niederlagen des Adels und der Bauernaufruhr schwere Schläge für das Evangelium gewesen, viele von denen, die Luther angehangen, waren tot, viele waren abgefallen, die Hoffnung auf eine nationale evangelische Kirche war vernichtet, aber derer, die festhielten am Evangelium, waren trotzdem gar Viel, und immer neue fanden sich, die sich zu ihm bekannten, so sehr die Feinde drohten. Das Wort, dem Luther allein vertrauen wollte zeigte seine Macht.

Von dem Adel freilich, der sich Luther zuerst so eng angeschlossen, ging die Mehrzahl seit Sickingens Fall wieder die alten Wege, dagegen hatten die Städte, welche damals mehr denn irgend ein anderer Reichstand die Bildung des deutschen Landes darstellten, sich Luthers Lehre immer zahlreicher, immer enger angeschlossen. In Nürnberg wie in Augsburg, in Ulm und in Breslau, in Hamburg und Bremen, ja auch im erzbischöflichen Magdeburg ward von den Kanzeln das Evangelium verkündet. Vergebens war der Widerstand der römisch Gesinnten, die neue Lehre brach sich immer weiter Bahn. Der Mut und die Freudigkeit der Bekenner, die auch, wie jener Heinrich von Zütphen, den die Dithmarsen mordeten, den Tod nicht scheuten, gewannen dem Evangelium viele Herzen. Auch Fürsten traten offen dafür ein. Schon im Sommer 1524 verordnete der Landgraf Philipp von Hessen, daß in seinem Lande das Evangelium rein gepredigt werden solle, andere, wie die Mecklenburger Herzöge, begünstigten wenigstens solche Predigt. Und an den Marken des deutschen Reiches, im Ordenslande Preußen, in Livland, gewann Luthers Lehre gewaltigen Anhang. Der Ordenshochmeister Albrecht von Brandenburg verwandelte endlich 1525 auf Luthers Rat das Ordensland in ein weltliches Herzogtum, die Reformation ward auf Wunsch der Landstände eingeführt, nachdem schon vorher Bischöfe und Geistliche sich zu ihr bekannt, die meisten Ordensritter auf Luthers öffentliche Ermahnung, „daß sie falsche Keuschheit meiden und zur rechten ehelichen Keuschheit greifen" sollten, sich den Banden ihres Gelübdes entwunden hatten. Ja schon über Deutschland hinaus drang das Evangelium. In Schweden trat Gustav Wafa, der neue König, der Schweden von Dänemark losgerissen, für die Reformation ein, und in Dänemark ging nach Vertreibung des grausamen Christian II der neue König Friedrich die gleichen Bahnen.

Aber während so weithin die Saat, die Luther ausgestreut, aufging und freudig emporwuchs, mußte er es erleben, daß von denen, die lange sich zu ihm gehalten hatten, jetzt so mancher seinen Weg von ihm trennte.

Sein alter Freund Staupitz war Ende 1523 als Abt des Benediktinerklosters zu Salzburg gestorben. Er war in den letzten Jahren nicht verfeindet mit Luther, aber zu schwach, um seinen Glauben wie Luther offen zu bekennen; gedemütigt in dem Gefühle, sich nicht treu geblieben zu sein, war er Luther fremder geworden. Luther hat ihm seine dankbare Gesinnung bis zum letzten Augenblick gewahrt, ihm war Staupitz auch in den späteren Jahren seines Lebens noch „sein lieber Doktor".

Geradezu los von Luther sagten sich die Humanisten, ihr Meister Erasmus am offensten. Unzufrieden damit, daß die Theologie das Studium der schönen Wissenschaften fast ganz verdrängte, daß die „Poeten" so gar nichts mehr galten, waren die meisten auch wenig einverstanden mit der Abschaffung der kirchlichen Gesetze, die nun seit Jahrhunderten bestanden. Nur in einzelnen war der Glaube an das Evangelium mächtiger als der Verdruß über den Rückgang der Studien, stärker als der Schrecken über die Gewaltsamkeiten, für welche die Reformation mit verantwortlich gemacht wurde. Wie hatte Crotus Luther auf dessen Zuge nach Worms gefeiert! Jetzt wandte er ihm den Rücken. Und wie er, so andere. Erasmus griff sogar Luther selbst an. Der verschiedene Standpunkt, den beide Männer in so mancher wichtigen Frage einnahmen, war seit lange kein Geheimnis. Daß Erasmus gegen Luther vorgehen solle, hatten schon die Päpste Leo X. und Hadrian VI. gefordert. Er hielt sich aber lange, wie es seine Art war, vorsichtig zurück, erst 1524 trat er gegen Luther auf den Plan. Es waren gar persönliche Dinge, die hier mitwirkten. König Heinrich VIII. von England hatte schon 1521 eine eigene Schrift gegen Luther verfaßt und sich damit von Leo X. den Namen eines „Verteidigers des Glaubens" verdient; aber sein Bemühen war ihm auch von Luther nicht unvergolten geblieben. In einer Schrift, deren Heftigkeit bei Freund und Feind gewaltigen Anstoß erregte, hatte sich Luther auf seinen königlichen Gegner geworfen und ihn niedergestreckt. Heinrich hoffte nun durch Erasmus dem dreisten Wittenberger Mönch einen tödlichen Stoß zu versetzen. Erasmus aber konnte solch Ansinnen auf die Dauer nicht zurückweisen, denn er verdankte dem Könige, der mit seinem Sinn für Wissenschaft gern prunkte, viel, aber er durfte auch um seiner eigenen Stellung willen die Abrechnung mit Luther nicht mehr aufschieben. Das entscheidende Wort mußte gesprochen werden. So erschien sein Buch von dem freien Willen. Es war durchaus nach Erasmus' Art verfaßt; allen scharfen und bestimmten Behauptungen war er möglichst aus dem Wege gegangen, nur seine Unterordnung unter die Autorität der römischen Kirche sprach er unumwunden aus. Luther war von der Schrift wenig erbaut. Er hatte mehr, wenn auch nicht an Tiefe, so doch an Gelehrsamkeit, von Erasmus erwartet, zudem war ihm die Schlangenglätte und Halbheit des Mannes, der mit seinen Gedanken nie recht heraus ging, von Herzen zuwider. Er konnte sich darum lange nicht zu einer Erwiderung entschließen, erst Ende 1525 erschien sein Buch „vom geknechteten Willen" oder, wie Jonas seine deutsche Übersetzung betitelt, „daß der Wille nichts sei". Ganz im Gegensatz zu Erasmus, der nur vom Möglichen und Wahrscheinlichen zu sprechen liebte, geht er hier mit furchtbarer Entschiedenheit zu den letzten Folgerungen seiner Lehre von dem geknechteten Willen fort. Daß der Mensch nichts tun könne, um vor Gott gerecht zu werden, und alles von Gottes Gnade erhoffen müsse, hat er schon oft gelehrt, er wiederholt es hier nachdrücklich, aber er geht weiter, er scheut sich nicht auszusprechen, daß Gott den einen Sünder zur Verdammnis bestimmt habe, den andern dazu, gerettet zu werden. Uns zieme es nicht, darüber zu grübeln, sondern nur daran zu glauben.

8. Der Torgauer Bund und der Reichstagsabschied von Speyer. Die Gründung der Landeskirchen.

Hätte Luther je nach den Dingen der Welt gefragt, wenn es sich um christliche Wahrheiten handelte, er würde zu jener Zeit mit der Veröffentlichung seiner Schrift gezögert haben. Die Sätze, die er aussprach, konnten nicht bloß, nein sie mußten um ihrer rücksichtslosen Strenge und Herbigkeit willen viele stutzig machen, und doch schien es, als bedürfe gerade damals Luthers Sache der Unterstützung aller, die nur irgend zu ihr stehen wollten. Der Kaiser Karl, bisher durch die Wirren in Spanien und Italien vom Eingreifen in Deutschland abgehalten, war aller seiner Feinde Herr geworden. In Spanien herrschte er unumschränkt, Städte und Adel lagen bezwungen zu seinen Füßen, und in Italien waren die Franzosen bei Pavia geschlagen, ihr König Franz I. selbst gefangen, der Frieden auch mit diesem Gegner auf Bedingungen, wie Karl sie vorschrieb, war gewiß. Schon war für Deutschland ein neuer Reichstag ausgeschrieben, der im Mai 1526 in Speyer zusammentreten sollte, der Kaiser selbst kündigte seine Ankunft in Deutschland an zur Unterdrückung der „verdammten lutherischen Lehre“. Wer wollte ihm widerstehen? Kurfürst Friedlich war dahin, Johann, sein Nachfolger, stand ihm an Ansehen im Reiche weit nach. So treu er sich der evangelischen Sache erwiesen – den „Beständigen“ hat man ihn darum später genannt – ein Ersatz für seinen Bruder schien er nicht. Nichts anderes schien Rettung bringen zu können, als ein Bündnis aller evangelischen Stände im Reiche. Schon 1524 hatten sich zu Regensburg eine Anzahl katholischer Stände Süddeutschlands zur Ausrottung der ketzerischen Lehre Luthers zusammengeschlossen und damit das Beispiel eines Sonderbündnisses gegeben, den Anfang einer Spaltung Deutschlands in zwei Lager. War es den Evangelischen zu verargen, wenn sie jetzt Ähnliches versuchten? Nach vorherigen Besprechungen schlossen Johann von Sachsen und Philipp von Hessen im Mai 1526 das Torgauer Bündnis zur Abwehr aller Versuche, das göttliche Wort zu unterdrücken. Andere evangelische Reichsstände schlössen sich an, so wenig Luther von dem „Bunde wider den Kaiser“ hören wollte.

Doch es sollte zunächst zum Angriff gegen das Evangelium nicht kommen. Karl V. wurde schnell in einen neuen schweren italienisch–französischen Krieg verwickelt, der Papst selbst, mehr italienischer Fürst als Oberhaupt der katholischen Kirche, hatte ihn schüren helfen. Und von Osten her drohte ein neues Ungewitter. Der Türkensultan Soliman rückte mit ungeheurer Macht heran gegen das Abendland. Unter solchen Verhältnissen konnte auch der eifrigste Anhänger der römischen Kirche nicht erwarten, daß der Reichstag zu Speyer, der Ende Juni zusammentrat, Beschlüsse, wie sie der Kaiser am Ausgang des Jahres 1525 als durchführbar angesehen, fassen werde. Von der Erneuerung des Wormser Edikts konnte nicht mehr die Rede sein. Karl V. selbst dachte nicht mehr daran. Wer hätte jetzt wagen sollen, den Religionskrieg in Deutschland heraufzubeschwören, wo der Türke an den Grenzen stand? Aber ohne Gewalt war eine Einheit Deutschlands in kirchlichen Fragen nicht mehr zu erzielen. Was konnte man da andres tun als die Dinge vorläufig gehen zu lassen? Erzherzog Ferdinand trat denn auch dem Gutachten des Ständeausschusses bei, und der Reichstagsabschied verkündete es, daß bis zum Ausgleich der religiösen Fragen auf einem Nationalkonzil jeder Reichsstand „für sich also lebe, regiere und es halte, wie ein jeder solches gegen Gott und Kaiserliche Majestät hoffet und vertraut zu verantworten“. Eine „gesetzliche Grundlage für die Ausbildung der deutschen Landeskirchen“ war damit keineswegs gegeben, aber die Unbestimmtheit des Reichstagsabschiedes gab dem Evangelium eine erwünschte Frist, die zur Festigung und Ordnung der neuen Lehre ausgenützt werden konnte.

Und es tat not, daß solche neue Ordnung geschaffen ward, denn wie immer, wo alte, Jahrhunderte lang festgehaltene Gesetze und Bräuche zerstört und umgestoßen werden, eine Zeit der Wirren eintritt, wo alle Zucht aufzuhören scheint, wo die Zügel und Regellosigkeit, da die Damme weggerissen sind, alles überfluten will, so war es auch in den Landen, in denen durch das Evangelium bereits der Glaube an die Autorität der alten Kirche gebrochen war. Schlimmer noch war es, wo das Alte und Neue noch miteinander kämpften. Hier galt es überall, neue Ordnungen aufzurichten und zu befestigen; das aber konnten nun nach dem Speyerer Reichstagsabschied die Reichsstände tun, und sie mußten es tun, um ihrer selbst willen.

Fünfter Abschnitt

Von der Gründung der Landeskirchen bis zum Nürnberger Religionsfrieden

Die sächsische Landeskirche. Luthers Katechismen.

Wir sahen schon oben, wie Luther bald nach seiner Rückkehr von der Wartburg die Ordnung des Gottesdienstes in Wittenberg sich halte angelegen sein lassen; daran arbeitete er auch in den nächsten Jahren eifrig weiter, erst 1525 kam das Werk zum Abschluß. Seine im Anfang, des nächsten Jahres erschienene Schrift „Deutsche Messe und Ordnung des Gottesdiensts zu Wittenberg fürgenommen" sollte auch andern zeigen, wie man in Wittenberg deutschen Gottesdienst geordnet, deutsche Gesänge eingerichtet und aneinandergereiht hatte, ohne doch irgendwie den Anspruch zu erheben, als solle sie für alle evangelischen Gemeinden bindend sein.

War so für die Form des evangelischen Gottesdienstes eine Grundlage gewonnen, so galt es nun auch dem gesamten kirchlichen Wesen des Landes eine Ordnung zu geben. Und das war keine leichte Aufgabe. Schon die Frage, wer solche Aufgabe lösen solle, ob die Gemeinden, ob die Geistlichen, ob die weltliche Obrigkeit, war schwer zu beantworten. Wiederholt hatte Luther in seinen reformatorischen Schriften den Priesterstand jedes Einzelnen in der Gemeinde hervorgehoben, er hatte dereinst den Adel, also Laien, zur Reform der Kirche aufgerufen; man hätte danach erwarten können, daß er den Gemeinden die Neuordnung zuweisen würde. Vielleicht hätte er das vor den wilden Ausbrüchen der Jahre 1522, 1524 und 1525 auch wirklich getan, jetzt war sein Zutrauen zu dem, was das Volk schaffen würde, mit Recht dahin. Und von den Geistlichen des Landes war eine Reform ebenso wenig zu erwarten. Die Bischöfe hielten zu Rom, die niedere Geistlichkeit war einer solchen Aufgabe nicht im mindesten gewachsen. Blieb also nur die weltliche Obrigkeit, der ja auch der Reichstagsabschied von Speyer alles anheimgestellt hatte. Ihr fiel die Arbeit, die zu erledigen war, um so mehr zu, als viele Fragen gar weltlicher Natur, so z. B. wie es mit der Besoldung der Pfarrer, wie es mit den eingezogenen Kirchen und Klostergütern gehalten werden sollte, mit hineinspielten. Sie allein war auch im Stande die Einheitlichkeit der Kirche durchzuführen, die auch Luther, darin ganz auf dem Standpunkte seiner Zeit stehend, forderte. Wer nicht die Religionsübung, welche der Staat einführt, weil er sie für die Richtige halt, als solche anerkennen kann, der muß, der Ansicht war auch der Mann, der immer gegen den Zwang in Glaubenssachen geeifert hatte, den Staat verlassen – die Untertanen eines Herrn können auch nur eines Glaubens sein.

Wie die Reform zu beginnen sei, hatte Luther seinem Kurfürsten schon am 31. Oktober 1525 dargelegt. Eine allgemeine Kirchenvisitation erklärte er für das erste Erfordernis, und als wegen staatlicher Fragen anderer Art, die damals den Kurfürsten beschäftigten, die Sache nicht recht in Fluß kommen wollte, erneuerte Luther dringend unter dem 22. November 1526 seinen Antrag. Er drang damals selbst einmal zum Kurfürsten und legte ihm den Notstand der Kirche dar, und nun kam denn auch die Visitation in Gang. Aber noch einmal geriet das Werk ins Stocken. Es fehlte an einer Zusammenstellung der evangelischen Hauptlehren, die man den Pfarrern in die Hand geben konnte, sich darnach zu halten. Und als nun Melanchthon eine solche Schrift, zunächst lateinisch, 1527 verfaßte, da entspann sich darüber ein Zwist unter den Evangelischen selbst, trotzdem Luther sich in allem mit Melanchthon einverstanden erklärt hatte. Erst Ostern 1528 konnte der „Unterricht der Visitatoren an die Pfarrherrn im Kurfürstentum zu Sachsen“ mit einem Vorwort Luthers veröffentlicht werden. Und erst im

Oktober 1528 begann auf solcher Grundlage die Visitation wirklich, und zwar in allen kursächsischen Landen, die dazu in Kreise geteilt waren, zugleich. Luther selbst nahm im Kurkreise eine Zeit lang an der Visitation teil, bis er, weil seine längere Abwesenheit der Universität schadete, durch einen anderen Geistlichen ersetzt ward. Die Erfahrungen, welche die Visitatoren machen mußten, überboten noch weit die gehegten Befürchtungen. Die Geistlichen waren oft nichts weniger als würdige Diener der christlichen Kirche. Geistliche, die Schankwirtschaft trieben, solche, die selbst dem Trunk ergeben waren, fanden sich in Menge; ein alter Geistlicher bei Torgau konnte das Vaterunser nicht geläufig hersagen, die Zahl derer, welche der Fähigkeit, wirkliche Ausleger von Gottes Wort zu sein, ermangelten, war sehr groß, und doch wollte und konnte man nur die beseitigen, welche den ernstesten Anstoß gaben, denn es fehlte an Ersatz für so viele. Stand es so um die Pfarrer schlimm, noch schlimmer war es um den sittlichen Zustand der Gemeinden bestellt. Luther schrieb damals: „Bei den Gemeinden sieht‘s überall kläglich aus, indem die Bauern nichts lernen, nichts wissen, nichts beten, nichts tun als der Freiheit mißbrauchen, nicht beichten, nicht kommunizieren, als wären sie ganz frei geworden von Religion.“ Auch Melanchthon klagte über die „unerträglich bösartigen“ Bauern.

Sie bedurften vor allem erst der Unterweisung durch christliche Lehrer und Pfarrer, wenn sie wahre Christen werden und Christengemeinden bilden sollten. Dazu aber fehlte es an einem rechten Unterrichtsmittel, man brauchte „einen groben, schlechten, einfältigen, guten Katechismus“. Luther war‘s, der ihn der evangelischen Kirche schenkte. Im Frühjahr des Jahres 1529, also unmittelbar, nachdem er bei der Visitation im Kurkreise selbst recht deutlich gesehen, was Not tat, erschien sein „Deudsch Katechismus“, d. h., wie es Luther in der Vorrede erläuterte „eine Kinderlehre, so ein jeglicher Christ zur Not wissen soll“. Zum Gebrauche für die Kinder und die „rohen Bauern“ selbst war aber der

Katechismus nicht bestimmt, er sollte Vielmehr beim Unterricht derselben benutzt werden. Allein vielen Geistlichen und Lehrern fehlte das Geschick, in rechter Weise die Kinder zu fragen So schrieb denn Luther zur Erleichterung für diese und für christliche Hausväter noch 1529 seinen «Kleinen Katechismus", dessen Erklärungen zu den Hauptstücken einfach auswendig gelernt und von jedem, der Christenrechte üben wollte, gekannt werden sollten. Auch ein „Traubüchlein" für die Pfarrer schrieb er damals, in dem er Anweisung gibt, wie die Geistlichen sich verhalten sollen, wenn sie um ihren Segen von denen, die in den Ehestand treten, angegangen werden. Daß der rechte Christ ohne solche kirchliche Weihe nicht in den Ehestand treten wird, ist ihm gewiß, für notwendig zur Gültigkeit der Ehe hat er den kirchlichen Segen aber nicht gehalten. Ausdrücklich trennt er das Trauen oder Zusammengeben von dem Gebet und Segen in der Kirche. Auch nach seinem „Traubüchlein" ist nicht ausgeschlossen, daß, wie es bisher üblich gewesen, das Brautpaar durch einen Laien vor Zeugen zusammengegeben ward, dann erst die Einsegnung der Kirche erfolgte. Für das Gewöhnliche sah er aber an, daß der Pfarrer beide Handlungen vollzog, das Trauen vor der Kirche, Segen und Gebet in der Kirche. Und das ist dann evangelischer Brauch geworden, nur daß beide Handlungen bald zusammengelegt und vor dem Altäre vollzogen wurden.

2. Luther in seiner Familie.

Während so Luther für das neue kirchliche Leben in Sachsen sorgte und damit ein Vorbild schuf für alle Gebiete, die dem Evangelium sich zuwandten, war über ihn und sein Haus, das er sich 1525 gegründet, Freude und Leid in buntem Wechsel, wie das Leben es bringt, dahingerauscht.

Schnell hatte er sich in das Ungewohnte des ehelichen

Lebens gefunden. Man merkt es seiner Stimmung nach seiner Verheiratung an, daß er mit dem Schritt, den er getan, wohl zufrieden war. Rüstiger denn je war er zur Arbeit, mehr denn je zur Milde geneigt, wo es sich um Persönliches handelte. Schrieb er doch damals an Herzog Georg und an König Heinrich von England friedfertige Briefe, die ihm freilich nur heftige und grobe Entgegnungen eintrugen. Vollkommen wurde sein häusliches Glück, als ihm am 7. Juni 1526 „seine liebe Käthe von großer Gottesgnaden einen Hansen Luther gebracht". Die helle Freude leuchtet aus seinen Briefen, wenn er des Söhnleins, „seines Hirschböckleins Johannes", gedenkt, wenn er von seinem Wachsen und Gedeihen und seinen Spielen den Freunden berichtet.

Ein heiterer Genosse im Freundeskreise war er immer gewesen, jetzt, da er ein eigen Hauswesen hatte, war es ihm ein besonderes Glück, Freunde bei sich zu sehen und bei fröhlichem Gespräch des Tages Last und Arbeit, die bei ihm schwer genug war, zu vergessen. Luther wußte wohl, daß seine Gegner ihn deshalb arg verdächtigten und daß „viele dächten, weil er sich unterweilen in seinem äußerlichen Wandel fröhlich stelle, er gehe auf eitel Rosen", er nahm sich auch oft vor, „der Welt zu Dienst sich etwas ernstlicher und heiliger zu stellen", „aber", fügt er hinzu, „Gott hat mir solches zu tun nicht gegeben". Seine Gastfreundschaft war groß, größer oft als seine Kunst zu rechnen. Sein Einkommen war für damalige Zeit nicht gering; er hatte außer der Wohnung im früheren Augustinerkloster, das ihm eingeräumt worden war, ein auskömmliches Gehalt, dazu kamen Geschenke von vielen Seiten, aber er gab auch an gar viele mit stets offenen Händen, ohne zu fragen, woher und wohin. Kein Wunder, daß sein „Herr Käthe" manchmal ungehalten war über des Gatten Freigebigkeit und daß trotz ihres Zusammenhaltens im Anfang der Ehe Zeiten kamen, wo es an Gelde im Hause fehlte. Später wurde das von Jahr zu Jahr besser, und als Luther starb, hinterließ er seiner Gattin ein für die damalige Zeit nicht kleines Vermögen.

Einen tiefen Schatten auf das häusliche Glück in Luthers Hause warf sein körperliches Befinden. Luthers Körper war nicht mehr, was er gewesen. Die mönchischen Selbstpeinigungen, die furchtbaren Seelenkämpfe, die aufreibende geistige Tätigkeit der letzten Jahre hatten Luthers Kraft nicht gebrochen, aber doch schwer angetastet. Auch in den Jahren, von denen wir hier zu erzählen haben, fehlte es ihm nicht an schweren Heimsuchungen an Körper und Seele. Es war namentlich das Jahr 1527, welches ihn hart mitnahm. Brustbeklemmungen, die ihm fast das Leben kosteten, befielen ihn, und heftige Seelenkämpfe erschütterten den gewaltigen Mann bis in sein Innerstes. Er glaubte, sein letztes Stündlein sei gekommen. Seine Freunde Bugenhagen und Jonas, die außer seiner Gattin ihm in dieser Not zur Seite gestanden, haben uns einen ausführlichen Bericht über den Anfall hinterlassen – wie Luther, von heftiger Seelenangst erfaßt, in der Frühe schon Bugenhagen, den er hatte kommen lassen, gebeichtet, wie er den Tag in leidlicher körperlicher Gesundheit verbracht, dann aber plötzlich, als Jonas mit seinem Weibe zum Abendessen zu Luther kam, zusammengebrochen und seines Todes gewärtig gewesen sei. Erhebend sind die Gebete Luthers, die uns Jonas, wie er sie behalten, aufgezeichnet, erhebend die Worte, mit denen der Reformator angesichts des Todes, den er erwartet, vor seinen Freunden sich zu seiner Lehre bekennt. „Ich sage mit gutem Gewissen“, so sprach er zu ihnen, „daß ich aus Gottes Wort recht gelehrt habe, nach Gottes Befehl, dazu er mich auch ohne meinen Willen gezogen und gedrungen hat.“ „viele“, so fuhr er fort, „geben mir schuld, ich sei zu hart und heftig, wenn ich wider die Papisten und Rottengeister schreibe und ihre falsche Lehre, gottlos Wesen und falsche Heuchelei strafe. Ja, ich bin zu Zeiten heftig gewesen und habe meine Widersacher hart angetastet, doch also, daß mich‘s nie gereuet hat. Ich sei nun heftig oder mäßig, so hab ich ja keines Schaden, Viel weniger seiner Seelen Verlust gesucht, sondern vielmehr jedermanns, auch meiner

Feinde Bestes und Seligkeit.“ Und zu seiner Käthe sprach er: „Meine allerliebste Käthe, ich bitte dich, will mich unser lieber Gott auf diesmal zu sich nehmen, daß du dich in seinen gnädigen Willen ergebest; du bist mein ehelich Weib, dafür sollst du dich gewißlich halten und gar keinen Zweifel daran haben; laß die blinde, gottlose Welt dawider sagen, was sie will.“ Dann ließ er sich nach erneutem Gebet sein „allerliebstes Hänsichen“ bringen und empfahl das Kind und seine Mutter Gott, „der ein Vater der Waisen und ein Richter der Witwen ist“.

Er sollte den Seinen und dem deutschen Volke noch nicht genommen werden. Infolge der angewandten Mittel brach endlich ein heilsamer Schweiß aus, die Kräfte kehrten wieder, und schon am nächsten Tage konnte er sich von seinem Krankenlager erheben, aber den Tag – es war der 6. Juli – wo er in einem „heißen Schwitzbade gesessen“, wo ihn „der Herr in die Hölle geführt und wieder heraus“, den wollte er nicht vergessen. Lange dauerte es, ehe er nur zu ewiger Ruhe kam. Immer von neuem kehrte die Anfechtung wieder, und dazu brach neue Not über sein Haus und seine Stadt herein. Die Pest zog in Wittenberg ein, die Universität ward einstweilen nach Jena verlegt, er blieb mit den Seinen neben Bugenhagen in Wittenberg, denn, wie er ausführlich in seiner Schrift: „Ob man vor dem Sterben fliehe möge“ dartut, gerade in solcher Zeit seien die Geistlichen der Gemeinde nötig. Die Pest drang bis in sein Haus, sein Söhnchen ward krank, für seine Gattin fürchtete er Schlimmes, in seiner nächsten Umgebung forderte die Seuche ihre Opfer, dazu hörten die inneren Anfechtungen nicht auf, „er konnte, wie er an Jonas schrieb, vor innerem Sturm und Druck fast nicht mehr atmen“. Da half ihm Gott aus seiner Not. Sein Knäblein genas, die Pest erlosch in Wittenberg, seine Gattin schenkte ihm ein Töchterlein, das sie Elisabeth nannten, er selbst ward körperlich gesund, die Fährlichkeiten des Leibes waren überwunden, und allmählich ward er auch der Anfechtungen, die sein Inneres aufwühlten, Herr.

Dem evangelischen Kirchenliede aber hat jene Zeit der Not sein herrlichstes Kleinod gebracht, das schöne „Eine feste Burg ist unser Gott“.

Auch die Jahre 1528 und 1529 gingen nicht ohne trübe Stunden dahin. Luther erkrankte von neuem, er verlor sein Töchterchen Elisabeth, aber er hatte auch die Freude, daß ihm ein Ersatz wurde in seiner Tochter Magdalena, die ihm 1529 geboren ward.

3. Zwingli und der Abendmahlsstreit. Das Marburger Gespräch.

Ungefähr zur selben Zeit, wo Luther in Wittenberg mit seinen 95 Thesen den Kampf gegen die alte Kirche eröffnete, war in der Schweiz, in Zürich, Huldlich Zwingli gegen den Ablaß aufgetreten. Er ward der Reformator der Schweiz. Humanistisch gebildet, eine vorwiegend kritische Natur, war er nicht wie Luther durch schwere innere Seelenkämpfe zu seiner Gegenstellung gegen das Papsttum durchgedrungen. Ihn verknüpfte kein so festes Band mit den Formen und Sätzen der damaligen Kirche, wie den ehemaligen Augustinermönch. Er sah den Verfall des kirchlichen Lebens und er ging daran, es zu heben, nicht indem er die Mißbräuche, welche entgegen der Lehre der heiligen Schrift eingedrungen waren, beseitigte, sondern indem er auf Grund der Heiligen Schrift eine neue Kirche erbaute. Wenn der frühere Mönch Jahre heftiger innerer Kämpfe hatte durchleben müssen, ehe er dazu fortgegangen, die kirchliche Reform den Laien zuzuweisen, Zwingli war dieser Schritt nicht schwer geworden. Dem Schweizer, dem Humanisten war die Berechtigung weltlicher Obrigkeit, auch die Kirche zu reformieren, von vornherein nicht zweifelhaft. So verschieden waren die Grundzüge des Wesens beider Männer; kein Wunder, daß sie, wo sie sich berührten, heftig auseinander stießen. Die Veranlassung dazu gab die Abendmahlslehre. Es war zur Zeit, wo Luther mit Karlstadt über diesen Gegenstand in Streit geraten war, als Zwingli Luther gegenübertrat. Daß der Schweizer Reformator wie Karlstadt in den Worten der heiligen Schrift: „Das ist mein Leib“ nur sehen wollte: „Dies bedeutet meinen Leib“, genügte Luther, um Zwingli mit Karlstadt unter die „Schwärmgeister“ zu rechnen. Es verschlug ihm dabei wenig, daß Zwingli und seine Gesinnungsgenossen, vor allem Ökolampad, mit Karlstadt nur im Ergebnis, nicht im Beweise übereinstimmten. Sie waren Gegner der Abendmahlslehre, zu der er sich so hart erst durchgerungen, sie wollten ihm, so meinte er, seine Gewißheit, seine Zuversicht rauben; er war überzeugt, den rechten Sinn der Worte zu haben, dann mußten jene „Satans Diener“ sein. Heftige Schriften erschienen von beiden Seiten. Scharf und schneidend, mit seinem fast kühlen Hohn um so mehr verletzend, trat Zwingli gegen Luther auf, dieser antwortete mit leidenschaftlichem Zorn in seinen Schriften, „Daß diese Worte Christi „Das ist mein Leib“ noch feststehen, wider die Schwarmgeister“ (1527) und „Vom Abendmahl Christi, Bekenntnis Mart. Luther“ (1528). Zwingli blieb die Antwort nicht schuldig. Die Gegensätze wurden dadurch nur um so schroffer, und das zu einer Zeit, wo alle Gegner der alten Kirche Ursache zu haben schienen, sich zum Widerstände gegen sie zu rüsten.

Als der Abschied des Reichstags zu Speyer 1529, von dem später noch zu reden sein wird, den evangelischen Ständen so ungünstig ausfiel, da hielt es Philipp von Hessen, der politisch rührigste unter den Fürsten, die dem Evangelium anhingen, wohl für seine Pflicht, um des Evangeliums willen einen Ausgleich der zwischen Luther und Zwingli bestehenden Gegensätze, die ihm so groß nicht scheinen mochten, anzubahnen. Er hoffte im Falle der Not auch an den Schweizern Bundesgenossen gegen die Gewalten der Römischen zu gewinnen. Von ihm gingen die Einladungen zu einem Gespräch zwischen den Häuptern der Schweizer und der deutschen Evangelischen aus. Gar verschieden war die Aufnahme, die er damit bei Zwingli und Luther fand. Während der erstere mit Freuden auf den Gedanken einging, war schon Melanchthon, dem Philipp seinen Plan zuerst eröffnete, noch mehr Luther durchaus gegen die Zusammenkunft. Sehr erklärlich. Den Schweizer Reformator Zwingli, der dem politischen Leben nicht fremd war, lockte die Aussicht auf einen Bund mit Philipp. Zudem hoffte er wohl wirklich Luther zu überzeugen oder doch den Landgrafen für seine Lehre zu gewinnen. Luther stand den staatlichen Planen Philipps fast feindlich gegenüber, er wollte nur der Vertreter seiner Kirche sein, und als solcher vermochte er nicht abzusehen, was bei solchem Gespräch herauskommen solle, wenn jeder, wie vorauszusehen, auf seiner Meinung bestände. Indessen Philipp gewann den Kurfürsten Johann, und so mußte endlich auch Luther nachgeben.

Am 27. September kam Zwingli mit Ökolampad und anderen Freunden nach Marburg, wo das Gespräch stattfinden sollte, erst am 30. September traf Luther mit Melanchthon, Jonas und anderen ebenda ein. Der erste Tag verging unter Begrüßungen, erst am 1. Oktober kam es zu Vorbesprechungen zwischen Luther und Ökolampad, Zwingli und Melanchthon. Am 2. Oktober in aller Frühe ward dann im Rittersaal des Marburger Schlosses das Gespräch, das deutsch geführt ward, in Gegenwart des Landgrafen, vieler Theologen, Gelehrten und angesehener Herren des Hofes feierlich eröffnet. Gegenstand der Erörterung war nach einer kurzen Vorbemerkung Luthers, die auch anderes berührte, allein das Abendmahl. Zwingli und Ökolampad, die abwechselnd ihre Sache verteidigten, während Luther fast allein dagegen sprach, nur selten von Melanchthon sich vertreten lieh, gingen wieder, wie in ihren Schriften, von der Stelle im Johannesevangelium Kapitel 6 aus, wo Jesus sich das Brot des Lebens nennt und dann fortfährt: „Und das Brot, das ich geben werde, ist mein Fleisch, welches ich geben werde für das Leben der Welt“ und weiter: „Werdet Ihr nicht essen das Fleisch des Menschen Sohnes und trinken sein Blut, so habt Ihr kein Leben in Euch“. Wie dort nur von geistlichem Genüsse die Rede sei. so auch im Abendmahl. Luther, der vor sich mit Kreide die Worte: „Das ist mein Leib“ auf den Tisch geschrieben hatte, um auch mit seinem leiblichen Auge ständig zu sehen, was er mit seines Geistes Waffen verteidigen wollte, fand zwar diese Ausführung gegenüber den klaren Worten der Schrift, die vor ihm standen nicht genügend, aber er sah doch, daß auch die Gegner so gar äußerlich, wie er gemeint, das Abendmahl nicht auffaßten. Einigen konnte er sich mit ihnen freilich nicht. Er berief sich gegen all‘ ihre Gründe, die sie vorbrachten aus der Bibel und aus den Vätern, namentlich aus Augustin, immer wieder auf das Wort der Schrift und auf Gottes Allmacht, die auch, was dem Verstände nicht einleuchten wolle, wirken könne. Es fehlte im ferneren Verlauf der Unterredung auch nicht an heftigen Ausfällen seinerseits, denen scharfe Erwiderungen der Gegner folgten. Im allgemeinen aber war doch der Ton, in dem die ganze Disputation gehalten ward, weit entfernt von dem, welchen beide Streiter in ihren Schriften oft angeschlagen hatten. Ja, zum Schluß hat Luther seinem Gegner Zwingli selbst gedankt für seine rücksichtsvolle Haltung und um Vergebung gebeten, wenn er zu heftig gewesen, Worte, die Zwingli mit ähnlichen erwiderte, indem er unter Tränen seinem Wunsche nach Frieden und Eintracht mit den Wittenbergern Ausdruck gab.

Die Disputation hatte doch gezeigt, daß die sich hier gegenüberstanden in den meisten Punkten christlicher Lehre miteinander übereinstimmten. Sollte man auseinandergehen, ohne das ausgesprochen zu haben? Der Landgraf mahnte immer von neuem zur Eintracht, die Schweizer stimmten ihm zu, und so ließ sich auch Luther bewegen, in fünfzehn Artikeln ein Bekenntnis des Glaubens zusammenzustellen, welches den Schweizern zur Annahme vorgelegt werden sollte. Und wider sein Erwarten nahmen diese die Artikel, so wie er sie gefaßt hatte, noch am selben Tage, an dem er sie vorlegte, am 4. Oktober, mit geringen Zusätzen an. Freilich Zwingli und die Seinen nun als Brüder anzuerkennen, dazu konnte Luther auch jetzt nicht gebracht werden. Mit Tränen beschwor ihn Zwingli. „Es sind keine Leut auf Erden, mit denen ich lieber wollt eins sein, denn mit den Wittenbergern", sagte er zum Landgrafen, aber Luther, mehr abgestoßen als angezogen durch dieses Drängen Zwinglis, erwiderte: „Ihr habt einen andern Geist als wir. Es wundert mich, daß Ihr mich, dessen Lehre Ihr für falsch haltet, doch als einen Bruder erkennen wollt. Ihr müßt wohl selbst nicht viel auf Eure Lehre halten." Auf solche harte Worte antworteten auch die Schweizer heftig, statt einer Einigung schien ein neuer Zwist zu entstehen. Zuletzt einigte man sich dahin, daß, wie man an den Schluß des 15. Artikels setzte, „ein Teil gegen den anderen christliche Liebe, sofern jedes Gewissen immer leider kann, erzeigen und beide Teile Gott den Allmächtigen fleißig bitten sollen, daß er ihnen durch seinen Geist den rechten Verstand bestätigen wolle". Noch am 4. Oktober wurden die Artikel unterzeichnet, am folgenden Tage verließen der Landgraf und die beiden Parteien Marburg, da eine Seuche ausgebrochen war, die längeres Verweilen gefährlich machte.

Die Einigung der deutschen Evangelischen Luthers, der Schweizer Reformierten Zwinglis, das große Bündnis, das Philipp angestrebt, hatte das Gespräch nicht gebracht, aber umsonst war es doch nicht gewesen. Zwingli und Luther hatten sich persönlich kennen und achten gelernt – Luther hat es selbst später ausgesprochen, daß er jenen seit dem Marburger Gespräch für einen trefflichen Mann gehalten – die natürliche Folge war, daß der Streit zwischen ihnen viel von seiner Schärfe und Bitterkeit verlor. Und dann, war es nicht etwas Großes, daß zwischen Luther und Zwingli in allen Punkten bis auf das Abendmahl Einigung erzielt worden war? Durfte man nicht nach dem, was erreicht war, hoffen, daß, was jetzt nicht gelungen, später gelingen würde?

Wohl mochten viele Anhänger des Evangeliums gerade zu jener Zeit gern solche Hoffnung in ihren Herzen nähren, denn die Tage der Bedrängnis schienen nahe gekommen.

Papst und Kaiser, deren Zwiespalt die Ausführung des Wormser Edikts verzögert, deren erneute Feindschaft den Reichstagsabschied von 1526 möglich gemacht, waren versöhnt; Kaiser Karl hatte sich zum Herrn von Italien gemacht, er hatte den König Franz von Frankreich von neuem niedergeschlagen, auch mit ihm stand der Frieden vor der Tür. Der Kaiser selbst rüstete sich, Spanien zu verlassen und durch Italien nach Deutschland zu ziehen, um, was er lange gewollt, die Lehre des verhaßten Mönches, der vor ihm zu Worms gestanden, auszurotten und in Deutschland die Einheit der Kirche wiederherzustellen. Wohl drohten noch des Türkensultans Heere von Ungarn her, aber die Besorgnis vor ihnen war doch nicht so groß, um nicht angesichts der gegen Italien und Frankreich gewonnenen Vorteile den Kaiser hoffen zu lassen, dieser Gefahr auch ohne der Evangelischen Hilfe sich zu erwehren. Die Reichstage zu Regensburg 1527 und 1528 waren, ohne Beschlüsse zu fassen, auseinandergegangen, jetzt wurden die deutschen Fürsten und Stände für den Februar 1529 nach Speyer entboten. Dort sollte von der Rüstung gegen die Türken, vor allem von den Religionsneuerungen gehandelt werden. Mit den Maßregeln gegen die Evangelischen, das merkten diese sofort, war es hier bitterer Ernst. Der Antrag der Kaiserlichen Gesandten, den Artikel des Abschieds von 1526, der für die kirchlichen Neuordnungen in den einzelnen Gebieten wenn nicht Anlaß, so doch Grundlage geworden war, zu widerrufen, weil er „zu großem Unrat und Mißverstand“ Anstoß gegeben, ließ darüber keinen Zweifel. Und die Beschlüsse des Reichstages fielen ganz dem entsprechend aus: „Wer bis jetzt das Wormser Edikt gehalten, solle es auch ferner tun. In den Landschaften, wo man davon abgewichen, solle man keine weitere

Neuerung machen und niemandem verwehren, Messe zu halten.“ Diese Bestimmungen sollten nun an Stelle des ersten Speyerer Reichstagsabschiedes treten. Es fragte sich, ob die Evangelischen dem sich fügen konnten. Gerade darauf, daß der Landesherr in seinem Gebiete die Religionsübung bestimmen konnte, waren die neuen Landeskirchen der Evangelischen gegründet. Jetzt sollte die Messe, die man eben verboten hatte, wieder erlaubt sein. Die evangelischen Fürsten und Städte kamen überein, sich dem zu widersetzen. Am 19. April legten sie feierlichen Protest ein gegen den Beschluß und appellierten, als des Kaisers Vertreter, König Ferdinand von Ungarn und Böhmen, sich weigerte, diese Protestation in den Abschied aufzunehmen, weiter an den Kaiser. Sie stützten sich darauf, daß in Glaubenssachen man vor allem Gott folgen müsse, weiter auch darauf, daß der Beschluß zu Speyer von 1526 einmütig gefaßt sei, also auch nur durch einmütigen Beschluß eine Aufhebung desselben herbeigeführt werden könne. Aber sie meinten nicht in dieser Gefahr, in die der Beschluß ihre Existenz gebracht, mit einem bloßen Proteste – den Namen Protestanten haben sie davon bis auf unsere Tage behalten – sich begnügen zu sollen. Am Tage, nachdem König Ferdinand endgültig den Versuch einer Vermittlung, der gemacht worden war, abgewiesen, am 22. April, schlossen Sachsen und Hessen mit den Städten Nürnberg, Ulm und Straßburg eine „sonderlich geheime Verständnis“. Sie waren entschlossen, sich gegen Angriffe, die auf das Evangelium gemacht wurden, mit den Waffen zu schützen. Und schon dachten einzelne der Führer an Größeres. Damals war es, wo Philipp von Hessen die Vereinigung von Luther und Zwingli betrieb und im Marburger Gespräch, wenn nicht seinen Zweck, so doch wenigstens eine Milderung der Gegensätze erreichte, wo Zwingli sich mit den weitestreichenden Plänen einer Vereinigung aller den Habsburgern feindlichen Mächte trug.

Merkwürdig, wie Luther von alle dem so wenig berührt ward. Von dem Speyerer Abschied hatte er den Eindruck, daß die „Christusgeißler und Seelentyrannen ihre Wut doch nicht hatten auslassen können“. In dem Bündnis der evangelischen Fürsten sah er nur eine Gefahr fürs Evangelium, komme es doch nur aus menschlichem Witz, nicht aus Gott und Vertrauen zu Gott. „Wenn Ihr stille bleibet und trauet, so soll Euch geholfen werden“, sage der Herr, aber auch: „wer Gefahr gerne hat, der wird drüber untergehn“. Wir sahen, mit welchem inneren Widerstreben er nach Marburg ging; das Gespräch hatte dann freilich auch für ihn den Erfolg, daß er Besseres von den Schweizern dachte als früher, aber ein Zusammengehen mit ihnen war doch auch jetzt nicht nach seinem Sinne. Er wollte ihnen, wie er auch in Marburg nicht verhehlt hatte, doch nur die Liebe gewähren, die man auch dem Feinde schuldig sei. Und in den sogenannten „Schwabacher Artikeln“, die Luther in Schweiz auf Befehl des Kurfürsten als Grundlage für ein Bündnis evangelischer Stände ausarbeitete, sprach er sich auch bereits wieder schärfer gegen Zwingli und seine Lehre aus, als er dies in den Marburger Artikeln getan. Zugleich gab er wiederholt seinem Kurfürsten auf Befragen den Bescheid, daß Widerstand gegen den Kaiser nicht zulässig sei. Die Kurfürsten könnten den Kaiser absetzen; so lange er aber Kaiser sei, heiße ihm den Gehorsam entziehen „Rotterei und Aufruhr und Zwietracht anfachen“. Während er hier zum Frieden mahnte, ward er nicht müde, alle Deutschen zum Kampfe gegen die Türken aufzurufen. Schon im Anfang des Jahres erschien in diesem Sinne seine Schrift „Vom Krieg wider die Türken“, und auch als die Türken von Wien, das sie bedroht, hatten abziehen müssen und die nächste Gefahr vorüber war, erließ er mit seiner „Heerpredigt wider den Türken“ noch einen Mahnruf an die Deutschen zur Fortsetzung des Kampfes.

Inzwischen hatte der Kaiser Italien geordnet. Von Bologna aus, wo ihn am 24. Februar 1530 der Papst zum Kaiser krönte, berief er Ende Januar einen Reichstag auf den 8. April nach Augsburg, auf dem der kirchliche Zwiespalt von neuem Gegenstand der Verhandlung sein und endlich beigelegt werden sollte. Kurfürst Johann forderte sofort, nachdem ihm die Ladung zugegangen war, Luther auf, mit seinen Freunden die Punkte, welche die Evangelischen von der alten Kirche trenne, zusammenzufassen, um sie Kaiser und Reich vorlegen zu können. Der Kurfürst wollte die Wittenberger Theologen selbst mit nach Augsburg nehmen, auch Luther sollte ihn wenigstens durch die sächsischen Lande begleiten, da er als Geächteter in Augsburg nicht erscheinen konnte. Im April zog Johann langsam mit seiner Begleitung dem Reichstage zu. Die Reise ging über Koburg, wo Luther blieb, um den Augsburger Verhandlungen möglichst nahe zu sein. Am 2. Mai kam der Kurfürst in Augsburg an. Die Wochen, die es noch währte, bis der Kaiser anlangte, benutzte Melanchthon, um das unter dem Namen der Augsburgischen Konfession bekannte Glaubensbekenntnis fertig zu stellen, mit dessen Abfassung er schon in Koburg unter Luthers Augen begonnen hatte. Luther, dem der Entwurf vorgelegt ward, gefiel er „fast wohl“. Er wußte nichts „dran zu bessern, noch zu ändern“, „würde sich auch“, fügt er hinzu, „nicht schicken, denn ich so sanft und leise nicht treten kann“. In der Tat sanft und leise ging die Konfession gegen die römische Kirche einher, sie vermied jedes scharfe Wort, sie stellte die Lehren der Evangelischen denen der alten Kirche möglichst nahe. Scharf dagegen erklärte sie sich gegen die Zwinglische Abendmahlslehre, so daß eine Zeit lang befürchtet ward, Philipp von Hessen würde die Konfession nicht mit annehmen.

Am 15. Juni war der Kaiser mit großer Pracht eingeholt worden, am 20. fand die Eröffnung der Verhandlungen statt, am 25. Juni 1530 wurde das Bekenntnis vor Kaiser und Reich deutsch vorgetragen und in lateinischer und deutscher Abfassung übergeben. Es war ein großer Augenblick für die evangelische Sache. Mit Stolz fühlte das Luther. „Mich freut gewaltig," schrieb er damals einem Freunde, „in dieser Stunde gelebt zu haben, da Christus durch solche Männer in solcher Versammlung durch dieses alleischönste Bekenntnis öffentlich ist verkündigt worden." Aber freilich Eindruck auf den Kaiser und die Mehrheit der katholischen Stände machte das Bekenntnis nicht. Von den Ständen rieten etliche, sofort Gewalt gegen die Evangelischen zu brauchen. Der Kaiser wußte, daß seine Kräfte dazu, jetzt nicht ausreichten, es schien ihm sicherer, den Rechtsweg zu beschreiten. Er ließ zunächst eine Widerlegung der Konfession durch eifrige Anhänger der alten Kirche, darunter den Ingolstädter Eck, fertigstellen, und dieselbe am 3. August 1530 als sein Bekenntnis, dem alle Stände des Reiches sich zu fügen hätten, verlesen. Philipp von Hessen verließ darauf ohne weiteres den Reichstag, die übrigen evangelischen Stände ließen sich auf weitere Verhandlungen ein, trotzdem Luther seinen Freunden schon lange vorher, als er sah, wie die Dinge in Augsburg gingen, sein „Immer wieder heim, immer heim" zugerufen hatte. Bis in die letzten Tage des Septembers zogen sich die Unterhandlungen hin. Melanchthon mit seiner zum Nachgeben geneigten Art steigerte die Besorgnis der Eifrigeren unter Luthers Anhängern, es möchte den Papisten zu viel zugestanden werden, aufs höchste, Luther selbst behielt sein Vertrauen zu seinem Philippus, befestigte aber auch ihn wie seinen Landesherrn immer von neuem in ihrem Glaubensmut durch die gewaltigen Briefe, die er von Koburg aus sandte. Die Verhandlungen blieben erfolglos. Am 22. September ward der Entwurf des Reichstagsabschieds vor den Ständen verlesen. Das Bekenntnis der Protestanten war danach als widerlegt und abgelehnt anzusehen, doch solle ihnen noch Bedenkzeit bis zum 15. April 1531 gegeben werden. Die Drohungen, die Karl V.

hinzufügte, machten die Schärfe dieses Abschiedes noch größer. Am 23. September verließ der Kurfürst Augsburg, am 4. Oktober traf er in Koburg ein und reiste am nächsten Tage mit Luther seiner Residenzstadt Torgau zu, wo sie am 10. Oktober anlangten. So der Verlauf des Augsburger Reichstages. Er hatte die Hoffnungen der Protestanten nicht erfüllt. Es waren lange, bange Tage des Streitens, welche er gebracht, und sein Abschluß eröffnete nur die Aussicht auf schwerere Kämpfe, die kommen sollten. Und doch ist das Gefühl, das den evangelischen Christen, der jener Zeit näher tritt, erfaßt, ein gehobenes, ein freudiges. Und daß dem so ist, verdanken wir vor allem Luther. Von Luther auf der Koburg geht das Licht aus, das alle Schatten, welche die Augsburger Verhandlungen warfen, verschwinden läßt; seine Festigkeit teilte sich den Seinen, die in Augsburg für seine Sache eintraten, mit; aus seiner Zuversicht, Ruhe und Freudigkeit sogen sie neuen Mut, neue Kraft, wenn sie verzagten. Mag die Zeit seines ersten Auftretens gegen Papst und römische Kirche, mag namentlich die Tätigkeit der Jahre 1520 und 1521 manchem großartiger erscheinen als jene Koburger Tage, gewiß ist, daß die Geschichte unseres Volkes wenig Momente zu verzeichnen hat, die uns einen Mann gleichzeitig so liebenswürdig und so groß zeigen, als uns Luther in jener Zeit erscheinen muß.

Am 23. April hatten ihn die Freunde verlassen, er war allein auf seiner Burg. Doch in ihm ist kein Gefühl von Verlassen sein; noch am selben Tage meldete er ihnen, daß er aus seinem Sinai ein Zion machen wolle und „daselbst drei Hütten bauen, dem Psalter eine, den Propheten eine und dem Äsop eine“. Und das waren nicht bloße Worte. Rüstig machte er sich an die Arbeit. Neben den drei Hütten, die er hatte bauen wollen, erstand noch manche andere. Namentlich erschienen von der Koburg aus eine Reihe kleinerer Schriften gegen das Fegefeuer, gegen die Verehrung der Heiligen, „daß man Kinder zur Schule halten solle“ u. a. Nicht körperliches Leid, nicht geistliche Anfechtungen, nicht die Nachricht vom Tode seines lieben Vaters, der am 29. Mai 1530 gestorben war, vermochte ihn lange in seiner Arbeit zu stören. Die Verhandlungen in Augsburg nahmen einen schlimmen Verlauf, er mußte trösten und wieder trösten, den aufrichten, jenen mit scharfen Worten mahnen, Brief um Brief meist aus wenig erfreulichem Anlaß ging von ihm aus, nur umso stärker trat sein Glaube hervor, um so reiner sein kindlich frommes und doch so heiteres Gemüt. Wer hätte sich nicht als Kind erfreut an dem lieblichen Brieflein, das er seinem Söhnchen am 19. Juni sandte, wer freute sich seiner nicht, wenn er es in späteren Jahren liest und dabei gedenkt der Zeit, in der es geschrieben. Wie harmlos plaudert der gewaltige Mann seinem Ansichten von dem „hübschen, lustigen Garten“ voller Früchte, wohin alle Kinder kommen, die „fleißig beten und wohl lernen und fromm sind“, wo sie reiten auf „schönen kleinen Pferdlein mit goldenen Zäumen und silbernen Sätteln“, wo sie „Pfeifen, Pauken, Lauten und allerlei Saitenspiel haben, auch tanzen und mit kleinen Armbrüsten schießen“. Entzückend der Humor, mit dem er in einem seiner ersten Briefe aus dem „Reiche der Dohlen“ von dem Reichstage der Dohlen und Krähen berichtet. „Da ist“, sagt er, ein „solch Zu und Abreiten, ein solch Geschrei Tag und Nacht ohne Aufhören, als wären sie alle trunken, voll und toll; da kekt jung und alt durcheinander, daß mich wundert, wie Summ und Odem so lange währen möge ... Ich hab ihren Kaiser noch nicht gesehen, aber sonst schweben und schwänzen der Adel und große Hansen immer vor unsern Augen ... Es sind große mächtige Herren; was sie aber beschließen, weiß ich noch nicht. Soviel ich aber von einem Dolmetscher habe vernommen, haben sie vor einen gewaltigen Zug und Streit wider Weizen, Gerste, Hafer, Malz und allerlei Korn und Getreide und wird mancher Ritter hier werden und große Taten tun. Also sitzen wir hier am Reichstag, hören und sehen zu mit großer Lust und Liebe, wie die Fürsten und Herren samt anderen Ständen des Reichs so fröhlich singen und Wohlleben.

Aber sonderliche Freude haben wir, wenn wir sehen, wie ritterlich sie schwänzen, den Schnabel wischen und die Wehr stürzen, daß sie siegen und Ehre einlegen wider Korn und Malz... Ich halt aber, es sei nichts anderes denn die Sophisten und Papisten mit ihrem Predigen und Schreiben; die muß ich alle auf einem Haufen also vor mir haben, auf daß ich höre ihre liebliche Stimme und Predigten und sehe, wie sehr nützlich Volk es ist, alles zu verzehren, was auf Erden, und dafür keken für die lange Weil". Aber derselbe Mann, der so scherzen konnte, der konnte auch „so vertraulich, so ernst, so ehrerbietig mit Gott sprechen", daß seinem frommen Genossen Veit Dietrich, der mit ihm auf der Koburg war, das „Herz mächtig brannte", als es ihm glückte, ihn beten zuhören. „Guter Gott, welch ein Glauben war in seinen Worten!" ruft der treue Mann aus. Er hatte recht, seinen Herrn ob seines Glaubens zu preisen. Der Glaube machte ihn stark, aus dem Glauben sog er seine Zuversicht. „Ich werde nicht sterben, sondern leben und des Herrn Wort verkündigen", dies Wort aus dem 118. Psalm, das sich Luther lateinisch an die Wand seines Zimmers geschrieben, war ihm mehr als eine Hoffnung, es war ihm tröstliche Gewißheit. War es ein Wunder, daß er seinem Kurfürsten, dessen Kanzler Brück, daß er namentlich seinem Philipp Melanchthon Trost und Stütze sein konnte?

6. Der Schmalkalder Bund. Der Religionsfriede.

In Wittenberg fand Luther nach seiner Rückkehr der Arbeit genug. Der Stadtpfarrer Bugenhagen, der früher schon in Braunschweig und Hamburg die Reformation auf Wunsch dieser Städte eingeführt hatte, war seit Oktober 1530 in Lübeck in gleichem Sinne Tätig. Luther vertrat während seiner Abwesenheit, die über ein Jahr währte, wieder, wie er schon früher getan, den Freund im Amte. Leicht ward ihm das diesmal nicht, denn seine Gesundheit war und blieb erschüttert, dazu betrieb er die Vollendung der Übersetzung des alten Testamentes, das er wirklich, abgesehen von den Apokryphen, bis Ende des Jahres 1531 fertig stellte, und zuletzt und vor allem mußte ihn die Lage seiner Kirche, wie sie sich nach dem Augsburger Reichstage gestaltete, aufs ernstlichste in Anspruch nehmen.

Der Reichstagsabschied war am 19. November veröffentlicht worden. Die schärfsten Maßregeln gegen die Evangelischen waren zu erwarten, wenn sie sich nicht fügten. Zunächst dachte der Kaiser den Rechtsweg zu beschreiten. Das Reichskammergericht sollte gegen die Widersetzlichen auf Acht erkennen, sein Bruder Ferdinand, dessen Wahl zum römischen König er damals eifrig betrieb und im Anfang 1531 trotz des Kurfürsten von Sachsen Widerspruch auch durchsetzte, die Acht vollstrecken, wenn Karl selbst nicht in Deutschland bleiben könnte. Der Ernst der Lage trieb nun auch die evangelischen Stände zum Handeln. In den letzten Tagen des Dezember 1530 vereinten sie sich zu Schmalkalden, einander „beiständig, rätlich und hülflich" zu sein, falls das Reichsgericht gegen einen der Verbündeten erkennen sollte. Aber man konnte sich nicht verhehlen, daß mit dem bloßen guten Rat und der Unterstützung mit dem Worte, welches die Reformatoren, Luther voran, allein gegen den Kaiser für erlaubt hielten, schwerlich viel geholfen sein würde. Der Acht des Reiches würde die Vollstreckung derselben mit gewaffneter Hand folgen. Man mußte sich entschließen, auch mit Waffengewalt dem Kaiser zu widerstehen. Da war es nun hochbedeutend, daß Luther den Ausführungen der sächsischen Rechtsgelehrten gegenüber, ebenso wie sein Kurfürst Johann, die Berechtigung des gewaltsamen Widerstandes jetzt nicht mehr geradezu bestreiten wollte Wenn, wie jene darlegten, der Kaiser kein Monarch im vollen Sinne des Wortes sei, wenn er vor allem keine Befugnis habe, über Glaubenssachen zu urteilen, das kaiserliche Recht aber in solchem Falle gestatte, der Gewalt wieder Gewalt entgegenzusetzen, dann wollte er „mit der Schrift nicht anfechten, wo man sich diesfalls wehren möchte, es sei gleich der Kaiser in eigner Person, oder wer es tut unter seinem Namen“, denn, daß er bisher gelehrt, „stracks nicht zu widerstehen der Obrigkeit“, sei geschehen, weil er nicht gewußt, „daß solches der Obrigkeit Rechte selbst geben, welchen er doch allenthalben zu gehorchen fleißig gelehrt habe“. Bei den meisten Teilnehmern der Schmalkalder Vereinigung stand nach solchen Erklärungen Luthers dem Abschluß eines Bundes zur Verteidigung des Evangeliums mit den Waffen in der Hand nichts mehr im Wege, und wenn auch noch einige, wie Nürnberg und der Markgraf von Brandenburg, von eigentlicher Gegenwehr nichts wissen wollten und den darauf bezüglichen Verhandlungen fern blieben, geändert war damit nichts an der Tatsache, daß eine protestantische Kriegsmacht im Reiche erstand, mit der für die Folgezeit zu rechnen sein würde. Auch die oberdeutschen Städte, die wegen der Abweichung in der Abendmahlslehre das Augsburger Bekenntnis nicht mit hatten unterzeichnen können, wurden jetzt, nachdem sie ihre Lehre vom Abendmahl der Luthers sehr genähert hatten, mit in den Schmalkalder Bund aufgenommen. Jetzt erhielt der Bund auch eine Kriegsverfassung; die Truppen und Gelder, die zu stellen waren, wurden bestimmt, als Hauptleute der Kurfürst von Sachsen und der Landgraf von Hessen ernannt; man war zum Empfange der Angreifer bereit.

Doch diese ließen auf sich warten. Wohl war es dem Kaiser gelungen, die katholische Mehrheit im Reiche dazu zu bringen, daß sie in Augsburg seinem Edikte zustimmte, daß die Kurfürsten in Köln seinen Bruder zum römischen König wählten, aber als der Kaiser sie nun im Frühjahr 1531 aufforderte zum Bunde gegen die Protestanten, da fand er wenig Entgegenkommen. So katholisch waren unter den Fürsten auch die eifrigsten Anhänger der römischen Kirche nicht, daß sie vergessen hätten, daß sie Reichsfürsten waren und eigene Interessen vertraten. So erkannten die

Herzöge von Bayern die Wahl Ferdinands nicht an, sie traten überhaupt der Habsburgischen Übelgewalt entgegen. König Franz von Frankreich unterstützte sie in ihrem Vorgehen. Die Stellung Ferdinands ward in Deutschland immer schwieriger. Er selbst klagte seinem Bruder, daß er nur den Titel eines römischen Königs führe, aber keine Anerkennung finde. Und dazu drohte nun von Osten her Soliman von neuem mit seiner ungeheuren Macht. Daß er von Wien 1529 hatte ablassen müssen, war ihm nur ein Stachel und Sporn mehr zu seinem Unternehmen. Er wußte, daß Deutschland in zwei Teile zerrissen war, und rechnete darauf. Ob der Kaiser Friede mit Martin Luther gemacht habe, wurden die Gesandten Ferdinands im türkischen Lager gefragt, als sie von der Liebe des Volkes zu Karl V. viel Rühmens machten. Ferdinand sah keinen Ausweg, als ein Abkommen mit den Protestanten. Schon im März schrieb er seinem Bruder in diesem Sinne. Man kann sich denken, wie schwer daß Karl werden mußte, aber durfte er den Türken Deutschland überantworten? Die Protestanten hatten als Vorbedingung zu allen Verhandlungen die Einstellung der auf Grund des Augsburger Abschieds begonnenen Prozesse gefordert. Jetzt gab der Kaiser ihrem Verlangen nach. Die Unterhandlungen begannen. Wie anders lagen die Dinge jetzt als in Augsburg! Nun waren die Katholischen die Bittenden. Es war Luthers Verdienst, daß sich die Evangelischen durch die Gunst der Lage nicht zu Forderungen hinreißen ließen, die eine Einigung verhindern konnten. Luther hatte gleich im Anfang des Jahres 1531 in seiner „Glosse auf das vermeinte kaiserliche Edikt“ und vornehmlich in der „Warnung an seine lieben Deutschen“ sich scharf und heftig, wie das seine Art war, gegen die Beschlüsse des Augsburger Reichstages ausgesprochen, um so eifriger riet er jetzt zum Frieden. „Gott grüßet uns, und es ist Zeit, daß wir ihm danken“, sagte er. Daß der Frieden dem Kampfe gegen die Türken zu gute kommen sollte, war ihm nur ein Grund mehr, zur Annahme zu treiben. Freilich die Gegenpartei war nicht so eifrig zum Frieden. Die Niederlage, welche die Schweizer Reformierten am 11. Oktober 1531 bei Cappel erlitten und in der Zwingli selbst seinen Tod fand, erregte in den Römischen die größten Hoffnungen. Ferdinand wollte jetzt gern ganz Ungarn dem Sultan preisgeben, wenn ihm derselbe darum Ruhe zu halten versprechen würde, und sein Bruder Karl V. war gleicher Ansicht wie er; aber als nun Soliman nicht auf solche Anerbietungen einging, als er im Frühjahr des Jahres mit furchtbarer Macht – es sollen fast 300 000 Mann gewesen sein, die er gegen das Abendland führte – aufbrach, da drängte doch alles zum Abschluß eines Vergleiches mit den Evangelischen hin. Wie hätte man getrosten Mutes in den Kampf mit dem Übermächtigen gehen können, wenn der Zwist im eigenen Hause nicht beigelegt war? So kam denn am 23. Juli zu Nürnberg ein „gemeiner Friede" zu stände zwischen dem Kaiser und den Protestanten, d. h. den Schmalkalder Verbündeten außer Philipp von Hessen, der sich erst später anschloß, der vom Kaiser am 2. August bestätigt ward. Danach sollten alle Stände im Reiche in Frieden miteinander leben, die Prozesse in Glaubenssachen aber eingestellt werden bis zu dem „gemeinen, freien, christlichen" Konzil, das binnen einem Jahre gehalten werden sollte. Der Regensburger Reichstagsabschied fügte dem noch die Bestimmung hinzu, daß eine Reichsversammlung über die „gemeine Notdurft deutscher Nation" beratschlagen und Mittel zu ihrer Abhilfe suchen solle, wenn nicht innerhalb des folgenden Jahres das Konzil gehalten würde.

Kurfürst Johann hatte noch die Freude, den Abschluß des Friedens zu erleben. Wie schwer war es ihm geworden, seinem Kaiser auf dem Augsburger Reichstag feindlich gegenüberzustehen! Er hatte in Karl V. seinen Kaiser und Herrn gesehen, auch als er von ihm das Schlimmste befürchten mutzte. Welche Freude jetzt für den treuen Bekenner, daß er versöhnt war mit seinem Herrn, daß seine evangelischen Brüder durch ihn in Deutschland eine vom Kaiser anerkannte Stellung gewannen, sei es auch nur auf Zeit, denn der

Nürnberger Religionsfrieden schob ja die letzte Entscheidung noch immer dem „gemeinen, freien, christlichen" Konzil zu. Er hatte in seiner Regierung Großes erlebt und Großes erreicht. Von dem Bauernkrieg bis zum Nürnberger Frieden, welche Wandlungen in Johanns Stellung! Doch, wie Luther ihn sagen läßt,

„Wer Gott mit Ernst vertrauen kann, Der bleibt ein unverdorben Mann."

Es war ihm nicht beschieden, die Zeiten der Ruhe, welche die nächsten Jahre brachten, noch zu sehen. Am 16. August starb er infolge eines Schlagflusses, der ihn tags zuvor getroffen. In Wittenberg neben seinem Bruder Friedrich wurde er bestattet. Dort hielt ihm Luther tiefbewegt, unter strömenden Tränen die Leichenrede. „Mit ihm war die Frömmigkeit gestorben, wie mit seinem Bruder Friedrich die Weisheit."

Sechster Abschnitt

Vom Nürnberger Religionsfrieden bis zu Luthers Tod

1. Die Ausbreitung des Evangeliums bis zu Luthers Tod.

Die die Verhandlungen in Speyer 1529, in Augsburg 1530 gezeigt, noch hatten die katholischen Fürsten und Stände im Reiche die Mehrheit, aber die Minderheit der Evangelischen war doch schon eine Macht, die man nicht zu übersehen wagte. Als man in Schmalkalden im Dezember 1530 zum ersten Male zusammenkam, da waren von den Fürsten des Reichs außer Johann von Sachsen und Philipp von Hessen auch Ernst von Braunschweig-Lüneburg, Wolfgang von Anhalt-Köthen, zwei Grafen von Mansfeld, dazu die Abgesandten des Markgrafen Georg von Brandenburg und mehrerer Städte zugegen. Und in den Zeiten des Friedens, die nach der Nürnberger Einigung 1532 folgten, verbreitete sich die Reformation schnell weiter. In den niederdeutschen Städten gewann das Evangelium damals die Herrschaft, und 1532 nahmen die drei Fürsten von Anhalt-Dessau die evangelische Lehre an. Es war kein großer Zuwachs an Land und Leuten, den damit das Evangelium erlangte, aber die sittliche Reinheit und persönliche Tüchtigkeit der Fürsten, die Luther im näheren Umgange schätzen und lieben lernte, machte ihm gerade ihren Übertritt besonders wert. Weniger einverstanden war er anfangs mit einer weit größeren Erwerbung, die damals in Süddeutschland für das Evangelium gemacht wurde. Philipp von Hessen war‘s, der hier, die Gunst der Umstände benützend, im Bunde mit Franz I. von Frankreich gegen König Ferdinand, der Württemberg in seiner Gewalt hatte, 1534 losbrach, den vertriebenen Herzog Ulrich wieder zurückführte und damit das Land dem Evangelium öffnete, dem Ulrich längst gewonnen war. Ferdinand fügte sich in das Unabänderliche, ward er doch wenigstens in etwas für seinen Verlust dadurch entschädigt, daß die protestantischen Fürsten ihn nun als römischen König anerkannten. Und zu derselben Zeit wandte sich Pommern der Reformation zu, in den westfälischen Städten, in Soest, in Münster vor allem, hatte die evangelische Lehre den Weg zu den Herzen der Bürger gefunden. Es waren große Erfolge, die man so gewonnen, aber die Freude darüber blieb dem Reformator nicht ungetrübt. Hatte er schon in dem Vorgehen Philipps von Hessen den Landfriedensbruch beklagt, wie mußte es ihn betrüben, als er in dem wüsten Treiben der Wiedertäufer so verderbliche Strömungen wieder Macht gewinnen sah, wie einst zu den Zeiten Thomas Münzers und des Bauernkrieges! Wohl war die Gefahr für das Evangelium im Jahre 1535 nicht mehr so groß als zehn Jahre früher, Schaden den brachten der Ausbreitung der evangelischen Lehre doch auch diese Wirren. In Westfalen kam die alte Kirche wieder zur Herrschaft, das Evangelium ward von den Obrigkeiten mit Mißtrauen angesehen, man fürchtete in ihm den Vorläufer neuer Ausbreitungen.

Aber solche Hemmungen blieben doch vereinzelt; die Fortschritte, die Luthers Kirche machte, wurden von Jahr zu Jahr größer. In Dänemark richtete 1537 der unermüdlich Tätige Wittenberger Stadtpfarrer Bugenhagen auf des Königs Christian III. Wunsch die neue Kirche ein, die sich der immer noch widerstrebenden Bischöfe entledigt hatte, Gustav von Schweden trat mit Luther in nähere Beziehung, Mecklenburg, Augsburg stellten sich entschieden auf die evangelische Seite, und was wichtiger war für Luther als alles bis jetzt Gewonnene, in den Ländern, die seither die Stätten des heftigsten Widerstandes gegen ihn und seine Lehre gewesen waren, im Herzogtum Sachsen und in Kurbrandenburg führten nach Herzog Georgs und des Kurfürsten Joachims I. Tode die Nachfolger die Reformation durch.

Wie hatte sich Herzog Georg von Anfang an so scharf und heftig gegen Luther gestellt? In erbitterten Schriften hatten beide einander angegriffen. Wie oft hatte sich Georg an seine kurfürstlichen Vettern, an Friedrich, an Johann, an Johann Friedrich gegen Luther gewandt! Jetzt starb er im Jahre 1539, nachdem er in seinen letzten Lebensjahren seine beiden Söhne, die ihm geblieben, kinderlos hatte ins Grab sinken sehen. Seine Lande fielen an seinen Bruder Heinrich, der längst dem evangelischen Bekenntnis angehörte. Das Testament, durch welches Herzog Georg seinem Bruder das Land, falls er reformieren wolle, entzog, hatte er nicht mehr rechtskräftig machen können, zu schnell war er vom Tode hinweggerafft worden. Ohne Schwierigkeiten nahm Heinrich vom Lande Besitz. Wenige Wochen nach Georgs Tode ward in den Kirchen seines Landes der evangelische Gottesdienst, dem er so sehr widerstrebt, eingeführt. Am 24. Mai predigte Luther, der mit seinem Kurfürsten zur Huldigungsfeier Heinrichs nach Leipzig gekommen war, in der Kapelle der Pleißenburg und am Nachmittag des folgenden Tages – es war der erste Pfingsttag – in der Thomaskirche. Wem fiele dabei nicht Luthers Wort ein, das er 1532 den von Georg bedrängten Anhängern des Evangeliums in Leipzig zugerufen: „Wer weiß, was Gott, ehe denn zehn Jahre um sind, tun wird?“

Und Kurfürst Joachim I. von Brandenburg? Als treuer Anhänger der alten Kirche und als Bruder des Erzbischofs Abbrecht von Mainz hatte er in dem Wittenberger Mönche schon bei dem Ablaßstreite nicht den Reformator sehen können, sondern nur den dreisten Umsturzmann, der in unerhörter Selbstüberhebung die von der Kirche gesetzte Ordnung anzutasten wagte. Aus dem Reichstage in Worms wie in Augsburg war er Luthers und der Evangelischen heftigster Gegner gewesen. Gegen die evangelischen Regungen in seinen Ländern schritt er mit Strenge, wenn auch ohne seine Hände mit Blut zu bestecken, ein; seine Gemahlin Elisabeth mußte aus dem Lande fliehen, weil sie dem Evangelium anhing, und seine Söhne band er nicht nur durch sein Testament, sondern durch einen persönlichen Eid, daß „sie und ihre Erben mit ihren Landen und Leuten zu jeglicher Zeit bei dem alten christlichen Glauben, Religion, Zeremonien und Gehorsam der christlichen Kirchen unverrückt und unverändert blieben". So glaubte er alles getan zu haben, um Brandenburg der neuen Lehre zu verschließen – und wie hatte er sich in seinen Berechnungen getäuscht! Als er im Jahre 1535 starb und seine Lande seinen Bestimmungen gemäß, entgegen dem Hausgesetz des Albrecht Achilles, unter seine Söhne Joachim II., wie er als Kurfürst heißt, und Johann von Küstrin, geteilt wurden, da hatte das Evangelium schon solche Macht in den Gemütern seiner Untertanen gewonnen, daß Städte und Gemeinden ihre neuen Landesherren mit Bitten bestürmten, ihnen lutherische Geistliche zu geben. Beide Söhne Joachims I. waren Luthers Lehre innerlich zugetan, aber ihrer Natur nach betätigten sie das auf verschiedene Weise. Markgraf Johann von Küstrin, entschieden und tatkräftig, förderte die Einführung der Reformation von Anfang an auf alle Weise und nahm schon 1538 in Küstrin das Abendmahl in beiderlei Gestalt. Kurfürst Joachim II. wollte aus politischen Gründen den äußerlichen Zusammenhang mit der alten Kirche nicht zerreißen, er wollte sich ihre Formen, die seinem Hange nach Pracht und Glanz durchaus entsprachen, erhalten, er konnte aber auch, ohne unwahr gegen seine eigene Überzeugung zu werden, nicht gegen die lutherischen Bestrebungen nachdrücklich vorgehen; so mußten in den ersten Jahren seine Maßnahmen in kirchlichen Dingen widersprechend und halb erscheinen. Aufhalten konnten sie gerade darum die religiöse Bewegung nicht, und die Fortschritte, die sie machte, nötigten auch ihn endlich, sich zu entscheiden. Im Februar 1539 richtete der Rat der Stadt Berlin an den Kurfürsten das Gesuch, die Feier des Abendmahles in lutherischer Form zu gestatten, der Adel und andere Städte folgten, da faßte auch der Kurfürst den Entschluß, zum Protestantismus überzutreten, obwohl seine polnische Gemahlin dafür schwerlich zu gewinnen war. Eine märkische Kirchenordnung, unter Melanchthons

Mitwirkung hergestellt, fand auch, trotzdem sie manche Zeremonien der alten Kirche, die sonst gefallen waren, festhielt, im allgemeinen Luthers Billigung, denn, wie er an den Berliner Propst schreibt, darauf kommt es an, daß „Euch Euer Herr will lassen das Evangelium Jesu Christi lauter, klar und rein predigen und die beiden Sakramente nach Christi Einsetzung reichen", nicht auf die Fragen über Prozessionen und Chorröcke. Am 1. November nahm der Kurfürst aus der Hand des Bischofs Matthias von Jagow in Spandau das Abendmahl in beiderlei Gestalt und vollzog damit seinen Übertritt zur Lehre Luthers, am 2. November tat der Rat der Doppelstadt Berlin-Kölln das Gleiche in der Nikolaikirche, und bald folgten die anderen Städte der Mark. Die Kirchenordnung, die 1540 in der Ständeversammlung vorgelegt und von dem Adel wie den Städten angenommen worden war, ja auch um der Beibehaltung mancher Zeremonien und der bischöflichen Gewalt willen 1541 die kaiserliche Bestätigung erhalten hatte, fand freilich scharfen Widerspruch bei den Bischöfen, und das nötigte den Kurfürsten, sehr gegen seinen Willen, die bischöfliche Gewalt, die er hatte behüten wollen, nun doch zu beseitigen und sich selber zum obersten Bischof der märkischen Kirche zu machen. Und dieser Widerstand der hohen Geistlichen des Landes war auch schuld, daß des Kurfürsten Absicht, einen Teil der alten kirchlichen Gebräuche zu erhalten, sich nicht verwirklichen ließ. Die neue Kirche forderte auch neue Formen. Eine Kirchenvisitation, ähnlich der, die unter Johann in Kursachsen stattgefunden hatte, stellte bis zum Jahre 1542 die neuen Ordnungen für Kirchen und Schulen fest, die Brandenburg zu dem evangelischen Lande machen sollten, das dereinst berufen war, die Führung der Protestanten in Deutschland zu übernehmen und ihre Sache zum Siege zu führen.

So ging das Evangelium seinen Siegeszug weiter. Luther erlebte noch die Freude, daß in Halle, der Lieblingsresidenz des Erzbischofs Albrecht von Mainz und Magdeburg, in derselben Stadt, wo einst Albrecht während Luthers

Wartburgaufenthalt seine Reliquien ausgestellt hatte, die reine Lehre die Herrschaft gewann. Sein Freund Justus Jonas übernahm selbst die Stelle des dortigen Pfarrers. Der Erzbischof vermochte nichts dagegen zu tun, daß bald auch für die anderen Kirchen der Stadt evangelische Prediger berufen wurden. Und kurze Zeit, nachdem in Halle das Evangelium gesiegt hatte, ward Luthers Freund Amsdorf vom Kurfürsten Johann Friedrich in Naumburg als Bischof eingeführt, von Luther geweiht. Luther selbst nennt es „eine kühne Tat und voll Anlasses zu Haß, Mißgunst und Unwillen“, daß er, der „Ketzeroberste“, den Amsdorf ordiniert. Kühn war es in der Tat, kühn nicht bloß von Luther, kühn auch vom Kurfürsten, dessen Berechtigung zu seinem Verfahren nicht über allem Zweifel stand, und die Aufregung, die es in den Reihen der Gegner hervorrief, war groß und nachhaltig. Bald erhielt auch Merseburg einen evangelischen Bischof in der Person eines der Anhaltischen Fürsten, die Luther so nahe standen. Mit Gewalt der Waffen ward der Herzog Heinrich von Braunschweig-Wolfenbüttel, gegen den Luther noch eben (1541) in seiner heftigen Schrift „Wider Hans Worst“ losgebrochen war, 1542 vertrieben, weil er sich gegen des Kaisers Verbot an der evangelischen Stadt Goslar vergriff, sein Land wurde von Bugenhagen reformiert. Der Erzbischof von Köln, der Bischof von Münster strebten in ihren Landen die Reformation durchzuführen, in Metz, an den Marken deutschen Wesens, und weit über die deutschen Grenzen hinaus, in Siebenbürgen, in Venedig und anderen Städten Oberitaliens fand Luthers Lehre vom Evangelium zahlreiche Anhänger.

Es waren großartige Erfolge, die errungen wurden. Auf dem Reichstage zu Worms war‘s ein Mann, der der alten Kirche absagte, auf dem zweiten Reichstage zu Speyer protestierte ein Häuflein, jetzt war‘s eine gewaltige Schar, die sich um Luther zusammenschloß gegen den Papst. Das „Brüderlein“ war ein Riese geworden, der nicht mehr zu überwältigen war.

Tat denn die römische Kirche, der Papst an ihrer Spitze, nichts, um solcher Ausbreitung des Evangeliums entgegenzutreten? So möchte man den Erfolgen gegenüber, welche die Jahre nach dem Religionsfrieden von Nürnberg brachten, wohl fragen. Es war doch, so schien es, in die Hand des Papstes gegeben, durch Berufung des „gemeinen, freien, christlichen“ Konzils den Kirchenstreit zu enden. Warum geschah das nicht? – Weil ein solches Konzil das Papsttum selbst bedrohte, und vor allem weil dem Papste Clemens VII. selbst seine politischen Pläne höher standen als die Kirche, deren Haupt er war. Karl V. war trotz aller Aussöhnungen, welche die Not erzwungen hatte, noch immer sein politischer Gegner, Clemens verbündete sich auch jetzt wieder mit dem Todfeinde des Kaisers, mit Franz I. Sollte er des Kaisers Macht stärken, indem er Deutschlands kirchliche Einigung betrieb? Das war nicht seine Ansicht, um so weniger, als sich in seiner Umgebung doch nach der Veröffentlichung der Augsburger Konfession Stimmen hören ließen, die eine Einigung auf Grund derselben für möglich hielten. Er handelte also auch nicht einmal gegen die Kirche, wenn er vorläufig dem Kaiser nicht zu Willen war. Freilich Karl V. drängte und trieb zur Berufung des Konzils, ihn schreckte der Satz im Regensburger Reichstagsabschied von 1532, daß, wenn das Konzil nicht binnen einem Jahre zu stände käme, eine Reichsversammlung „der gemeinen Notdurft deutscher Nation“ abhelfen wolle; es gelang ihm auch, den Papst in einer persönlichen Zusammenkunft im Dezember 1532 zum Ausschreiben eines Konzils zu bringen, aber dabei blieb es auch. Luther hatte recht, es sollten noch viele Hunderttausende Menschen sterben, ehe es zu einem Konzil kam.

Auch als Clemens VII. gestorben war und sein Nachfolger Paul III. (seit 1534) jetzt alles Ernstes den Kaiser bei seinem Bemühen für das Konzil unterstützte, vergingen noch

Jahre, ehe ein solches berufen ward. Denn nicht so ohne weiteres glaubte Paul an die Lösung der Aufgabe, die ihm sein Vorgänger hinterlassen hatte, gehen zu sollen, stand doch gar Großes, wenn nicht alles für den päpstlichen Stuhl auf dem Spiele. So schickte er, um erst die Stimmung in Deutschland zu erkunden, den mit deutschen Verhältnissen wohl vertrauten Bergerius 1535 als seinen Nuntius zu den deutschen Fürsten und Herren. Auf dieser Reise war‘s, wo Bergerius Wittenberg berührte und den Mann, der nun seit fast zwei Jahrzehnten das Papsttum so erfolgreich bekämpfte, zu sich lud, um ihn persönlich kennen zu lernen. Luther folgte der Einladung. Am 7. November 1535 stand er dem päpstlichen Abgesandten gegenüber. Es war nicht mehr der Augustinermönch, der sich vor Cajetan in Augsburg niedergeworfen zur Erde und vor Demut vor des Papstes Kardinal fast vergangen war; den Zusammenhang mit dem Papsttum hatte er zerrissen, er wollte ihn hier nicht wieder anknüpfen. Trotzig und herausfordernd trat er dem Bergerius gegenüber. Als er mit Bugenhagen aufs Schloß fuhr, hatte er lachend gesagt: „Siehe, da fahren der deutsche Papst und Kardinal Pomeranus (Bugenhagen), Gottes Werkzeuge.“ Diese Worte bezeichnen gar richtig das Selbstgefühl, welches ihn in diesem Momente erfüllte. Jung wollte er dem Nuntius erscheinen, darum hatte er sich mit seinen besten Kleidern und einer goldenen Kette geschmückt, darum sich das Haar sorgfältig zurechtstutzen lassen. Der päpstliche Gesandte sollte denken: „Ei, ist der Luther noch so jung und hat so viel Unglücks angerichtet, was wird er denn noch tun?“ Und er erreichte seinen Zweck. Bergerius fand ihn so kräftig, daß er ihm kaum 40 Jahre alt zu sein schien, sein Auftreten so abstoßend, wie es Luther nur wünschen konnte.

Das Gespräch bei Tische drehte sich natürlich der Hauptsache nach um das Konzil. Luther erzählt, daß er dem Nuntius gesagt: „Haltet Ihr ein Konzil, so handelt Ihr darin doch nichts von heilsamer Lehre, seligmachendem Glauben u. s. w., sondern von unnützen Dingen, Speisegeboten, Länge der Priesterröcke, Mönchsübungen u. s. f.“, und Bergerius habe ihm durch die Bemerkung „der trifft die Hauptsache“ recht gegeben. Dagegen erschien es dem päpstlichen Abgesandten gar anmaßend, daß Luther erklärte, die Evangelischen brauchten kein Konzil, sondern die Christenheit brauche es, um des Irrtums, der einen Teil noch gefangen halte, los und ledig zu werden. Daß Luther bereit war zum Konzil zu kommen, es möge gehalten werden, wo es wolle, zu Mantua, zu Verona oder zu Bologna, hörte er aus seinem eigenen Munde, und Luther wiederholte dem Nuntius diese Zusicherung noch, als dieser schon, zum Fortreiten bereit, zu Pferde saß.

Soviel hatte Bergerius auf seiner Fahrt durch Deutschland wohl gesehen, daß von einem Konzil in diesem Lande, namentlich wenn, wie die Schmalkalder Verbündeten forderten, die weltlichen Stände teilnahmen, wenig Gutes für Rom zu erwarten sei. Der Papst berief denn auch das lang erwartete Konzil auf 1537 nach Mantua. Karl V., der gerade damals von seinem glücklichen Zuge nach Tunis heimkehrend mit Paul III. zusammentraf, war darin ganz mit ihm einverstanden. Die protestantischen Theologen waren, trotzdem der Papst von vornherein erklärte, daß die Ausrottung der „pestilenzialischen lutherischen Ketzerei“ eine Hauptaufgabe des Konzils sein solle, für eine Beschickung des Konzils die Schmalkalder Verbündeten aber lehnten die Teilnahme am Konzil entschieden ab. Es kam dann überhaupt nicht zustande. Aber eine Anzahl mächtiger katholischer Fürsten, der Kaiser und König Ferdinand mit ihnen, schlössen 1538 einen Gegenbund gegen den Schmalkalder zu Nürnberg; es konnte scheinen, als sollten nun die Waffen zwischen Protestanten und Katholiken entscheiden. Noch kam es nicht so weit. Die Welthandel, die Kampfe gegen Franz I. und gegen die Türken, nahmen immer wieder die Aufmerksamkeit und die Kräfte der katholischen Mächte Deutschlands, vor allem des Kaisers, ganz in Anspruch. Es folgten den aufregenden Tagen des Jahres 1538, wo der Krieg um des

Glaubens willen unvermeidlich schien, Zeiten, da wieder Ausgleichsversuche gemacht wurden. Nach dem Vertrage von Frankfurt, der 1539 abgeschlossen worden war, sollte der Ausgleich durch die deutschen Reichsstände geschaffen werden. Das Konzil schien für immer abgetan. Aber soweit wollte nun doch wieder Karl V. nicht gehen, er weigerte sich, den Vertrag zu bestätigen; wohl aber veranstaltete er in den folgenden Jahren 1540 und 1541 Religionsgespräche zu Hagenau, zu Speyer, zu Regensburg zwischen katholischen und protestantischen Theologen. Ob es ihm Ernst war mit diesen Ausgleichsversuchen? Wer möchte das so ohne weiteres leugnen? Aber wohl möglich ist, daß es ihm recht war, daß eine Einigung doch nicht erzielt werden konnte, trotzdem sich die Streitenden zuweilen, namentlich in Regensburg, einander sehr näherten. Schließlich sollte doch wieder ein Konzil, das der Papst auf das Jahr 1545 nach Trient berufen, die Entscheidung bringen. Natürlich, daß die Protestanten nicht daran dachten, ,sich ihm zu unterwerfen, wie der Kaiser forderte; das Konzil, welches der Papst nach Trient berief, war in ihrem Sinne weder „frei", noch „gemein", noch „christlich". Luther hatte sich schon 1539 in seiner Schrift „Von den Konziliis und Kirchen" ausführlich darüber ausgesprochen, daß von einem Konzil kein Heil zu erwarten sei, er wies jedes Ansinnen, sich dem Trientiner zu unterwerfen, schroff zurück; und wie er gegen den Papst gesinnt war, das zeigte er durch seine 1545 erscheinende heftige Schrift „Wider das Papsttum zu Rom, vom Teufel gestiftet". Inzwischen rüstete der Kaiser, die Protestanten mit Gewalt zur Unterwerfung zu zwingen. Schlimmes stand den Evangelischen bevor. Luther zagte darum nicht; Gott hatte bisher geholfen, er würde weiter helfen. Aber die Zeit der Bedrängnis war jetzt wirklich nahe, doch Luther ward es von Gott erspart, sie zu schauen.

Groß war die Ausbreitung, welche das Evangelium in diesen letzten Lebensjahren Luthers gewann; die alte Kirche samt dem Kaiser vermochte nichts gegen die Macht des Wortes, wäre nur nicht im eigenen Hause der Evangelischen schon unheilvoller Zwist ausgebrochen, hätte nur das reine Gotteswort, das nun gepredigt ward, auch überall das sittliche Leben sogleich gehoben und gefördert. Daß dem nicht so war, es hat dem Reformator den Abend seines Lebens mehr verbittert, als alles Drohen der Päpstlichen es vermocht hatte.

Johann Friedrich, der neue Kurfürst von Sachsen, Luther von Jugend auf vertraut, war ein noch junger Mann, den Freuden der Tafel nicht abhold, aber voll Frömmigkeit und Mut; Luther fürchtete nur, daß die Ritter, welche ihn umgaben, den Mut zum Übermut steigern und so dem Lande „ein Schweißbad zurichten würden“. Seine Gemahlin Sibylle hatte Johann Friedrich von Herzen lieb, des kurfürstlichen Paares ehelichen Wandel kann Luther nur rühmen. Wäre nur ein Gleiches auch von dem landgräflichen Hause in Hessen zu sagen gewesen, es würde Luther viel Gram und das Gefühl eines Unrechts erspart worden sein, das zu beschönigen er selbst nicht versucht hat. Landgraf Philipp von Hessen, der tatkräftigste und begabteste unter den protestantischen Fürsten, lebte mit seiner Gemahlin in nicht glücklicher Ehe. Sein heißes Blut hatte ihn vielfach zum Verkehr mit anderen Frauen getrieben, aber sein Gewissen peinigte ihn darum, er suchte und fand in der Schrift, daß im alten Testamente den Männern mehr als eine Frau gestattet gewesen sei. Er forderte gleiches Recht für sich. Und Luther wie Melanchthon, an die er sich in dieser Angelegenheit wandte, wiesen ihn nicht ohne weiteres ab. Sie mahnten ihn zwar ab von seinem Vorhaben; wenn er aber seinem Blute nicht gebieten könne, dann sei es immer noch besser, er nehme – selbstverständlich ganz im geheimen – eine zweite Frau, als daß er ein unsittliches Leben führe. Sofort schritt nun Philipp zu einer zweiten Ehe, zu der seine Gemahlin schon die Erlaubnis gegeben, und gab damit ein Ärgernis, das auszubeuten die Gegner des Evangeliums natürlich nicht versäumten.

Luthers und Melanchthons Bescheid in dieser Frage erscheint nach unseren Begriffen von Ehe heute unerhört, aber bedenken muß man doch, daß gerade diese Begriffe von der Heiligkeit der Ehe erst durch Luther unserem deutschen Volke geschaffen worden; er war über das Recht oder Unrecht, mehr als eine Frau zu haben, noch gar nicht so sicher. Die Frage hatte ihn schon früher wiederholt beschäftigt, und über ein Schwanken war er auch da nicht hinausgekommen. Die Folgen, welche des Landgrafen Tat hatte, zeigten ihm erst die Ungeheuerlichkeit der Doppelehe und brachten ihn zu dem Ausspruch, wer will, „daß es ein Recht sein soll, mehr als eine Ehefrau zu nehmen, dem gesegne der Teufel das Bad im Abgrund der Höllen“.

Und wenn das Verhalten des Landgrafen Philipp Luther schwere Stunden machte, nicht minder schwere bereiteten ihm gar manche von denen, die seine Helfer im Dienste des reinen Wortes Gottes sein sollten, ja manche seiner nächsten Freunde.

Einer der angesehensten Prediger und Lehrer der evangelischen Kirche war Agrikola, ein Mann von nicht geringer Begabung, aber eitel und nach höherer Stellung und höherem Ansehen strebend, als ihm sein Amt in Eisleben gab. Luther empfahl ihn seinem Kurfürsten wirklich für eine Wittenberger Professur, kam dann aber mit ihm in die ärgerlichsten Händel wegen seiner Lehre, daß die Buße bewirkt werde durch das Evangelium, nicht durchs Gesetz. Der Streit führte zu einer vollständigen Trennung beider Männer, die Freunde gewesen. Und dieser Hader blieb nicht der Einzige. Bald hier, bald da loderte das Feuer der Zwietracht auf. Selbst mit Melanchthon war das Verhältnis nicht mehr das Alte. Luthers ganze Art war der Melanchthons doch zu sehr entgegengesetzt, als daß nicht Augenblicke hätten kommen sollen, wo diese Gegensätze zu Tage traten. Melanchthon ward namentlich von Luthers eifrigsten Anhängern wegen seiner vermittelnden Stellung in der Abendmahlslehre und in so manchen Punkten, die in dem Streite mit den Katholiken zur Sprache kamen, angegriffen. Es kam so weit, daß Kurfürst Johann Friedrich einmal alles Ernstes bei Luther anfragen konnte, ob es unter solchen Umständen nicht geratener sei, Melanchthon von Wittenberg ziehen zu lassen, und Melanchthon selbst war auf ein solches Geschick gefaßt. Indessen so wenig Luther verkannte, daß Melanchthons Hang zu Vermittlungen nach seinem Tode Schweres über seine Kirche bringen könne, so wenig wollte er doch von dem Freunde sich trennen. Melanchthon blieb, auch die Freundschaft beider Männer bestand fort, aber freilich ganz kehrten die alten Zeiten nicht wieder.

Und zu derselben Zeit – es war im Jahre 1537 –, wo Luther so schwere Erfahrungen machen mußte, bereitete ihm ein anderer Streit mit den Juristen zu Wittenberg, namentlich mit seinem alten Freunde Hieronymus Schürf wegen des Erbrechts der Kinder von Geistlichen und anderer Punkte, große Sorgen. Auch hier kam schließlich ein Ausgleich zustande, der es ermöglichte, daß beide Männer nebeneinander fort lebten und wirkten, aber auch hier war das alte Band zerrissen.

Und neben all diesem Zwist ging her und spann sich weiter, wenn er auch einmal beigelegt schien, der Streit wegen der Abendmahlslehre mit den Zwinglianern. Mit den Oberdeutschen freilich, die so lange zu Zwinglis Lehre gehalten, kam zu Wittenberg in der sogenannten Wittenberger Konkordie 1536 eine Einigung durch Butzers und Melanchthons Bemühen und durch das Entgegenkommen, das hier auch Luther zeigte, zustande. Mit den Schweizern aber kam man trotz alles Bemühens auch damals so weit nicht. Luther konnte nicht anders handeln gegen die, welche festhielten an Zwinglis Lehre, daß im Brote und Wein des Abendmahles eitel Brot und Wein gegeben werde, er mußte bleiben bei seinem Ausspruch, den er zu Marburg getan: „Ihr habt einen anderen Geist als wir.“ Aber gleichwohl zeigte er sich um der Einigkeit willen, die unter denen herrschen sollte, welche gegen das Papsttum standen, 1538 bereit, Frieden auch mit jenen zu halten und das, was sie von dem Evangelium trennte, nicht zu berühren, sie darum nicht anzugreifen. Freilich auf die Dauer konnte er das nicht. Schon durch seine Schrift „Von den Konziliis“ 1539 verletzte er die Schweizer, noch mehr durch seine „Vermahnung zum Gebet wider den Türken“ (1541), entschieden und schroff trennte er sich von ihnen in seinem „Kurzen Bekenntnis v. Mart. Luthers vom heiligen Sakrament“ (1544). Der Streit entbrannte nun wieder in voller Heftigkeit. Luther hat sie durch sein Auftreten nicht gemindert. Der Gedanke, daß unter seinen nächsten Freunden manche den Lehren der Schweizer nahe standen, konnte seine Schärfe nur mehren. Noch in den letzten Monaten seines Lebens bereitete er eine neue Schrift gegen die „Sakramentierer“ vor, und in seiner letzten Wittenberger Predigt am 17. Januar 1546 warnte er vor ihnen, die er mit den Wiedertäufern und Rottenpriestern zusammenstellt, eindringlich.

So kämpfte der Reformator bis an sein Ende für die Wahrheit, die er erkannt und die ihm Gewißheit geworden im Glauben. Das reine Evangelium wollte er erhalten, durch das Evangelium den Deutschen, den Christen allen den Weg zur Seligkeit öffnen. Wie mochte er es sich, als er die evangelische Kirche aufbaute, so groß und schön gedacht haben, was sie den Menschen werden sollte. Stätten der Sittlichkeit, des gottgefälligen Wandels dachte er zu schaffen allenthalben, wo Gottes Wort lauter und rein gepredigt ward, und wie sah er sich in dieser Erwartung getäuscht! Überall um sich, vor allem in Wittenberg selbst, sah er nur Luxus und Hoffart, Schwelgerei und Fleischeslust, Geiz und Wucher. Mißmutig wandte er sich ab von dieser Welt, in der hoch und niedrig, Bauer und Bürger, Adel und Fürst nur den irdischen Gütern nachjagten. Fort von Wittenberg wollte er ziehen, um nicht sehen zu müssen, wie es dort zuginge. Wohl mochte ihm manches zu schwarz erscheinen, richtig aber war doch, daß die Besserung der Menschen, wie er sie doch von der Predigt des Evangeliums erhofft hatte, nicht eingetreten war. Aber wie töricht, gegen Luther und seine Lehre daraus eine Waffe schmieden zu wollen! Sind die Segnungen des Christentums den Völkern, denen es zugebracht ward, sogleich erblüht? Erst die Zeit konnte hier den Samen wachsen, gedeihen und reifen lassen, den Luther und die Seinen ausgestreut, er selbst sollte nur wenig davon schauen.

4. Luthers häusliches Leben. Seine Schriften

So brachte das Leben dem großen Mann der bitteren Enttäuschungen genug, in einem aber hatte er sich nicht betrogen, in der Hoffnung, daß seine Ehe, trotz manchen Leids, das ja auch in ihr nicht fehlen konnte, ihm eine Quelle des Segens werden würde. Wir sahen schon, wie er seiner Gemahlin Katharina von Bora, seiner Käthe, nach manchem Jahre der Ehe das Lob gespendet, daß sie ein „fromm und getreu" Weib gewesen; in seinem Testament, das er 1542 niederschrieb, bezeugt er ihr, daß sie „ihn als ein fromm, treu ehelich Gemahl allezeit lieb, wert und schön gehalten habe". Und er vergalt ihr das mit herzlicher Liebe; nicht „um Frankreich noch um Venedig dazu" wolle er sie hergeben, sagte er einmal. Daß ihre Lust, zu herrschen und zu sparen, sie manchmal mit ihrem Gemahl in Zwiespalt brachte, ist bekannt, immer aber fand sie sich schnell wieder in die Stellung, die ihr als Gattin gebührte. Auch war Luther am wenigsten der Mann, sich von einer Frau beherrschen zu lassen. So wenig er sich um das große Hauswesen bekümmern konnte und so gern er seiner Käthe alles überließ, so wenig litt er Widerspruch, wenn er sich einmal einer Sache annahm. Seines eigenen Wertes war er sich seiner Gemahlin gegenüber wohl bewußt, wie die Worte beweisen: „Käthe, du hast einen frommen Mann, der dich lieb hat, du bist eine Kaiserin."

Das grüßte Glück in seinem häuslichen Leben waren seine Kinder. Außer Johannes und Magdalena, deren wir früher schon Erwähnung getan, schenkte ihm seine Käthe noch drei Kinder, zwei Söhne, Martin (1531) und Paul (1533), und eine Tochter Margarete (1534). Ihr Spielen und ihr Streiten, ihr Wünschen und ihr Hoffen beobachtete er mit Lust. Ihr Leben beim harmlosen Spiel verglich er dem Sein im Paradiese, gestorben zu sein als Kind, das wünschte er sich als das schönste Glück, das ihm hätte begegnen können.

Die Erziehung, die er ihnen zuteil werden ließ, war bei aller Liebe doch streng. Er hatte die Gefahren einer harten Zucht an sich selbst zu deutlich erfahren müssen, als daß er seinen eigenen Kindern ein allzu scharfer Zuchtmeister gewesen wäre, aber er wollte seine Kinder so erziehen, daß sie den anderen ein Beispiel sein konnten, und erzwang den Gehorsam durch strenge Strafen, wenn er in Güte nicht zu erzielen war. Hätten seine Eltern langer gelebt – auch Luthers Mutter starb schon 1531 – sie würden sich der Kindererziehung, wie sie der Sohn übte, gefreut haben. Auch an seinen Kindern hat sich übrigens bewährt, daß die Söhne großer Väter gar oft weit hinter dem Erzeuger zurückbleiben. Sie waren gut und brav, aber nur Paul, der jüngste Sohn, hat eine bedeutendere Stellung sich erringen können. Von seinen Töchtern war Magdalena dem Vater besonders ans Herz gewachsen, und gerade sie ward ihm im Jahre 1542 in einem Alter von 13 Jahren entrissen. Als Ersatz für seine Elisabeth, die ihm Gott genommen, war sie ihm geschenkt, Gott hatte sie wachsen und gedeihen lassen, es war ein liebes Kind, das seinen Eltern nie Kummer bereitet hatte – nun sah sie Luther hinsiechen. Das Herz wollte ihm brechen. Aber der Glaube an seinen Gott stärkte ihn. „Ich habe sie sonstiger lieb," fügte er, „aber, lieber Gott, da es dein Wille ist, daß du sie dahinnehmen willst, so will ich sie gern bei dir wissen." Und, zu der Kranken gewandt, fügte er hinzu: „Magdalene, mein Töchterchen, du bleibst gern hier bei deinem Vater und ziehst auch gern zu jenem Vater." Das Kind antwortete: „Ja, herzer Vater, wie Gott will". Gott aber wollte daß sie zu ihm käme. In des Vaters Händen verschied sie wie eine „Heilige". Lange konnte Luther den Schmerz nicht überwinden; er war ja fröhlich im Geiste, denn er wußte, daß sie gewiß im Frieden und ihr wohl war, aber „das Fleisch wollte nicht heran."

Außer seiner Frau und seinen Kindern waren noch oft Verwandte und Kostgänger für längere oder kürzere Zeit in seinem Hause; bis zu ihrem Tode (1537) lebte darin „Muhme Lene", die Tante der Katharina von Bora. Von den zahlreichen Dienern im Hause ist am bekanntesten Wolf Sieberger, an den Luther die bekannte Klageschrift der Vögel richtete, weil er einen Vogelherd errichtet hatte.

Luthers Hausstand war groß, aber nicht prächtig. Er selbst blieb mäßig und bescheiden in allem Genuß, wenn er auch einen guten Trunk tun konnte. Bei besonderen Festen liebte er es, seine Freunde bei sich zu sehen, große Gastereien gab er auch dann nicht. Das heitere, belebte Gespräch bei Tisch war ihm die liebste Erholung, und er erging sich da, wie uns die Tischreden zeigen, in ernsten und scherzhaften Ausführungen über alle Teile der Welt und alle Seiten des menschlichen Lebens.

Lieb war ihm vor allem auch die Frau „Musika", und an seinem Freunde Lukas Cranach schätzte er nicht bloß den tüchtigen Mann, sondern vor allem den Künstler. Daß er die Dichtkunst zu achten wußte, fällt nicht auf, da seine Kirchenlieder ihn selbst als Genossen der Kunst zeigen. Besonders zog ihn die Spruchdichtung an, für die er selbst gar vieles geleistet.

Sein Körper ward je langer desto hinfälliger. Kaum ein Jahr verging ohne schwere Krankheit. Am härtesten lag er 1537 an seinem Steinleiden in Schmalkalden darnieder, wo er mit den Evangelischen vereint war zu Beratungen über die Beschickung des Konzils, das Paul III. ausgeschrieben. Er selbst erwartete dort seinen Tod. Doch er genas, und fast noch zehn Jahre blieb er den Seinen erhalten. Aber der Gedanke an seinen Tod verließ ihn nimmer; täglich und stündlich war er bereit, vor seinen Herrn zu treten, und dabei doch fröhlich und getrost. Es war sein mächtiger Glaube, der ihn dem Ende so ruhig entgegensehen ließ. Der Glaube und das Gebet, durch welches er seinen Glauben immer von neuem stärkte, waren seine Stützen im Leben und im Sterben, sie übten auch auf seine Freunde den gewaltigsten Einfluß. Der Glaube Luthers war's, der seinen Freund Melanchthon, als er geistig und körperlich gebrochen 1540 in Weimar zum Tode darniederlag, wieder erweckte zu neuem Leben.

So lebte der große Mann in seinem Hause, im Kreise seiner Familie und seiner Freunde. Hier in seinem Heim entstanden die zahlreichen Schriften, die wir auch dieser letzten Epoche von Luthers Leben noch verdanken. Es war in dieser Zeit, wo er das große Werk seines Lebens, die Bibelübersetzung, beendete. Im Jahre 1534 erschien, wie schon oben erwähnt, die ganze Bibel mit den Apokryphen des alten Testamentes: „Biblia, das ist, die ganze heilige Schrifft, Deudsch. Mart. Luth. Wittenberg MDXXXIV" bei Hans Lufft. Schnell vergriff sich die erste Ausgabe, es folgten neue, an denen Luther und seine Freunde immer von neuem besserten. Daneben ließ Luther Vorlesungen und Predigten, die er gehalten, in großer Anzahl drucken, seine Postille wurde von neuem herausgegeben, zahlreiche Streitschriften gegen das Papsttum, gegen Herzog Georg, diesen alten Widersacher, der nicht ruhen wollte gegen Erzbischof Albrecht, gegen Herzog Heinrich von Braunschweig, gegen die Schweizer u. a. erschienen. Von seinen Bekenntnisschriften sind außer den schon genannten vor allem zu erwähnen seine „Schmalkalder Artikel", die, geschrieben für die Schmalkalder Verhandlungen 1537, dort nicht zur Beratung kamen, weil die evangelischen Stände von vornherein auf die Beschickung des Konzils verzichteten. Luther veröffentlichte sie 1538.

So war unter Schaffen und Wirken, unter Müh und Arbeit, unter Freuden und Leiden das Jahr 1546 herangekommen, das Luther von hinnen rufen sollte. Wir wissen, er erwartete des Herrn Ruf schon lange.

Schon im November 1545 hatte er seine Vorlesungen geschlossen, nachdem er noch mit der Erklärung des ersten Buches Mose zu Ende gekommen. „Ich kann nicht mehr," sagte er seinen Zuhörern, „ich bin schwach, bittet Gott für mich, daß er mir ein gutes, seliges Stündlein verleihe." Er selbst nennt sich „alt, abgelebt, träge und müde", und doch sollte ihn der Tod nicht, wie man danach erwarten sollte, in seinem Heim, in dem er Ruhe suchte, finden, draußen fern von den Seinen und doch in dem Seinen sollte er sterben.

Schon im Jahre 1545 hatten ihn seine „lieben Landesherren", die Grafen von Mansfeld, welche miteinander im Streit über verschiedene Rechte lagen, als Schiedsrichter erbeten. Zweimal hatte er noch im Jahre 1545 die bei seiner Kränklichkeit für ihn doppelt beschwerliche Reise nach Mansfeld unternommen, ohne die Beilegung des Streites zu erzielen; im Anfang des Jahres 1546 wurde er von neuem in dieser Sache, diesmal nach Eisleben, eingeladen. Leidend, wie er war, entschloß er sich doch zur Reise. Am 23. Januar brach er von Wittenberg auf, seine drei Söhne begleiteten ihn, in Halle sollte sich Justus Jonas ihnen anschließen. Eine Saaleüberschwemmung, „eine große Wiedertäuferin mit Wasserwogen und großen Eisschollen", wie Luther seiner lieben Käthe schreibt, verzögerte die Fortsetzung der Fahrt, erst am 28. konnten sie bei Giebichenstein über den Fluß setzen. Am Abend des Tages kamen sie, feierlich eingeholt, in Eisleben an, Luther schon recht schwach und krank. Doch erholte er sich unter guter Pflege im Haufe des ihm befreundeten Stadtschreibers Albrecht, wo er wohnte, schnell wieder, so daß die Verhandlungen sofort den nächsten Tag beginnen konnten. Schon am 31. Januar predigte er wieder.

Die Verhandlungen wollten zuerst gar nicht von der Stelle gehen. Luther beklagte sich in den Briefen an seine Käthe und seine Freunde bitter darüber und verlangte endlich, daß sie ihm beim Kurfürsten durch den Kanzler Brück ein Heimberufungsschreiben auswirken sollten, er glaube, daß das den Abschluß des Vergleichs beschleunigen werde, denn so würden ihn die Grafen zum dritten Male nicht wieder ziehen lassen. Doch es bedurfte dieses Mittels nicht mehr. Seine eindringlichen Ermahnungen zur Nachgiebigkeit hatten die Entscheidung in den Hauptpunkten schon herbeigeführt, als das gewünschte Schreiben ankam. Inzwischen hatte sich sein Befinden nicht wesentlich verändert. Er war hinfällig, konnte aber doch täglich stundenlang den Verhandlungen beiwohnen, auch wiederholt predigen. Zum letztenmal tat er das am 14. Februar, doch mußte er hier schon seine Predigt abbrechen, weil er sich zu schwach fühlte. Am 17. unterzeichnete er noch den Vergleich, der nun abgeschlossen und vollzogen war, zur Verhandlung ging er aber an diesem Tage nicht mehr, er blieb den Vormittag in seiner Stube. Seine Schwäche nahm zu. Seiner Käthe gegenüber, die sich sehr um ihn sorgte, hatte er stets Gutes über sein Befinden geschrieben, jetzt kam ihm der Gedanke, daß es wohl seine letzte Reise sein möchte, auf der er sich befand. „Ich bin hier zu Eisleben getauft, wie wenn ich hier bleiben sollte“? so sprach er wiederholt zu seiner Umgebung. Doch ging er noch zum Mittag und Abendessen ins untere Stockwerk des Hauses, war auch heiter und gesprächig bei Tische, wie es seine Art war. Nach dem Abendessen befielen ihn heftige Beklemmungen, doch fühlte er sich, als er mit Tüchern gerieben wurde, wieder besser und schlief bis gegen ein Uhr nachts ruhig. Da erwachte er, von neuen Beklemmungen geängstigt. Er erhob sich noch allein und ging in seine Stube, die man warm gehalten. „Ach, Herr Gott, wie ist mir so wehe, ach, lieber Dr. Jonas, ich werde hier zu Eisleben, da ich geboren und getauft bin, bleiben“, so sprach er zu Jonas, und zu seinem Gott: „In deine Hände befehle ich meinen

Geist." Dann legte er sich nieder. Man holte Ärzte, der Graf Albrecht mit seiner Gattin, die ganze Umgebung kam zusammen. Alle Mittel wandte man an, doch die fliehenden Kräfte waren nicht aufzuhalten. Inbrünstig betete Luther noch zu seinem Gott, dann sprach er: „Vater, in deine Hände befehle ich meinen Geist, du hast mich erlöset, du treuer Gott", und ward still.

Da riefen Jonas und Colins, der Mansfelder Hofprediger, ihm noch ins Ohr: „Ehrwürdiger Vater, wollet Ihr auf Christum und die Lehre, wie Ihr gepredigt, beständig bleiben?" Er antwortete mit einem vernehmlichen „Ja", schlief dann, sich auf die Seite wendend, fast eine Viertelstunde, und verschied, ohne wieder zu erwachen, in der dritten Morgenstunde am 18. Februar 1546.

Am dritten Tag ward die Leiche des teuern Mannes in der Andreaskirche ausgestellt, Justus Jonas hielt dazu die Trauer- andacht. Am 20. Februar bewegte sich der feierliche Leichenzug aus den Toren der Stadt gen Wittenberg, denn dort, wo er gelebt und gewirkt hatte, sollte nach des Kurfürsten Johann Friedrichs Willen der Entschlafene seine letzte Ruhestätte finden. Wohin der Trauerzug kam, ward er mit Weinen und Klagen von dem Volke empfangen und geleitet. Erst am Morgen des 22. kam die Leiche in Wittenberg an; die Kunde vom Ableben Luthers war schon am 19. dahin gelangt. In feierlichem Zuge wurden die Überreste des großen Mannes eingeholt, die Leichenpredigt hielt Bugenhagen, dann hielt Melanchthon, der Sprecher der Universität, eine tief empfundene lateinische Rede. Bei der Kanzel, von der Luther so oft zur Gemeinde gesprochen, ward er begraben.

Der große Mann war geschieden von den Seinen. Er war ein Mensch und zahlte der Erde seinen Tribut. Aber das Werk, das Gott durch ihn geschaffen hatte, blieb bestehen und wuchs zu einem mächtigen Bau, den Gott erhalten und weiter wachsen lassen möge zum Segen der Menschheit.

GUSTAV FREYTAG

Doktor Luther

Von Geistlichen und Lehrern ist dem Verfasser und Verleger der Wunsch ausgedrückt worden, daß für die bevorstehende Gedächtnisfeier der Geburt Luthers diejenigen Kapitel der „Bilder aus der deutschen Vergangenheit“, welche über Luther berichten, durch besonderen Abdruck leichter zugänglich werden möchten. Der Verfasser glaubte sich einer solchen Forderung nicht entziehen zu dürfen, und er hat zu diesem Zweck das früher Geschriebene überarbeitet und mit Zusätzen versehen. Möge man das anspruchslose Büchlein, welches dadurch entstanden ist, nicht für unwert halten, unter den Festschriften des Jahres zu stehen.

G. F.

1. Beim Beginn des sechzehnten Jahrhunderts

Der Zeitraum von 1500 bis 1600 umfaßt die größte geistige Bewegung, welche je eine Nation in den innersten Tiefen aufgewühlt hat. Für immer hat nach menschlichem Ermessen dies Jahrhundert dem Geist und Gemüt der Deutschen sein Gepräge aufgedrückt. Eine einzige Zeit, wo eine große Nation emsig und angstvoll ihren Gott suchte, Frieden für die beängstigte Seele, sittlichen und gemütlichen Inhalt für ein Leben, das ihr reizlos, trübe, arm und verdorben erschien. – Sehnsucht nach Erkenntnis der Wahrheit und heißes Ringen nach der ewigen Liebe, das sollte auf lange die herrschende Leidenschaft der Deutschen werden. Solche Anstrengung, das gesamte Leben neu zu gestalten durch ein tiefes Erfassen des Ewigen, hat auch die politische Entwickelung der Deutschen in einen Lauf gebracht, welcher dem anderer großer Kulturvölker scharf entgegengesetzt ist. Denn dieser leidenschaftliche Kampf hat die volle Kraft der Nation in Anspruch genommen bis zur äußersten Erschöpfung, er hat die politische Konzentration Deutschlands um Jahrhunderte aufgehalten, die furchtbarsten inneren Kriege, eine totenähnliche Ohnmacht sind ihm gefolgt; er hat einen tiefen Riß gemacht zwischen Deutschen und Deutschen, zwischen der neuen Zeit und dem Mittelalter. Er hat verursacht, daß ein großer Teil des deutschen Volkes, welches seine Geschichte in ununterbrochener Zeitfolge bis auf die Jahre Ariovist‘s und Armin‘s zurückführen kann, jetzt die Hohenstaufenzeit, ja das Reichsregiment des ersten Maximilian betrachten darf wie eine dunkle Sage, denn seine Staatenbildung, seine

Rechte, seine Gemeindegesetze sind kaum so alt als die der nordamerikanischen Freistaaten. Die älteste unter den stolzen Nationen, welche auf den Trümmern des Römerreichs entstanden, ist jetzt in vieler Beziehung das jüngste Mitglied der Staatenfamilie Europa's. Aber wie verhängnisvoll auch jener Streit des sechzehnten Jahrhunderts für die politische Gestaltung des Vaterlandes geworden ist, dennoch soll jeder Deutsche mit Ehrfurcht darauf zurücksehen, denn ihm verdanken wir alles, was jetzt unsern Stolz und unsere Hoffnung ausmacht, unsere Opferfähigkeit, Sittlichkeit, die Freiheit des deutschen Geistes, einen unwiderstehlichen Trieb nach Wahrheit, die unerreichte Methode unserer Wissenschaft, unsere Kunst, zuletzt auch die große Verpflichtung, welche die Ahnen auf unsere Seele gelegt haben, die Pflicht, das zu vollenden, was ihnen mißlang. Wer in die Seele der Deutschen zu blicken versucht, zu jener Zeit, wo das sechzehnte Jahrhundert emporstieg, der wird in den untern Schichten des Volkes eine geheimnisvolle Unruhe erkennen, etwa wie bei den Wandervögeln, wenn der Frühling herannaht. Auch wurde dieser unbestimmte Drang häufig zur uralten deutschen Wanderlust. Die Zahl der Landläufer, junger und alter, der Kleinkrämer, Pilger, Bettler, fahrenden Schüler war sonstiger groß, durch alle deutschen Stämme bis in die Slavenländer des Ostens, nach Frankreich und vor allem nach Italien ging der abenteuerliche Zug. Vieles wirkte zusammen, die Armen unruhig, aussässig, nach Neuem begierig zu machen.

Wunderbare Nachrichten klangen aus der Ferne. Hinten im fernen Mittelmeer auf dem Wege nach Jerusalem, den deutsche Pilger noch alljährlich suchten, hatte sich ein neuer Stamm, ein neuer Glaube eingedrängt, unheimlich und grauenhaft. Jeder Pilger, der aus dem Osten kam, berichtete in den Herbergen von der wilden Streitkraft des Türken, von seiner Vielweiberei, von Christenkindern, die er raubte und sich zu Sklaven erzog, von den Gefahren der christlichen Inseln und Seestädte. Und wieder auf der andern Seite, im

Westen, tauchten der Phantasie ans dem Grauen des unendlichen Meeres neue Goldländer herauf, Landschaften wie das Paradies, braune Völker, die von Gott nichts wußten, eine unendliche Beute und Herrschaft für die gläubigen Christen. Dazu kamen die Botschaften aus Italien selbst, wie unzufrieden die Südländer mit dem Papste seien, wie arg die Simonie, wie lasterhaft die Fürsten der Kirche, Und die von solchen Dingen zu erzählen wußten, in Stadt und Land, waren nicht mehr furchtsame Handelsleute, arme Pilger, sondern sonnenverbrannte feste Gesellen mit kühnem Antlitz und scharfer Wehr, Nachbarkinder und sichere Leute, die als Söldner des Kaisers nach Welschland gezogen waren, sich dort mit Italienern, Spaniern und Schweizern gerauft hatten und jetzt mit Beute zurückkehrten, Goldstücke im Säckel und goldene Ritterketten am Halse. Mit Ehrfurcht starrte die Jugend des Dorfes auf den Landsknecht, der seine Hellebarde vor der Schenke in den Boden stieß und die Herberge für sich und seine Gäste in Beschlag nahm wie ein Edelmann oder Fürst; denn er, der Bauernsohn, hatte die welschen Ritter unter seine Füße getreten; er hatte tief in die Geldkasse eines italienischen Fürsten gegriffen, er hatte für seine deutschen Hiebe vom Papste Ablaß vollauf bekommen, ja, wie man raunte, einen geheimen Segen, der ihn unverwundbar machte gegen Hieb und Stich, Eine Ahnung der eigenen Kraft und Tüchtigkeit zog nach langer Zeit zum ersten Mal durch die Seele der Gemeinen. Auch sie waren Männer, in ihrer Hütte hing der Knebelspieß und an ihrem Gürtel das lange Messer, Und wie war ihre Lage in der Heimat! Ihre Hände und Gespanne forderte der adlige Junker für seinen Acker, ihm gehörte Holz und Wild im Walde, der Fisch im Wasser; selbst wenn der Bauer starb, nahm jener dem Erben das beste Haupt der Herde oder Geld dafür. Auch die Bauern hatte Christus durch seinen Tod erlöst und frei gemacht, und jetzt waren sie in der Mehrzahl eigene Leute des Gutsherrn. In jeder Fehde, die dem Junker auflag, waren sie die Opfer, dann fielen fremde Reisige in ihr Vieh, schossen gegen sie selbst den Bolzen und warfen sie in ein finsteres Loch, bis sie Lösegeld zahlten. Und wieder nach ihren Garben und nach jedem versteckten Gulden spähte die Kirche. Unredlich, listig und üppig wie die Welschen, war auch der Dechant, der mit den Jagdfalken, mit Dirnen und Reisigen durch ihr Dorf ritt; ihr Pfaffe, den zu wählen und zu entlassen sie kein Recht hatten, der ihre Weiber verführte oder in ärgerlichem Haushalt mit Wirtin und Kindern lebte; der Bettelmönch, der sich in ihre Küche einnistete und für sein Kloster das Fleisch im Rauchfang, die Eier im Korbe verlangte. Eine dumpfe Gährung kam in die Landgemeinden des südlichen Deutschlands, schon am Ende des fünfzehnten Jahrhunderts begannen lokale Ausstände, Vorboten des Bauernkrieges.

Aber noch größere Einwirkung übte die neue Kunst, durch welche auch der Ärmste klug und gelehrt werden konnte. In der Mitte des letzten Jahrhunderts war am Rheinstrom erfunden worden, geschriebene Worte ins Tausendfache zu vervielfältigen. Schon seit mehren hundert Jahren hatte man mit Holztafeln Muster gedruckt, manchmal einzelne Seiten Schrift darin ausgeschnitten, endlich ersann ein Bürger, daß man mit gegossenen Leitern ganze Bücher drucken könne. Es war für die nächste Folge wichtig, daß die neue Erfindung sich unabhängig vom geistlichen Stand, ja in Opposition gegen die mönchischen Abschreiber ausbildete, als eine Erfindung des Bürgerstandes, Denn sie gelangte dadurch sogleich zu der gesunden industriellen Stellung, welche Arbeit und Handel des Handwerks zu geben vermochte, mit wunderbarer Schnelligkeit wurde sie durch die wandernden Gesellen in viele deutsche Städte und in das Ausland getragen. Ihr zur Seite der neue Bilderdruck von Holztafeln. Neben den großen Druckwerken des fünfzehnten Jahrhunderts, deren Technik wir noch jetzt bewundern, verbreiteten sich bald kleine, billige in den Häusern der Stadtleute, ja in den Hütten der Bauern: Kalendertafeln, Arzneimittel gegen Krankheiten, Organisationen frommer

Brüderschaften, moralische und Gebetbücher, dazwischen schnell kleine Staatsschriften und die komische Literatur: Fastnachtsscherze, Narrenstreiche, volkstümliche Gedichte. Der Trieb lesen zu leinen wurde mächtig, auch der Landmann erfuhr mit einer Genauigkeit, die der zufällige mündliche Bericht selten gehabt hatte, von einer geheimnisvollen Weissagung oder Geistererscheinung, einem Fastnachtsspiel zu Nürnberg: gläubig buchstabierte er neue Gebete und Verheißungen seiner Kirche und verwundert nahm er in sich auf, so deutlich, als hätte er's selbst gesehen, daß sich die Bayernherzöge der Gewalt des Königs Maximilian unterworfen hatten. Dem Volk war die Pforte geöffnet für geistigen Erwerb, und mit Eifer suchte die Masse ihr Heil in dieser Richtung.

Aber die alte Wissenschaft der Kirche, welche sonst den lernbegierigen Sohn des Volkes im Chor und Kreuzgang aufgenommen hatte, war in tiefem Verfall. Noch saß die Gelehrsamkeit des Mittelalters anspruchsvoll in den Lehrstühlen der deutschen Universitäten, aber sie war zu geistlosen Formeln und scholastischer Spitzfindigkeit verknöchert. Die Kunde alter Sprachen war gering, Hebräisch und Griechisch fast unbekannt; in barbarischem Mönchslatein wurde geschrieben und gelehrt, die alten Quellen ernster Wissenschaft, Bibel und Kirchenväter, römische Historiker, Institutionen und Pandecten, die griechischen Texte des Aristoteles und der Schriftsteller über Natur und Heilkunde lagen in bestäubten Handschriften, nur die mittelalterlichen Erklärer und Systematiker wurden immer wieder erläutert, auswendig gelernt und bekämpft. So in Deutschland, In Italien aber war seit länger als hundert Jahren aus dem Studium einiger römischen und griechischen Dichter, Historiker und Philosophen eine Bildung aufgegangen, welche Adel der Seele und Freiheit fern von den Pfaden der christlichen Kirche suchte. Die Freude über die Schönheit lateinischer Sprache und Poesie, Bewunderung der gewandten Dialektik des Cicero, Erstaunen über das mächtige Leben des römischen

Volkes erhob die Besten jenseits der Alpen. Behend rankte ihre Poesie, Geschichtsschreibung, Rechtskunde, Heilkunst an den antiken Stützen empor. Es erschien dort, als sollte das alte römische Leben aus seinem Grabe wieder auferstehen, und ein zweihundertjähriger Kampf begann zwischen den Schatten des August und Virgil und dem Schatten des heiligen Petrus, der finster über der Siebenhügelstadt schwebte. Das geistliche Wesen, tyrannisch, beschränkt und sittenlos, wie es damals in Italien war, sank in tiefste Verachtung, die vornehmen Geistlichen selbst, arm an Zucht und Pflichtgefühl, wurden von dem Zauber der neuen Bildung ergriffen. Und die römische Kirche bot das seltsame Schauspiel, daß ihre höchsten Würdenträger den Glauben an den Gekreuzigten, dessen Stellvertreter auf Erden sie sein wollten, innerlich verlachten und die Gläubigkeit der Christen schamlos ausmünzten zur Befriedigung verruchter Sinnlichkeit oder ihres Familieninteresses.

Erst seit Erfindung des Bücherdrucks, während der Kriege, welche die Deutschen auf den Schlachtfeldern der Halbinsel aussuchten, kam die neue Humanistenbildung allmählich nach Deutschland. Aber sie fand hier ein anderes Volkstum. Der redliche Sinn und das einfache Gemüt der Deutschen verarbeitete sie nüchterner und doch inniger und so wie damals deutsche Art war, methodisch und zunftmäßig. Emsig wurde die lateinische Sprache, welche den Deutschen wie ein neuer Fund erschien, in lateinischen Schulen studiert und durch Lehrbücher verbreitet. Die angestrengte und lange Arbeit über der fremden Grammatik, welche in Deutschland nötig war, diente den Geistern zur Zucht. Scharfsinn und Gedächtnis wurden kräftig angestrengt, die logische Seite der Sprache wirkte stärker als die phonische, die Größe und Weisheit des antiken Inhalts mehr als die Schönheit und Eleganz der Form; die Gymnastik des lernenden Geistes in Deutschland mußte angestrengter sein, dafür war der Gewinn dauerhafter, schon deshalb, weil jetzt die Herrschaft über zwei grundverschiedene Sprachen gewonnen wurde.

In kurzem war die deutsche Gelehrsamkeit der romanischen mehr als ebenbürtig. Für ihre vornehmsten Vertreter aber galten allgemein Johann Reuchlin, der die erste hebräische Grammatik schrieb, und Erasmus von Rotterdam, der durch den Zauber seiner Bildung der ganzen Humanistenschule Deutschlands, wenige ausgenommen, das Gepräge seines seinen ironischen Geistes aufgedrückt hat.“ Auch die deutschen Humanisten ergossen ihre Begeisterung in lateinischen Versen, auch bei ihnen traten Jupiter, Minerva und der Sonnenlenker Sol wunderlich an die Stelle des Christengottes, der Jungfrau Maria und des großen Lichtes der mosaischen Urkunde. Auch sie wurden zuweilen durch die Bekanntschaft mit alter Philosophie bis zu heimlicher Spekulation über das Wesen der Gottheit geführt, auch fix standen sämtlich in geharnischter Opposition gegen die Verderbnisse der römischen Kirche, aber ihre Opposition hatte einige Momente, welche sie von der italienischen unterschied. Sie wurde durch deutsche Gesinnung geadelt. Zwar galt vielen humanistischen Schullehrern die deutsche Sprache für eine barbarische, sie latinisierten ihre Namen und nahmen sich die Freiheit, in vertraulichen Briefen ihre Landsleute ungehobelt zu nennen; aber sie, die Vertreter römischer Wissenschaft, waren die eifrigsten Hasser italienischer List und Unsittlichkeit und des despotischen Hochmutes, mit welchem der römische Priester auf ihr deutsches Volkstum blickte. Und sie selbst hörten nicht auf gute Christen zu sein. Während sie die einfältigen Pfaffen verhöhnten oder schalten, suchten sie sorgfältig aus dem Altertum Beispiele der Frömmigkeit, gottseliger Gesinnung und männlicher Tugend. Und neben den unaufhörlichen Angriffen auf die Laster der italienischen Geistlichkeit wagten sie auch zögernd, vorsichtig und gewissenhaft eine historische Kritik der Quellen, auf welche sich die Ansprüche des Papstes stützten. Ein herzliches Freundschaftsband schloß sie zu einer großen Gemeinde. Bösartig verfolgt von den Vertretern der alten Scholastik und ihren Verbündeten, den

„Romanisten und Kourtisanen“, gewannen sie auch Bundesgenossen überall, in den Bürgerhäusern der Reichsstädte, an den Fürstenhöfen, in der Nähe des Kaisers, sogar in Domkapiteln und auf Bischofsstühlen.

Aber freilich fand die Bildung der Humanisten in dem deutschen Leben selbst noch wenig Bürgschaften der Dauer, Zu fremd war die Grundlage ihrer Kultur den realen Bedürfnissen und dem Gemütsleben des Volkes, zu willkürlich und unklar die Ideale, welche sie für ihr Leben aus der antiken Welt geholt hatten, nicht günstig für die Entwickelung ihres Charakters war die immer noch dilettierende und phantastische Beschäftigung mit einer versunkenen Welt, deren realen Inhalt sie zu wenig kannten. Wie die Zeit kam, wo die ganze Nation für das, was ihr das Höchste war, in zwei feindliche Heerlager zerrissen wurde, wie es für die Gebildeten notwendig war, in solchem Kampfe Partei zu nehmen und das eigene Wollen in bestimmten Forderungen zu konzentrieren, wie die Glut männlicher Überzeugung wichtiger wurde als das souveräne Lächeln von freiem Standpunkt, da gelang der Mehrzahl nicht, sich rein und sicher zu erhalten. Einige zwar wurden Vorkämpfer in dem Glaubensstreit, andere aber, durch Unholdes und Beschränktes einer neuen Lehre verletzt, fielen zur alten Kirche zurück, die sie früher so strenge verurteilt hatten. Dem enthusiastischen und hochsinnigen Talent dieser Schule aber, Ulrich von Hütten, der am leidenschaftlichsten deutsch war und sich am leidenschaftlichsten an die Lehre Luthers anschloß, wurde seine Hingebung an die populäre Richtung zum tragischen Verhängnis.

Im Anfang des Jahrhunderts aber führten die Humanisten fast allein den Kampf gegen den feindseligen Druck, unter welchem die Nation stöhnte. Die Wetterwolken, welche sie in ihrer luftigen Region gegen die Feinde deutscher Selbständigkeit sammelten, sanken in zahllosen Tropfen befruchtend auf das Volk hernieder; selbst was sie lateinisch schrieben, ging der Menge nicht ganz verloren, die behaglichen Reimer der Städte wurden nicht müde, Witzworte und derbe Angriffe der Humanisten in der Form von Lehrsprüchen, Schwänken, Spielen auszubreiten.

In den lateinischen Schulen konnte man die geheimnisvollen Kenntnisse erwerben, welche den Besitzer aus der gedrückten, armen und freudeleeren Masse des Volkes hervorhoben. So wurde die Begierde gelehrt zu werden in der Seele des Volkes mächtig. Kinder und halbwüchsige Burschen liefen aus den entlegensten Tälern hinein in die unbekannte Welt, die Wissenschaft zu suchen. Wo eine lateinische Schule war, bei einem Stift oder im reichen Kirchspiel einer großen Stadt, dahin schlugen sich die Kinder des Volkes, oft unter den größten Leiden und Entbehrungen, verwildert und entsittlicht durch das mühevolle Wandern auf der Straße, wie durch die Unsicherheit ihres Lebens in dem Bereich der Schule. Denn die Stifter, welche die Schule eingerichtet hatten, oder die Bürgerschaften der Städte gaben solchen Fremden zwar zuweilen Obdach und Lager in besonderen Häusern, aber ihren Lebensunterhalt mußten diese zum grüßten Teil erbetteln.

Aus den Tausenden, welche sich zur lateinischen Schule drängten, gewann die steigende Bewegung gegen die Schäden der Kirche die eifrigsten Novizen. Mit unermüdlicher Rührigkeit trugen diese Kinder des Volkes Nachrichten und neue Ideen von Haus zu Haus. Viele von ihnen gelangten nicht bis auf die Universität, durch Privatunterricht, als Korrektoren bei Druckereien suchten sie sich zu erhalten. Die Mehrzahl der Stadt und später der Dorfschulen wurden mit solchen besetzt, welche den Virgil lasen und die bittere Laune des Klagebriefes de miseria plebanorum verstanden. So hoch stieg ihre Zahl, daß ihnen bald die Reformatoren den dringenden Rat gaben, noch spät ein Handwerk zu erlernen, um sich redlich zu ernähren. Und nicht wenige Zunftgenossen der deutschen Städte waren im Stande, die Bullen des Papstes mit Glossen zu versehen und ihren Mitbürgern zu übersetzen, auch subtile theologische Fragen wurden in den Trinkstuben mit Leidenschaft erörtert. Ungeheuer war der Einfluß, den solche Männer auf die kleinen Kreise des Volkes ausübten. Wenige Jahre daraus verwuchsen sie mit armen Studenten der Gottesgelehrtheit, welche sich als Prädicanten über alle Länder deutscher Zunge verbreiteten, zu einer großen Genossenschaft, und diese Demokraten der neuen Lehre waren es, welche in Volksschauspielen den Papst als Antichrist vorstellten, in den Heerhaufen der empörten Bauern Reden hielten, in gedruckten Reden, Volksliedern und groben Dialogen die alte Kirche befehdeten.

So bereiteten auch sie vor, was kommen sollte. Aber wie gut immerhin die Humanisten in ihrer Höhe bewiesen, daß die Kirche manche Stellen der heiligen Schrift falsch deute, und wie launig sie das Werkzeug der Ketzerrichter, den getauften Juden Pfefferkorn mit seinem hübschen Weiblein verspotteten, wie eifrig auch die kleinen Schullehrer unten im Volk Gespräche des Erasmus von Fasten und Fleischessen, von zwei Sterbenden und das Buch über Kinderzucht umhertrugen: – nicht ihre neue Wissenschaft allein hat Reformation und geistige Freiheit der Deutschen lebendig gemacht, tiefer liegen die Quellen dieses mächtigen Stromes, aus dem Grunde des deutschen Gemütes entspringen sie und durch geheimnisvollen Zug des Herzens werden sie an das Licht geführt, um zerstörend und befruchtend das Leben der Nation umzugestalten.

2. Seelenkämpfe eines Jünglings und sein Eintritt ins Kloster

So viel Schlechtigkeit war in der Welt, so schwer der Druck, der auf den Armen lastete, roh die Genußsucht, endlos die Begehrlichkeit bei Geistlichen und Laien. Hart war die Arbeit des Deutschen vom Morgen bis zum Abend, im Sommer und Winter, bald kam die Pest, bald Mißwuchs und Hunger; unverständlich war die Weltordnung und arm an Liebe das irdische Leben. Rettung aus dem Elend war nur bei Gott. Vor ihm war alles Irdische klein und nichtig, Kaiser und Papst, die Klugheit des Menschen eitel wie die Blüte des Feldes. Wenn er gnädig war, so konnte er den Menschen aus der Rot dieses Lebens retten und in ewiger Seligkeit entschädigen für das, was er hier geduldet.

Aber solche Gnade, wie war sie zu gewinnen? Welche Tugend des schwachen Menschen durfte hoffen, den unendlichen Schatz göttlicher Gunst zu erwerben? Der Mensch war verdammt seit Adam's Zeit, Gutes zu wollen und Schlechtes zu tun. Eitel war seine beste Tugend, die Erbsünde war sein Fluch und es war nicht sein Verdienst, wenn Gott ihm Gnade schenkte.

So rang damals angstvoll das Menschenherz. Aber aus den heiligen Urkunden der Schrift, die dem Volke wie eine dunkle Sage waren, klang von fern das Wort: Christus ist die Liebe. Die herrschende Kirche wußte wenig von solcher Liebe, in ihr stand Gott sehr fern von der Menschenseele, das Bild des Gekreuzigten war versteckt hinter zahllosen Heiligen und Seligen, und alle waren nötig, um Fürbitter zu sein vor dem zürnenden Gott. Und doch war es das heiße Bedürfnis deutscher Natur, sich im herzlichen Verhältnis zu empfinden mit dem Allmächtigen, unauslöschlich war die Sehnsucht, die Liebe Gottes zu gewinnen. Ja, wer büßte, wer mit heißem Gebet und ohne Aufhören nach der Liebe Gottes rang, für den war das Versenken, das Hingeben an Gott schon auf Erden das seligste Gefühl, und ihm wurde auch die Hoffnung der himmlischen Seligkeit. Aber solch innerliches und selbständiges Ringen nach der göttlichen Gnade lehrte die Hierarchie nicht mehr. Der Papst behauptete, er sei Verwalter der unerschöpflichen Verdienste Christi, und die Kirche lehrte, auch aus den Fürbitten der Heiligen für die sündige Menschheit sei ein unendlicher Schatz von guten Werken, Gebeten, Fasten und Bähungen zum Segen für Andere aufgesammelt, und all diese Schatze verwalte der Papst und davon könne er abgeben jedem, dem er wolle, ihn von seiner Sündhaftigkeit zu befreien. Und ebenso, wenn sich Gläubige zusammentun zu einer frommen Genossenschaft, dann kann der Papst auch solcher Bruderschaft die Gnade gewähren, daß die Verdienste der Heiligen und der Überschuß der frommen Kirchenwerke, Gebete, Messen, Wallfahrten, Bußübungen, Schenkungen von Einem auf den anderen übergehen.

So bildeten sich unter dem Schutz eines fürbittenden Heiligen die frommen Bruderschaften, in denen die Assoziation bewirken konnte, was dem schwachen Einzelnen unmöglich war. Ihre Zahl war groß, noch im Jahre 153N beklagt sich Luther, daß sie unzählbar seien. Wie roh und kläglich ihr Mechanismus war, möge ein Beispiel zeigen: die Bruderschaft der elftausend Jungfrauen, St. Ursula‘s Schifflein genannt, sei hier gewählt, weil Kurfürst Friedrich der Weise ein Mitstifter und Bruder war. Dieser Verein hatte nach seinem Statut an geistlichen Schätzen, welche den Brüdern zur Erwerbung der ewigen Seligkeit helfen sollten, aufgesammelt 6455 Messen, 3550 ganze Psalter, 200000 Rosenkränze, 200000 Te Deum laudamus,1600 Gloria in excelis Deo. Ferner 11000 Gebete für die Patronin St. Ursula und 63 mal 11000 Paternoster und Ave Maria. Ferner den zehntausend Rittern 50 mal 10000 Paternoster und Ave Maria u.u. Und die ganze erlösende Kraft dieses Schatzes kam den Mitgliedern der Bruderschaft zu gute. Viele geistliche Stiftungen und Privatpersonen hatten sich durch große Beiträge zum Gebetschatze besonderes Verdienst erworben. Bei der Erneuerung der Gesellschaft hatte Kurfürst Friedrich eine schöne silberne Ursula geschenkt. Ein Laie verdiente die Bruderschaft, wenn er in seinem Leben einmal 11000 Vaterunser und Ave Maria betete; betete er täglich 32, so erwarb er sie in einem Jahre, mit 16 in zwei Jahren, mit 8 in vier Jahren; wer durch Ehe, Geschäfte oder Krankheit verhindert wurde, diese Gebetmasse abzumachen, der konnte eintreten, wenn er für sich 11 Messen lesen ließ, u. s. w. Diese Bruderschaft aber war eine der besten, denn die Mitglieder hatten nicht nötig „Heller und Pfennig“ zu bezahlen, es sollte eine Bruderschaft der armen Leute sein, die nur durch Gebete sich gegenseitig in den Himmel bringen wollten. – Und doch muß man behaupten, daß die frommen Bruderschaften im Anfange des 16. Jahrhunderts noch das Gemütvollste waren, was die untergehende Kirche des Mittelalters dem Volk zu bieten hatte.

Dagegen war der Ablaß der faulste Fleck ihres siechen Leibes. Die Päpste als Bewahrer des aufgesammelten unendlichen Schatzes der Verdienste Christi verkauften die Anweisungen auf diesen Vorrat an die Gläubigen gegen Geld. Zwar war in der Kirche selbst die bessere Vorstellung nie ganz geschwunden, daß auch der Papst nicht die Sünden selbst vergeben könne, sondern nur die Bußübungen erlassen, welche die Kirche vorschrieb. Aber die solches lehrten, einzelne Männer der Universitäten und ehrliche Seelsorger einer Gemeinde, mochten sich vorsehen, ihre Lehre nicht bis zum offenen Widerspruch gegen das Geschäft der Ablaßkrämer zu steigern. Denn was galt den Päpsten des 15. Jahrhunderts die echte Lehre ihrer eigenen Kirche, ihnen, die in der Mehrzahl verruchte Bösewichter und ungläubige Heiden waren? Wehe dem, der zweifelte, daß die Päpste das

Recht hätten, ihn von Gott zu scheiden, für ihn die Tür des Himmels zu öffnen und zu verschließen. Geld war es, was sie endlos begehrten für Weiber und Buben, für ihre Kinder und Nepoten, für ihren fürstlichen Haushalt. Und es bestand eine fürchterliche Gemeinschaft des Interesses zwischen ihnen, den Bischöfen und der fanatischen Partei in den Bettelorden. Nichts hatte den Huß von Hussinetz so unerträglich gemacht, als der Kampf gegen den Ablaß; die Lehre von Buße und Gnade hatte den großen Wessel aus Paris in das Elend getrieben, und Ablaßmönche waren es, welche den Greis Johannes Vesalia im Klosterkerker zu Mainz sterben ließen, ihn, der zuerst das hohe Wort gesprochen: „Wozu soll ich glauben, was ich weiß?“ Es ist bekannt, wie der Ablaßhandel im Beginne des 16. Jahrhunderts in Deutschland überhandnahm, und wie frech die ruchlose Gaunerei betrieben wurde. Wenn Tetzel mit seinem Kasten in eine Stadt einzog, ritt er mit einem großen Gefolge von Mönchen und Pfaffen, ein wohlgenährter, hochmütiger Dominicaner; die Glocken wurden geläutet, Geistliche und Laien zogen ihm ehrfurchtsvoll entgegen und führten ihn nach der Kirche. Dort wurde im Schiff sein großes rotes Kreuz aufgerichtet mit der Dornenkrone und den Nagellöchern, und manchmal war dem gläubigen Volke vergönnt zu sehen, wie das rote Blut des Gekreuzigten am Kreuze in Bewegung kam. Neben dem Kreuze steckten Kirchenfahnen, darauf das Wappen des Papstes mit der dreifachen Krone, vor dem Kreuz stand der berüchtigte Kasten, stark mit Eisen beschlagen, daneben auf der einen Seite eine Kanzel, auf welcher der Mönch mit roher Beredsamkeit die Wundermacht seines Ablaßes auseinandersetzte und ein großes Pergament des Papstes mit vielen angehängten Siegeln vorzeigte, auf der andern Seite der Zahltisch mit Ablaßzetteln, Schreibzeug und Geldkörben, dort verkauften die geistlichen Gehilfen dem andrängenden Volke das ewige Heil.

Zahllos waren die Schäden der Kirche, gegen alle erhob sich das verletzte sittliche Gefühl der Deutschen, aber Kern der ganzen Bewegung war der Kampf gegen die Gnadenmittel, durch welche die Herzensbedürfnisse des deutschen Volkes so widerwärtig verhöhnt wurden. Und die große Arbeit der Reformatoren wird nur dann richtig verstanden, wenn man sie auffaßt als eine Reaktion des Herzens gegen Unwahrheit, Gemütslosigkeit und Frevel am Heiligsten.

Überall in Deutschland regte sich die Opposition. Aber noch war der Mann nicht gesunden, der allen Schmerz und alle Sehnsucht des Volkes in langjährigem inneren Kampfe durchfühlen sollte, um selbst zum Führer seiner Nation zu werden, die in ihm mit Begeisterung ihr eigenstes Wesen zu geschlossenem Charakter verkörpert sah. Erst vor zwei Jahren war er Lehrer der Physik und Dialektik an der neuen Universität Wittenberg geworden, und gerade jetzt lag er im Staub der römischen Ebene und schaute mit frommem Entzücken nach dem Rande des Horizontes, an dem sich die Türme der heiligen Stadt erhoben.

Unterdeß sind es die Empfindungen eines seiner Zeitgenossen, eines jungen lateinischen Schülers, aus denen wir zu erkennen suchen, was in der Seele des Volkes arbeitete.

Friedrich Mecum, lateinisch Myconius , war der Sohn ehrbarer Bürgersleute aus Lichtenfels in Oberfranken, geboren 1491. Mit dreizehn Jahren kam er auf die lateinische Schule der damals aufblühenden Bergstadt Annaberg, dort erlebte er, was hier mit seinen Worten erzählt wird, und ging im Jahre 1510 als neunzehnjähriger Jüngling in das Kloster. Als Franziskaner war er einer der ersten, eifrigsten und treuesten Anhänger der Wittenberger Professoren. Er trat aus dem Orden, wurde Prediger der neuen Kirche in Thüringen, endlich Pfarrherr und Superintendent zu Gotha, wo er die Reformation durchsetze und im Jahre 1546 starb. Zu Luther stand er in einem eigentümlichen Verhältnis. Er war nicht nur sein bescheidener und inniger Freund in vielen Beziehungen des Privatlebens, sondern in seinem Verhältnis zu Luther war bis zu seinem Tode eine Poesie, welche ihm das ganze Leben verklärte. In der verhängnisvollsten Zeit seiner

Jugend, sieben Jahre bevor Luther die Reformation begann, war ihm das Bild des großen Mannes im Traum erschienen und hatte die Zweifel seines aufgeregten Herzens beruhigt, und in der Verklärung des Traumes sah der treue, fromme Deutsche seinen großen Freund fortan zu jeder Stunde. Aber noch ein anderer Umstand macht die Person des Erzählers für uns interessant. Wie unähnlich der sanfte, sein organisierte Mann auch seinem trotzigen Freunde sein mag, in dem Jugendleben beider ist eine auffallende Ähnlichkeit. Und manches, was uns aus Luthers Jugend unbekannt geblieben ist, findet seine Erklärung in dem, was Myconius über seine eigene Jünglingszeit erzählt. Beide waren arme Schüler einer lateinischen Schule, beide wurden durch innere Kämpfe und jugendliche Schwärmerei in das Kloster getrieben, beide fanden dort nicht den Frieden, welchen sie leidenschaftlich suchten, sondern neue Zweifel, größere Kämpfe, Jahre der Qual, banger Ungewißheit. Für beide wurde der unverschämte Tetzel der Stein des Anstoßes, der ihr Gemüt empörte und die ganze Richtung und Tätigkeit ihres späteren Lebens bestimmte. Zuletzt starben beide in demselben Jahre, Myconius sieben Wochen nach Luther, nachdem er fünf Jahre vorher aus einer tödlichen Krankheit durch einen Beschwörungsbrief Luthers zu neuem Leben erweckt war . Friedrich Myconius hat außer Theologischem (er hat wenig drucken lassen) auch in deutscher Sprache eine Chronik seiner Zeit geschrieben, in welcher seine eigene Tätigkeit und die Zustände Gotha's am ausführlichsten behandelt sind. Wohlbekannt und öfter gedruckt ist der Traum, welchen er in der ersten Nacht nach seinem Eintritt in das Kloster hatte. Der Apostel Paulus, welcher darin als sein Führer auftrat, hatte, wie Myconius nach Jahren zu erkennen glaubte, Person, Gesicht und Stimme Luthers. Dieser lange Traum ist in lateinischer Sprache abgefaßt. Die einleitende Erzählung vor demselben aber ist in einem Manuskript der Herzogt. Bibliothek zu Gotha ((Chart,. L. no. 153) auch in einer gleichzeitigen deutschen Niederschrift erhalten. Nach dieser ist das Folgende getreu in unsre Redeweise übertragen, nur an wenigen Stellen verkürzt. „Johannes Tetzel von Pirna in Meißen, ein Dominikanermönch, war ein gewaltiger Ausschreier der Indulgenzien oder des Ablasses des römischen Papstes. Er verharrte mit diesem seinem Vorhaben zwei Jahre in der dazumal neuen Stadt Annaberg und betörte das Volk so sehr, daß sie alle glaubten, es Ware kein anderer Weg, Vergebung der Sünde und das ewige Leben zu erlangen, als die Genugtuung durch unsre Werke, von welcher Genugtuung er doch sagte, daß sie unmöglich wäre. Doch wäre noch ein einziger Weg übrig, nämlich wenn wir dieselbe um‘s Geld von dem römischen Papst erkauften, uns also kauften des Papstes Indulgenz, welche er nannte Vergebung der Sünden und einen gewissen Eingang in‘s ewige Leben. Hier konnte ich Wunder über Wunder und unglaubliche Dinge sagen, was für Predigten ich die zwei Jahre auf dem Annaberg von dem Tetzel gehört habe‘ denn ich hörte ihn ganz fleißig predigen, und er predigte alle Tage, ich konnte auch anderen seine Predigten nachsagen, mit allen Gebärden und Ausreden, nicht daß ich seiner Spott hatte, sondern es war mein großer Ernst. Denn ich hielt alles für oracula und göttliches Wort, dem man glauben müsse, und was vom Papst kam, das hielt ich als käme es von Christo selbst.

Zuletzt, um Pfingsten im Jahre Christi 1510, dräute er, er wollte das rote Krenz niederlegen und die Tür des Himmels zuschließen und die Sonne auslöschen, und es würde nimmermehr wieder dazu kommen, daß man um so ein geringes Geld Vergebung der Sünden und ewiges Leben erlangen könnte. Ja es wäre nicht zu hoffen, daß, so lange die Welt stehen würde, solche Mildigkeit des Papstes wieder hierher käme. Er vermahnte auch, daß jedermann wohl wahrnehmen sollte seiner eigenen Seele Seligkeit und die seiner verstorbenen und lebendigen Freunde. Denn jetzt sei vorhanden der Tag des Heils und die angenehme Zeit. Und er sprach: „Es versäume ja niemand seine eigene Seligkeit, denn wenn du nicht hast des Papstes Briefe, so kannst du von vielen Sünden und casibus reservatis durch keinen Menschen absolviert und losgesprochen werden." Es wurden öffentlich an die Türen und Mauern der Kirche gedruckte Briefe angeschlagen, darinnen geboten war, daß man, um dem deutschen Volk für seine Andacht ein Zeichen von Dank zu geben, hinfür zum Schluß die Ablaßbriefe und die vollkommene Gewalt nicht so teuer wie im Anfang verkaufen sollte, und am Ende des Briefes zu Unterst war dazu geschrieben: Pauperibus dentur gratis, den Armen, Unvermögenden soll man die Ablaßbriefe umsonst geben, ohne Geld um Gottes willen.

Da fing ich einen Handel an mit den Kommissarien dieses Ablaßkrames, aber fürwahr, es trieb und munterte mich hierzu auf der Heilige Geist, wiewohl ich selber zur Zeit nicht verstand, was ich tat.

Es hatte mich mein lieber Vater in meiner Kindheit gelehrt die zehn Gebote, das Vaterunser und den christlichen Glauben, und zwang mich, daß ich immer beten mußte. Denn, sagte er, wir hätten alles allein von Gott, gratis, umsonst, und er würde uns auch regieren und führen, wenn wir fleißig beteten. – Von den Indulgenzien und römischem Ablaß sagte er, es wären nur Netze, womit man den Einfältigen das Geld abfischte und aus dem Beutel nähme, und man könnte gewiß die Vergebung der Sünden und das ewige Leben mit Geld nicht kaufen und zu Wege bringen. Aber die Priester oder Pfaffen wurden zornig und schellig, wenn man solches sagte. Dieweil ich denn täglich m den Predigten nichts anderes hörte denn das große Lob des Ablaßes, blieb ich im Zweifel, wem ich mehr glauben sollte, meinem lieben Vater oder den Priestern als Lehrern der Kirche. Ich stand im Zweifel, aber doch glaubte ich mehr den Priestern als meines Vaters Unterricht. Aber das Einzige ließ ich nicht zu, daß die Vergebung der Sünde nicht könnte erlangt werden, außer wenn sie mit Geld erkauft würde, zumal von den Armen. Deshalb gefiel mir Wunderwohl die clausula am Ende von des Papstes Brief: Pauperibus gratis dentur propter Deum. Und als man in drei Tagen das Kreuz mit sonderlicher Herrlichkeit niederlegen und die Stufen und Leitern zum Himmel abhauen wollte trieb mich der Geist, daß ich zu den Kommissarien ging und sie um die Briefe von der Vergebung der Sünden bat „aus Gnade für die Armen". Ich gab auch an, ich wäre ein Sünder und arm und bedürfte der Vergebung der Sünden, die aus Gnaden geschähe. Am zweiten Tage um die Vesperzeit trat ich in Hans Pflock's Haus wo der Tetzel mit den Beichtvätern und Haufen von Priestern beisammen war, und habe sie mit lateinischer Sprache angeredet und gebeten, daß sie mir Armem, nach dem Befehl in des Papstes Brief, wollten gestatten zu bitten um die Absolution von allen meinen Sünden, umsonst und um Gottes willen, setiam nullo cuasu reservato, ohne Vorbehalt eines einzigen Falles, und darüber sollten sie mir literas testimoniales des Papstes oder schriftlich Zeugnis geben. Da haben sich die Priester verwundert über meine lateinische Rede, denn das war in dieser Zeit ein seltenes Ding, sonderlich bei den jungen Knaben, und gingen bald aus der Stube in die Kammer, die daneben war, zu dem Herrn Kommissar Tetzel. Sie zeigten ihm mein Begehr an und baten auch für mich, daß er mir umsonst die Ablaßbriefe geben möchte. Endlich nach langer Beratschlagung kommen sie wieder und bringen diese Antwort: „Lieber Sohn, wir haben deine Bitte dem Herrn Kommissario fleißig vorgetragen, und er bekennet, er wolle gern deine Bitte gewähren, aber er könne nicht, und wenn er gleich wollte so wäre doch die Koncession eine Nullität und nicht kräftig. Denn er hat uns angezeigt, daß klar in des Papstes Briefe stehe, daß die gewiß teilhaftig würden der reichmilden Indulgenzien und Schätze der Kirche und der Verdienste Christi, qui porrigerent manum adjutricem, die mit der Hand hülfen, das ist, die da Geld gäben." Und das sagten sie mir alles mit deutschen Worten, denn es war keiner unter ihnen, der mit einem drei lateinische Worte recht hätte reden können.

Dagegen aber habe ich auf's neue gebeten und habe aus

dem angeschlagenen Brief des Papstes bewiesen das der heilige Vater, der Papst, befohlen, man solle den Armen solche Briefe umsonst, um Gottes willen geben, und sonderlich weil dabei geschrieben wäre: ad mandatum domini Papae proprium, d. i. auf des Herrn Papst eigenen Befehl.

Da gehen sie wieder hinein und bitten den stolzen hochmütigen Mönch, er möchte mir doch meine Bitte gewähren und mich mit dem Ablaß von sich lassen denn ich wäre ein sinnreicher und beredter Jüngling und wert, daß man auf mich etwas Sonderliches vor anderen wendete. Aber sie kommen wieder heraus und bringen wieder die Antwort de manu auxiliatrice, von der helfenden Hand, die allein fähig wäre zum heiligen Ablaß. Ich aber bleibe fest und sage, daß sie mir Armem unrecht täten; den beide, Gott und der Papst, nicht ausschließen wollten von der Gnade, den verwürfen sie um etlicher weniger Pfennige willen, die ich nicht hätte. Da entsteht ein Streit, ich sollte doch etwas Geringes geben, damit es an der hilfreichen Hand nicht mangelte, ich sollte nur einen Groschen geben; ich sagte, ich hab‘ ihn nicht, ich bin arm. Zuletzt kam es darauf, ich sollte nur sechs Pfennige geben; da antwortete ich wieder, ich hätte auch nicht einen einzigen Pfennig. Sie redeten mir zu und sprachen miteinander. Endlich hörte ich, daß sie wegen zwei Dingen in Sorge waren, erstlich, man sollte mich im keinem Falle ohne Ablaßbrief weggehen lassen, denn dies könne ein von anderen angelegter Plan sein und möchte hernach ein böses Spiel daraus entstehen, dieweil in des Papstes Brief klar stünde, den Armen solle man es umsonst geben. Ferner aber, man müßte dennoch etwas von mir nehmen, damit nicht die anderen hörten, die Ablaßbriefe würden umsonst ausgegeben, und käme hernach der ganze Haus der Schüler und Bettler gelaufen und wollte es ein jeglicher umsonst haben. Darum hätten sie nicht sorgen brauchen, denn die armen Bettler suchten mehr das liebe Brot, um den Hunger zu vertreiben. Nachdem sie ihren Rat gehalten haben, kommen sie wieder zu mir und gibt mir einer sechs Pfennige, daß ich sie dem Kommissario geben sollte. Durch diesen Beitrag würde ich auch ein Aufbauer der Kirche St. Peter's in Rom, item ein Erwürger des Türken, und würde noch teilhaftig der Gnade Christi und der Indulgenzien, Aber da sagt' frei aus Anregung des Geistes: wenn ich Indulgenzien und Ablaß für Geld kaufen wollte so könnte ich wohl ein Buch verkaufen und sie um mein eigen Geld kaufen. Ich wollte sie aber umsonst, geschenkt haben, um Gottes willen, oder sie würden Rechenschaft vor Gott dafür geben, daß sie meiner Seele Seligkeit versäumt und verscherzt hätten, wegen sechs Pfennige; da doch beide, Gott und der Papst wollten, daß meine Seele teilhaftig werden sollte der Vergebung aller meiner Sünden, umsonst, aus Gnade. Dies sagte ich und wußte doch fürwahr nicht, wie es mit den Ablaßbriefen stünde.

Endlich nach langem Gespräch frugen mich die Priester, von wem ich daher geschickt sei und wer mich abgerichtet habe, solche Sachen mit ihnen zu verhandeln. Da habe ich ihnen die lautere klare Wahrheit gesagt, wie es war, daß ich von ganz und gar keinem Menschen vermahnt oder angetrieben oder durch Ratgeber dazu gebracht worden sei, sondern daß ich allein, ohne eines Menschen Rat, nur im Vertrauen und Zuversicht auf die gnädige, umsonst geschenkte Vergebung der Sünden, solche Bitte angestellt hätte, und ich hätte Zeit meines Lebens niemals mit solchen großen Leuten geredet oder etwas verhandelt. Denn ich war von Natur schamhaft, und wenn mich nicht der große Durst nach der Gnade Gottes gezwungen hätte, so hätte ich nicht so etwas Großes gewagt und mich nicht unter solche Leute gemengt und so etwas von ihnen gebeten. Da wurden mir abermals die Ablaßbriefe verheißen, aber doch so, daß ich sie um sechs Pfennige kaufte, und die sollten mir für meine Person umsonst geschenkt sein. Ich aber bin darauf beständig geblieben, daß mir die Ablaßbriefe von dem, der da Macht habe, sie zu schenken, sollten umsonst geschenkt werden; wo nicht, wollte ich die Sache dem lieben Gott befehlen und anheimstellen. Und also wurde ich von ihnen entlassen.

Die heiligen Diebe wurden gleichwohl traurig über diesen Handel, ich aber war zum Teil betrübt, daß ich keinen Ablaßbrief bekommen hatte, zum Teil freute ich mich auch, daß trotzdem noch einer im Himmel wäre, der da wollte ohne Geld und Darlehen die Sünde dem bußfertigen Sünder vergeben, nach dem Spruch, den ich oft in der Kirche gesungen hatte: So wahr ich lebe, spricht Gott, will ich nicht den Tod des Sünders, sondern daß er bekehrt werbe und lebe. Ach lieber Herr und Gott, du weißt, daß ich hier in dieser Sache nicht lüge oder etwas von mir erdichte.

Dabei war ich also bewegt, daß ich, indem ich heimging in meine Herberge, schier von Tränen zerflossen und zerschmolzen wäre. Also komme ich in meine Herberge, gehe in meine Kammer und nehme das Kruzifix, das immer auf dem Tischchen in meiner Studierkammer lag, und lege es auf die Bank und falle davor nieder auf die Erde. Ich kann es hier nicht beschreiben, aber damals habe ich können fühlen den Geist des Gebetes und der Gnade, den du, mein Herr und Gott, über mich ausgössest. Die Summa aber war diese: ich bat, daß du, lieber Gott, wollest mein Vater sein, du wollest mir die Sünde vergeben, ich ergebe mich dir ganz und gar, du möchtest jetzt aus mir machen was dir gefiele, und weil die Priester ohne Geld mir nicht wollten gnädig sein, daß du, mein gnädiger Gott und Vater sein wolltest.

Da empfand ich, daß mein ganzes Herz verwandelt war, ich hatte einen Verdruß über alle Dinge in der Welt und bauchte mich, ich wäre dieses Lebens ganz satt. Eins nur begehrte ich, nämlich Gott zu leben, daß ich ihm gefallen möchte. Aber wer war damals, der mich gelehrt hätte, wie ich mich dazu anstellen mußte? Denn das Wort, Leben und Licht der Menschen war durch die ganze Welt begraben in tiefster Finsternis der menschlichen Satzungen und der ganz närrischen „guten Werke“. Von Christo war es ganz stille, man wußte nichts von ihm, ober wenn seiner gedacht wurde, so ward er uns vorgestellt als ein grausamer, erschrecklicher Richter, welchen kaum seine Mutter und alle Heiligen im

Himmel mit blutigen Tränen versöhnen und gnädig machen könnten, doch so, daß er, Christus, den Menschen, der Buße Täte, für eine jede Todsünde sieben Jahre in die Pein des Fegefeuers hineinstieße. Es wäre die Pein des Fegefeuers von der höllischen Pein durch nichts unterschieden, als daß sie nicht sollte ewig währen. Mir aber brachte jetzt der Heilige Geist die Hoffnung, daß mir Gott würde gnädig sein.

Und jetzt fing ich an und beratschlagte etliche Tage bei mir, wie ich einen andern Stand meines Lebens anfangen möchte. Denn ich sah die Sünde der Welt und des ganzen menschlichen Geschlechts, ich sah meine vielfältige Sünde, die da sehr groß war. Ich hatte auch etwas gehört von der heimlichen großen Heiligkeit und von dem reinen unschuldigen Leben der Mönche, wie sie Gott Tag und Nacht dienten, wären abgesondert von allem bösen Leben der Welt und lebten gar nüchtern, fromm und keusch, hielten Messen, sängen Psalmen, fasteten und beteten immer zu. Ich hatte auch dies scheinbare Leben gesehen, ich wußte aber und verstand nicht, daß es die höchste Abgötterei und Heuchelei war. –

Darauf zeigte ich meinen Rat dem Präzeptor an, dem Magister Andreas Staffelstein, als dem obersten Regenten der Schule, der riet mir alsbald, ich sollte mich in das Franziskanerkloster begeben, dessen Neubau zu der Zeit angefangen war und damit ich nicht durch langen Verzug anders gesinnt würde, ging er alsbald selbst mit mir hin zu den Mönchen, lobte mein Ingenium und Kopf, rühmte, daß er mich allein gehabt unter seinen Schülern, von dem er guter Zuversicht sei, ich würde ein recht gottseliger Mensch werden.

Ich wollte aber mein Vorhaben auch meinen Eltern zuvor anzeigen und ihre Bedenken darüber hören, dieweil ich ein einziger Sohn war und Erbe meiner Eltern. Die Mönche aber lehrten mich aus dem Hieronymus: ich solle Vater und Mutter liegen lassen und nicht achten, und zu dem Kreuze Christi laufen. Sie zogen auch den Spruch Christi an: Keiner, der die Hand an den Pflug legt und zurücksieht, ist tüchtig zum Reich Gottes, Dies alles mußte drängen und gebieten, daß ich ein Mönch wurde. Ich will hier nicht reden von vielen Stricken und Banden, womit sie mein Gewissen banden und verknüpften. Denn sie sagten, ich könnte nimmermehr selig werden, wenn ich die von Gott angebotene Gnade nicht bald annehme und gebrauche. Darauf habe ich, der ich lieber hätte sterben wollen, als die Gnade Gottes und das ewige Leben entbehren, ihnen alsbald angelobt und zugesagt, daß ich in dreien Tagen wollte wieder in‘s Kloster kommen und das Jahr der Probierung anfangen, wie sie es im Kloster nennen, d. i. ich wollte ein frommer, andächtiger und gottesfürchtiger Mönch werden.

Im Jahre Christi 1510, den 14. Juli um zwei Uhr Nachmittag, bin ich in‘s Kloster eingetreten, begleitet von meinem Präzeptor und etlichen wenigen meiner Schulgesellen und etlichen gar andächtigen Matronen, denen ich zum Teil die Ursache angezeigt hatte, warum ich mich in den geistlichen Stand begebe. Und so hab‘ ich meine Begleiter in‘s Kloster gesegnet, welche alle mir mit Tränen Gottes Gnade und Segen wünschten. Und also ging ich in‘s Kloster. Lieber Gott, du weißt, daß dies alles wahr ist. Ich suchte nicht Müßiggang oder Versorgung des Bauchs, auch nicht den Schein großer Heiligkeit, sondern ich wollte dir gefallen, dir habe ich dienen wollen.

So tappte ich die Zeit in gar großer Finsternis.

3. Aus der Klausur in den Kampf

Das Wetter bricht los. Durch die ganze Nation zuckt es wie elektrisches Feuer, die Worte des Augustiners von Wittenberg dröhnen gleich Donnerschlägen, und jeder Schlag bezeichnet einen Fortschritt, einen Sieg. Noch jetzt, nach viertehalb hundert Jahren, zieht die ungeheure Bewegung der Nation mit unwiderstehlichem Zauber an. Niemals, so lange das deutsche Volk lebt, hat sein innerstes Wesen sich so rührend und großartig offenbart. Alle schönen Eigenschaften deutschen Gemüts und Charakters treten zu dieser Zeit in Blüte: Begeisterung, Hingebung, ein tiefer sittlicher Zorn, inniges Suchen des Höchsten und ernstliche Freude an systematischem Denken. Jeder Einzelne nahm Teil an dem Streit. Der reisende Händler focht am Nachtfeuer der Herberge für, oder gegen den Ablaß, der Landmann im entlegensten Tale hörte erstaunt von dem neuen Ketzer, dem sein geistlicher Vater jetzt bei jeder Predigt fluchte; der Sack des terminirenden Bettelmönchs blieb leer, nicht einmal die Frauen im Dorfe spendeten Käse und

Eier. Die kleine Literatur schwoll zu einem Meere, hundert Druckerpressen waren tätig, die zahlreichen Streitschriften, gelehrte und populäre, zu verbreiten. An jeder Pfarrkirche, in jedem Domkapitel zürnen die Parteien, überall erklären sich entschlossene Geistliche für die neue Lehre, die Schwächeren ringen in bangem Zweifel; die Klosterpforten werden geöffnet, bald stehen die Zellen leer. Jeder Monat bringt dem Volk Neues, Unerhörtes. Es ist kein Streit mehr zwischen Pfaffen, wie im Anfang Hütten verächtlich den Zwist der Wittenberg mit Tetzel genannt hatte; es ist ein Krieg geworden der Nation gegen die römische

Herrschaft und die Helfer derselben. Immer mächtiger erhebt sich die Gestalt Luthers vor den Augen seiner Zeitgenossen. Verbannt, verflucht, verfolgt von Papst und Kaiser, von Fürsten und hoher Geistlichkeit, wird er in vier Jahren der gefeierte Held des Volkes. Schon wird seine Reise nach Worms im Ton der heiligen Schrift beschrieben, und er von Übereifrigen mit den Blutzeugen des Neuen Testaments in Parallele gestellt . Aber auch die Gebildeten fühlen sich unwiderstehlich in den Kampf hineingerissen, sogar Erasmus lächelt noch Beifall und Hutten's Seele brennt hell auf für das Recht der neuen Lehre; nicht mehr lateinisch schreibt er: in deutscher Sprache, stürmischer und wilder als die Wittenberger, mit einem Feuer, das ihn selbst verzehrt, ficht der Ritter seine letzten Fehden für den Bauernsohn.

So tritt das Bild des Einen, in dem sich während eines halben Menschenalters das beste Leben seiner Nation konzentrierte, sehr nahe. Doch bevor wir versuchen, seine Seele zu verstehen, sei noch angedeutet. Wie seine Art auf unbefangene Zeitgenossen wirkte. Zuerst das Zeugnis eines nüchternen und klaren Geistes, der Luthern nie persönlich nahe trat, der auch später in einer Mittelstellung zwischen den Wittenberger und Schweizer Reformatoren Ursache genug hatte, mit Luthers Störrigkeit unzufrieden zu sein. Es ist ein Bruder aus dem alten Benedikterkloster Alpirsbach im wildesten Teile des Schwarzwaldes, Ambrosius Blaurer, geboren in Konstanz aus edlem Geschlecht, damals dreißig Jahre alt. Er hatte 1522 (8. Juli) den Konvent verlassen und war zu seiner Familie geflüchtet. Auf Antrag seines Abtes wurde vom Statthalter des Fürstentums Württemberg bei Bürgermeister und Rat von Konstanz seine Auslieferung in's Kloster gefordert. Blaurer ließ eine Verteidigung drucken, der das Folgende entnommen ist). Er wurde kurz darauf Prediger in Konstanz, Dichter geistlicher Lieder, nach der letzten Restauration Herzog Ulrich's einer der Reformatoren Württembergs, und starb in hohen Jahren und tatenmüde zu Winterthur als ein unsträflicher, würdiger, maßvoller Mann. Was er an Luther rühmt und tadelt, kann als die allgemeine Ansicht betrachtet werden, welche die ernsten Geister jener Jahre hatten.

„Ich rufe Gott und mein eigen Gewissen an zu bezeugen, daß mich kein Mutwille oder nichtiger Beweggrund aus dem Kloster getrieben und zu weichen gereizt hat, wie denn jetzt ein Gassengeschrei ist, Mönche und Nonnen liefen aus ihrem Orden, in Trotz gegen klösterliche Ruhe und Stille, um in fleischlicher Freiheit zu leben und ihrem Mutwillen und weltlichen Begierden Luft zu machen. Sondern was mich herausgetrieben hat, sind ehrenhafte, gewichtige, große Beschwerden und dringendes Mahnen meines Gewissens auf Grund und Anweisung des göttlichen Wortes. Und ich hoffe, daß alle Gelegenheit und Umstände meines Abganges nicht Leichtfertigkeit, Frevel oder irgend einen unziemlichen Vorsatz anzeigen‘ denn ich habe weder Kutte noch Kappe von mir gelegt, außer etliche Tage nach meinem Abgange zu meiner größeren Sicherheit, bis ich meine Zuflucht erreicht hatte; ich bin auch weder in Krieg noch mit einer hübschen Frau dahin gezogen, sondern habe mich unverzüglich, so schnell es mir nur möglich gewesen, zu meiner viel lieben Mutter und zu meinen Verwandten begeben, welche von unbezweifeltem christlichen Gemüt sind und bei der Stadt Konstanz in solcher Achtung der Ehrbarkeit stehen, daß sie mir zu keinem unbilligen Vornehmen raten oder helfen würden. – Dazu traue ich, daß mein bisheriges Leben und Wandel den Argwohn eines unziemlichen, mutwilligen Vornehmens leicht von mir abwenden wird. Denn obwohl ich mich vor Gott in nichts übernehme, darf ich mich doch vor den Menschen, weil es jetzt die Noch erfordert, wohl in dem Herrn rühmen, daß ich in dem Kloster, auf der Schule, hier und überall, wo ich gewesen bin, gute Meinung und Nachruf, viel Liebe und Gunst wegen meiner Ehrbarkeit bewahrt habe. Auch hat mir die Botschaft aus Württemberg vor euren Ohren das Lob selbst verliehen, daß in dem Kloster zu Alpirsbach meines Wesens und Wandels halber keine Klage oder Nachrede über mich sei, sondern ich hätte mich wohl und fromm gehalten, nur daß ich mich, wie sie sagen, um die verführerische und verdammte Lehre Martin Luthers zu viel gekümmert, die Schriften desselben gelesen, gehalten und gegen das Verbot des Abtes öffentlich in dem Konvent und meinen Laienpredigten gelehrt, und als mir auch das verboten wurde, dennoch heimlich und in den Winkeln in die Seelen etlicher Konventsherren gegossen habe. Mit solchem Lob meiner Väter und Mitbrüder bin ich ganz und gar content und wohlzufrieden, und will mich dieser einzigen Misse tat christlich und auf Grund des göttlichen Wortes wohl verantworten, und ich hoffe, meine Entschuldigung soll nicht allein mir, sondern auch etlichen anderen zur Abwendung eines falschen und ungegründeten Argwohns förderlich sein.

Als in den letztvergangenen Jahren die Schriften und Bücher Martini Luthers ausgingen und ruchbar wurden, sind sie auch mir zu Händen gekommen, ehe sie von geistlicher und weltlicher Obrigkeit verboten und verdammt wurden. Und wie andere neu gedruckte Schriften habe ich sie besehen und gelesen. Anfänglich ist mir solche Lehre etwas fremd und seltsam erschienen, auch unhold und im Widerspruche mit lang hergebrachter Theologia und kluger Lehre der Schule, auch mit etlichen Satzungen der päpstlichen geistlichen Rechte, und im Widerspruch mit alten und, wie mich damals bedünkte, löblichen, von unsern Voreltern auf uns erwachsenen Herkommen und Bräuchen. Da ich aber nichts desto weniger dabei deutlich merkte, daß dieser Mann allenthalben in seine Lehre einstreute helle, klare Sprüche der heiligen biblischen Schrift, nach welchen alle anderen menschlichen Lehren gerichtet, beurteilt, angenommen oder verworfen werden sollten, verwunderte ich mich sehr und wurde dadurch veranlaßt, solche Lehre nicht ein oder zweimal, sondern oft, fleißig und mit ernstem Aufmerken zu lesen, zu erwägen und gegen die evangelische Schrift zu halten, auf welche sie sich mehrmals beruft. Aber je langer und fleißiger ich dies tat, desto mehr verstand ich, wie dieser hochgelehrte, erleuchtete Mann mit so großer Würde die Heilige Schrift traktierte, wie so ganz rein und säuberlich er mit ihr umging, wie er sie so klug und zierlich allenthalben anzog, wie hübsch und künstlich er sie zusammen verglich und mit einander verschränkte, die dunkeln, schweren Texte durch Zuziehung anderer klarer, verständlicher Sprüche erläuterte und merklich machte, und ich sah, daß in seiner Behandlung der Schrift die größte Meisterschaft und die allerzuträglichste Hilfe zu einem recht gründlichen Verständnis ist, so daß auch ein jeder verständige Laie, der seine Bücher recht ansieht und fleißig liest, deutlich begreifen kann, daß diese Lehre eine ganz wahre, christliche, starke Grundwerte hat. Deshalb traf sie auch sehr mein Gemüt und ging mir tief zu Herzen, und es ist mir nach und nach der Nebel vieler alter Mißverständnisse von dem Gesicht gefallen. Denn diese Lehre wurde mir keineswegs verdächtig, wie die vieler anderer Schullehrer, die ich vormals gelesen habe, darum weil sie weder auf Herrschaft, Ruhm ober zeitlichen Genuß zielt, sondern uns allein den armen, verschmähten, gekreuzigten Christus darstellt, und uns ein reines, bescheidenes, ganz gelassenes und der Lehre Christi in allen Dingen gleichförmiges Leben lehrt, weshalb sie auch den geschwollenen, aufgeblasenen Doctoribus, die mehr ihre eigene Ehre und Ruhm als den Geist Gottes in der Schrift suchen, und den gewaltsüchtigen, vielpfründigen Pfaffen unleidlich und zu schwer ist. Deshalb will ich eher Leib und Leben und all' mein leibliches Vermögen verlieren, als mich davon abdrängen lassen, nicht um des Luther willen, dessen Person mir, abgesehen von seinen Schriften, fremd und unbekannt ist; auch er ist ein Mensch, und kann deshalb wie andere Menschen irren und fehlen; aber um des göttlichen Wortes willen, das er so hell und klar in sich trägt, mit so großem Sieg und Triumph aus freimütigem, unerschrockenem Geiste redet und erhellt. – Die Feinde wollen uns auch diesen Honig zumeist dadurch verbittern, daß Luther so sehr kitzelig, leicht gereizt, anfällig und bissig ist und seine Widersacher, namentlich die großen Fürsten und geistliche und weltliche Herren und so frevlem Mute antastet, schilt und lästert, und brüderlicher Liebe und christlicher Bescheidenheit so sehr vergißt. Darin hat er wahrlich auch mir oft mißfallen; ich möchte auch gar ungern jemanden anleiten, daß er es ihm darin gleich täte; ich habe aber nichts desto minder seine gute christliche Lehre darum nicht verwerfen und zurückweisen, auch seine Person in dem Punkt nicht verurteilen wollen, und zwar deshalb nicht, weil ich seinen Geist und das heimliche Urteil Gottes nicht durchschauen kann, das vielleicht durch diesen einzigen Mangel viele Leute von seiner Lehre abziehen wird. Und da er nicht seine eigene Sache, sondern das göttliche Wort verfechten will, darf ihm viel nachgesehen und alles als gotteseifriger Zorn ausgelegt werden. Hat doch auch Christus, der Brunnen und das Abbild aller Sanftmut, die verstockten, steinherzigen 45 Pharisäer oft vor allen anderen rauh angefahren, ihnen geflucht und sie falsche Gleißner, gemalte Totengräber, Hurenkinder, Blinde und Blindenführer, auch des Teufels Kinder genannt, wie die evangelische Historie anzeigt (Matth. 12. 15. 23. Joh. 8.). Vielleicht würde Luther manchem gern einen großen Titel beilegen, wenn er es mit Wahrheit tun könnte. Doch mag er meinen, es schicke sich nicht, daß er die Verfinsterten durchlauchtig, die reißenden Wölfe gute Hirten, die Ungnädigen gnädig nennen solle; denn ohne Zweifel, wenn ihm bisher Gott nicht gnädiger als sie gewesen, wäre seines Gebeins nicht mehr auf Erden. Doch wie dem allen sei, ich will es an diesem Ort nicht verteidigen. Das Spotten und Schelten wollen wir abweisen und den Ernst seiner tapferen christlichen Schriften zu unserer Besserung mit Dank annehmen.

Als ich nun auf meinem gegründeten Vornehmen freimütig allerwegen beharrte und mich durch kein menschliches Verbot davon abbringen lassen wollte wie ich ja als Christ nicht durfte, wuchs der Unwille meines Herrn von

Alpirsbach und etlicher seines Konvents immer mehr und heftiger wider mich, und das Schwert des Zornes Gottes fing an zu schneiden und Uneinigkeit zu machen zwischen den Brüdern. Zuletzt ward mir auf's höchste geboten, daß ich von meinem Vornehmen abstehen, auch zu den anderen des Konvents, die mir günstig und christlicher Lehre geneigt waren, dieser Sache wegen nicht sprechen sollte. Ferner sollte ich nicht predigen und im Konvent lesen, sondern allerwegen sein wie ein anderer Konventbruder. Ich wollte nicht widerstehen, sondern wollte solche Gewalt in christlicher Geduld gern leiden, doch mit dem Vorbehalt, daß ich mir für meine Person keineswegs wehren lasse, alles zu lesen und zu halten, was nach meinem Erkennen Heiliger Schrift gemäß und meinem Seelenheil förderlich sei. Ferner, daß ich anderen, die solches von mir begehren und bedürftig sein sollten, Lehre, Schriften, Bücher und brüderliche Unterweisung mitteilen wollte Denn so sei mir von Gott meinem Herrn geboten worden, und sein Geheiß wollte ich höher achten als allen andern menschlichen Gehorsam. Das aber ward mit großer Ungunst aufgenommen und unleidlicher Frevel genannt, der tägliche Unfrieden wurde gemehrt, die klösterliche Ruhe untergraben und zerrüttet. Der Eine sagte, er Wolle in dieser Ketzerschule nicht länger bleiben, ein Anderer, die Lutherischen müßten aus dem Kloster, oder er wolle hinaus; der Dritte wandte vor, das Gotteshaus müßte um meinetwillen üble Nachrede ertragen und zeitlichen Nachteil leiden, denn man wolle annehmen, sie wären alle meiner Meinung; der Vierte sprach von Schlagen, der Fünfte von sonst etwas, so daß ich die Sache nicht länger ertragen, auch ohne Verletzung meines Gewissens in solcher Zwietracht nicht weiter verharren wollte Deshalb hielt ich bei meinem Abt und Konvent ernstlich und mit höchstem Fleiß um einen gnädigen gutwilligen Urlaub an, ich wollte mich ein Jahr oder zwei ohne Kosten des Gotteshauses auf einer Schule oder anderswo erhalten, ob vielleicht unterdessen durch göttliches Einsehen die Ursache unserer Zwietracht zu friedlichem Ende käme, so daß wir in evangelischer Lehre vereinigt mit freundlicher, ganz brüderlicher Liebe wieder zusammenkämen.

Als mir aber auch dies von ihnen abgeschlagen wurde, bin ich wohlbedacht, nachdem ich vorher Rat gehalten hatte mit weisen, gelehrten, hochverständigen und gottesfürchtigen Herren und Freunden, selbst aus dem Kloster gewichen.“ – Soweit Ambrosius Blaurer.

Während Bruder Ambrosius aus dem Fenster seiner Klosterzelle noch sorgenvoll über die Fichten des Schwarzwaldes in das Freie sah, ritt ein Anderer aus dem Tore einer Fürstenburg am Thüringer Waldgebirge. Hinter ihm lag die finstere Drachenschlucht, vor ihm der lange Rücken des zauberhaften Hörselberges, worin eine Teufeln: saß; zu ihr hatte einst der Papst, der schlechte Sündenvergeber, den reuigen Tannhäuser zurückgetrieben. Aber der dürre Stab, den der Papst damals in den Boden gesteckt, war grün geworden über Nacht, Gott selbst hatte den Papst widerlegt. Der arme, reuige Mensch mit kindlichem Glauben bedarf den römischen Bischof nicht mehr, um Erbarmen und Gnade bei seinem himmlischen Vater zu finden. Der schlechte Papst aber soll hinabfahren in die Schlucht des alten Drachen.

Das Äußere des Mannes, der die Wartburg hinabritt gen Wittenberg, soll jetzt ein junger Student schildern, der mit einem Freunde aus der Schweiz nach Sachsen zog. Sein Bericht ist einer der bekanntesten aus jener Zeit, dennoch durfte er hier nicht fehlen. Er ist uns erhalten in: Johannes Keßler‘s Sabbata, Chronik der Jahre 1523–1539, herausgeg. von E. Götzinger.

Johannes Keßler, um 1502 von armen Bürgersleuten zu St. Gallen geboren, besuchte die dortige Klosterschule, studierte Theologie in Basel und zog im ersten Frühjahr 1522 mit einem Genossen nach Wittenberg, dort unter den Reformatoren weiter zu lernen. Im Winter 1523 kehrte er in seine Vaterstadt zurück, und da die neue Lehre dort noch keine Stätte hatte und er sehr arm war, entschloß auch er sich, ein Handwerk zu erlernen. Er wurde Sattler. Bald sammelte sich eine kleine Gemeinde um ihn, er lehrte, predigte, arbeitete in seiner Werkstatt und schrieb Bücher, wurde endlich Schullehrer, Bibliothekar, Schulrat. Er war eine anspruchslose, sanfte, reine Natur, mit einem Herzen voll Liebe und milder Wärme; an den theologischen Streitigkeiten seiner Zeit nahm er keinen Tätigen Anteil. Seine Erzählung beginnt:

„Da wir die Heilige Schrift zu studieren gen Wittenberg reisten, sind wir nach Jena im Land Thüringen weiß Gott! in einem wüsten Gewitter gekommen und nach vielen Umfragen in der Stadt um eine Herberge, wo wir über Nacht blieben, haben wir keine erhaschen noch erfragen können; überall ward uns Herberge abgeschlagen. Denn es war Fastnacht , wo man nicht viel Sorge für die Pilger und Fremdlinge trägt. Da haben wir uns aus der Stadt wieder herausgewandt, um weiter zu gehen, ob wir ein Dorf erreichten, wo man uns doch beherbergen wollte. Indem begegnete uns unter dem Tor ein ehrbarer Mann, sprach uns freundlich an und fragte, wo wir doch so spät hinwollten, da wir in keiner Nähe weder Haus noch Hof, wo man uns behielte, vor finsterer Nacht erreichen würden. Zudem sei es ein Weg leicht zu fehlen und sich zu verirren; deshalb wolle er uns raten allhier zubleiben. Wir antworteten: „Lieber Vater, wir sind bei allen Wirtshäusern gewesen, an die man uns hin und her gewiesen hat, allenthalben aber hat man uns abgewiesen und Herberge versagt, müssen also aus Not fürbaß ziehen.“ Da sprach er, ob wir auch im Wirtshaus zum schwarzen Bär gefragt hatten? Da sprachen wir: „Es ist uns nie vorgekommen; Lieber, sagt, wo finden wir dies?“ Da zeigte er‘s uns an, ein wenig vor der Stadt. Und als wir den schwarzen Bär sahen, siehe, wie uns vorher alle Wirte Herberge abgeschlagen hatten, so kam hier der Wirt unter die Tür, empfing uns und erbot sich selbst gutwillig uns zu beherbergen und führte uns in die Stube.

Dort fanden wir einen Mann allein am Tische sitzen und

vor ihm lag ein Büchel; er grüßte uns freundlich, hieß uns näher kommen und zu sich an den Tisch setzen. Denn unsre Schuhe waren – hier mit Verlaub zu schreiben – so voll Kot und Schmutz, daß wir aus Scham über die Kotflecken nicht fröhlich in die Stube eintreten konnten, und drückten uns heimlich bei der Tür auf ein Bänkli nieder. Da bot er uns zu trinken, was wir ihm nicht abschlagen konnten. Als wir so seine Freundlichkeit und Herzlichkeit vernahmen, setzten wir uns zu ihm, wie er geheißen, an seinen Tisch, ließen ein Maß Wein auftragen, damit wir der Ehre wegen wiederum auch ihm zu trinken böten. Wir vermeinten aber nicht anders, als es wäre ein Reiter, der nach Landsgewohnheit da saß, mit einem roten Lederkäppel, in Hosen und Wams, ohne Rüstung, ein Schwert an der Seite, die rechte Hand auf des Schwertes Knopf, mit der andern das Heft umfassend. (Seine Augen waren schwarz und tief, blitzend und funkelnd wie ein Stern, so baß sie nicht Wohl mochten angesehen werden.)

Bald fing er an zu fragen, von wannen wir gebürtig wären. Doch gab er sich selbst Antwort: „Ihr seid Schweizer. Woher seid ihr aus dem Schweizerland?“ Wir antworteten: „Von St. Gallen.“ – Da sprach er: „Wollt ihr von hier, wie ich höre, nach Wittenberg, so findet ihr dort gute Landsleute, nämlich Doktor Hieronymus Schürf und seinen Bruder Doktor Augustin.“

Wir fügten: „Wir haben Briefe an sie.“ Da fragten wir ihn wieder: „Mein Herr, wißt ihr uns nicht zu bescheiden, ob Martinus Luther jetzt zu Wittenberg oder an welchem Ort er sonst sei?“

Antwortete er: „Ich habe gewisse Kundschaft, daß der Luther jetzt gerade nicht zu Wittenberg; er wird aber bald dahin kommen. Philippus Melanchthon aber ist dort, er lehrt die griechische Sprache, so auch andere die hebräische lehren. In Treue will ich euch raten, beide zu studieren; denn sie sind vorher notwendig, um die Heilige Schrift zu verstehen.“ Sprachen wir: „Gott sei gelobt! Denn so Gott unser

Leben fristet, wollen wir nicht ablassen, bis wir den Mann sehen und hören; denn seinetwegen haben wir diese Fahrt unternommen, da wir vernahmen, daß er das Priestertum samt der Messe als einen ungegründeten Gottesdienst umstoßen will. Dieweil wir von Jugend auf von unsern Eltern dazu gezogen und bestimmt sind, Priester zu werden, wollen wir gern hören, was er uns für einen Unterricht geben wird und mit welchem Fug er solchen Vorsatz zu Wege bringen will."

Nach solchen Worten fragte er: „Wo habt ihr bis jetzt studiert?" – Antwort: „Zu Basel." – Da sagte er: „Wie steht es zu Basel? Ist Erasmus Rotterdamus noch daselbst? Was tut er?"

„Mein Herr," sprachen wir, „wir wissen nicht anders, als daß es wohl steht so ist auch Erasmus da, was er aber treibe, ist jedermann unbekannt und verborgen, da er sich gar still und heimlich verhält."

Diese Reden kamen uns gar fremd an dem Reiter vor, daß er von den beiden Schurs, von Philippo und Erasmo, desgleichen von der Erfordernis beider, der griechischen und hebräischen Zunge, zu reden wußte. Zudem sprach er dazwischen etliche lateinische Worte, so daß uns bedünken wollte er sei eine andere Person als ein gemeiner Reiter.

„Lieber," fragte er uns, „was hält man im Schweizer Land von dem Luther?"

„Mein Herr, es sind, wie allenthalben, mancherlei Meinungen. Manche können ihn nicht genugsam erheben und Gott danken, daß er seine Wahrheit durch ihn geoffenbart und die Irrtümer zu erkennen gegeben hat, manche aber verdammen ihn als einen unleidlichen Ketzer und vor anderen die Geistlichen."

Da sprach er: „Ich denke mir's wohl, es sind die Pfaffen." Unter solchem Gespräch ward er uns gar heimlich, so daß mein Gesell das Buchet, das vor ihm lag, aufhob und sperrte es auf. Es war ein hebräischer Psalter. Da legte er es schnell wieder hin, und der Reiter nahm es zu sich. Daraus kam uns noch mehr Zweifel, wer er sei. Und mein Gesell sprach: „Ich wollte einen Finger von der Hand hergeben, daß ich diese Sprache verstünde." Antwortete er: „Ihr werdet sie wohl begreifen, wenn ihr anders Fleiß anwendet; auch ich begehre sie weiter zu erlernen und übe mich täglich darin."

Unterdessen ging der Tag ganz hinunter und es wurde sehr dunkel, und der Wirt kam an den Tisch. Als er unser hoch Verlangen und Begierde nach dem M. Luther vernommen, sprach er: „Liebe Gesellen, wäret ihr vor zwei Tagen hier gewesen, so war' es euch gelungen; denn hier an dem Tisch hat er gesessen und" – er zeigte mit dem Finger – „an der Stelle." Das verdroß uns sehr und zürnten, daß wir uns versäumt hatten, ließen den Zorn an dem kotigen und schlechten Weg aus, der uns verhindert hatte. Doch sprachen wir: „Nun freuet uns doch, daß wir in dem Haus und au dem Tische sitzen, wo er saß." Darüber mußte der Wirt lachen und ging damit zur Tür hinaus.

Nach einer kleinen Weil ruft mich der Wirt vor die Stubentür hinaus, ich soll zu ihm kommen. Ich erschrak und bedachte, was ich Unschickliches getan, ober was mir ohne meine Schuld verargt würde.

Da sprach der Wirt zu mir: „Dieweil ich erkenne, daß ihr den Luther in Treue zu hören und zu sehen begehrt: – der ist's der bei euch sitzet."

Diese Worte nahm ich für Spott und sprach: „Ja, Herr Wirt, ihr wollt mich gern foppen und meine Begier durch des Luthers Trugbild ersättigen." Er antwortete: „Er ist es gewißlich. Doch tue nicht, als ob du ihn dafür haltest und erkennst." Ich ließ dem Wirt Recht, ich konnte es aber nicht glauben. Ich ging wieder in die Stube, setzte mich wieder zu dem Tisch, hätte es auch gern meinem Gesellen gesagt, was mir der Wirt eröffnet hatte. Endlich wandt' ich mich zu ihm und raunte heimlich: „Der Wirt hat mir gesagt, der sei der Luther." Er wollt' es auch, wie ich, nicht gleich glauben und sprach: „Er hat vielleicht gesagt, es sei der Hütten, und du hast ihn nicht recht verstanden." – Weil mich nun die Reiterkleidung und Gebärde mehr an den Hütten, denn an den Luther, als einen Mönch, gemahnten, ließ ich mich bereden, er hatte gesprochen: „es sei der Hütten," da die Anfänge beider Namen schier zusammenklingen. Was ich deshalb ferner redete, geschah so, als ob ich mit Herrn Huldrich ab Hütten, Ritter, redete.

Während alle dem kamen zwei von den Kaufleuten, die auch allda über Nacht bleiben wollten, und nachdem sie sich entkleidet und entspornt, legte einer neben sich ein uneingebundenes Buch. Da fragte Martinus, was das für ein Buch wäre; er sprach: „Es ist Doktor Luther's Auslegung etlicher Evangelien und Episteln, erst neu gedruckt und ausgegangen; habt ihr die nie gesehen?" Sprach Martiuus: „Sie werden mir auch bald zukommen." Da sprach der Wirt: „Nun verfügt euch zum Tisch, wir wollen essen;" wir aber sprachen und baten den Wirt, er möchte mit uns Nachsicht haben und uns etwas Besonderes geben. Da sprach der Wirt: „Liebe Gesellen, setzt euch zu den Herren an den Tisch, ich will euch geziemend halten." Da das Martinus hörte, sprach er: „Kommt herzu, ich will die Zehrung mit dem Wirt schon abmachen."

Unter dem Essen sprach Martinus viel gottselige, freundliche Reden, daß die Kaufleute und wir vor ihm verstummten, mehr auf seine Worte, als auf alle Speisen achteten. Unter diesen beklagte er sich mit einem Seufzer, wie gerade jetzt die Fürsten und Herren auf dem Reichstag zu Nürnberg wegen Gottes Wort, diesen schwebenden Händeln und der Beschwerung deutscher Nation versammelt waren, aber zu nichts mehr geneigt wären, als die kurze Zeit mit kostbarem Turnier, Schlittenfahrt, Unzucht, Hoffart und Hurerei zu verbringen, da doch Gottesfurcht und ernstliche Bitte zu Gott besser dazu helfen würde. „Aber das sind unsere christlichen Fürsten." Weiter sagte er, er sei der Hoffnung, daß die evangelische Wahrheit mehr Frucht bei unsern Kindern und Nachkommen bringen werde, die nicht von dem päpstlichen Irrtum vergiftet, sondern jetzt auf lautere Wahrheit und

Gottes Wort gepflanzt werden, als an den Eltern, in welchen die Irrtümer so eingewurzelt wären, daß sie nicht leicht ausgerottet werden könnten.

Darnach sagten die Kaufleute auch ihre gute Meinung, und sprach der ältere: „Ich bin ein einfältiger, schlichter Laie, versteh‘ mich auf die Handel nicht besonders, das sprech‘ ich aber: wie mir die Sach‘ erscheint, muß der Luther entweder ein Engel vom Himmel oder ein Teufel aus der Hölle sein. Ich habe Luft, noch zehn Gulden ihm zu Liebe aufzuwenden, damit ich ihm beichten kann, denn ich glaube, er würde und könnte mein Gewissen wohl unterrichten.“ Indem kam der Wirt neben uns und sprach heimlich: „Habt nicht Sorge um die Zehrung, Martinus hat das Nachtmahl für euch berichtigt.“ Das freute uns sehr, nicht wegen des Geldes und Genusses, sondern daß uns dieser Mann gastfrei gehalten hatte. Nach dem Nachtmahl stunden die Kaufmänner auf, gingen in den Stall, die Rosse zu versehen. Indes blieb Martinus allein bei uns in der Stube, da dankten wir ihm für seine Verehrung und Spende und ließen uns dabei merken, daß wir ihn für Huldrich ab Hütten hielten. Er aber sprach: „Ich bin es nicht.“

Dazu kam der Wirt, und Martinus sprach: „Ich bin diese Nacht zu einem Edelmann geworden, denn diese Schweizer halten mich für Huldrich ab Hütten.“ Sprach der Wirt: „Ihr seid es nicht, aber Martinus Luther.“ Da lächelte er mit solchem Scherz: „Die halten mich für den Hütten, ihr für den Luther, bald werde ich wohl gar Markolfus werden.“ Und nach solchem Gespräch nahm er ein hoch Bierglas und sprach nach des Landes Brauch: „Schweizer, trinken wir noch einen freundlichen Trunk zum Segen!“ – Und wie ich das Glas von ihm empfangen wollte, wechselte er das Glas, bot dafür ein Glas mit Wein und sprach: „Das Bier ist euch unheimisch und ungewohnt, trinket den Wein.“ Indem stand er auf, warf den Waffenrock auf seine Achsel und nahm Abschied. Er bot uns seine Hand und sprach: „So ihr nach Wittenberg kommt, grüßet mir den Dr. Hieronymus

Schurs." Sprachen wir: „Wir wollen das gerne tun, doch wie sollen wir euch nennen, daß er den Gruß von euch verstehe?" Sprach er: „Saget nichts weiter als: der kommen wird, läßt euch grüßen, – so versteht er die Worte sogleich." Also schied er von uns und ging zu seiner Ruhe.

Darnach kamen die Kaufmänner wieder in die Stube und hießen den Wirt ihnen noch einen Trunk auftragen, während welchem sie viel Unterredungen hielten des Gastes halber, der bei ihnen gesessen hätte, wer er doch wäre. Aber der Wirt ließ sich merken, er hielte ihn für den Luther, und sie, die Kaufleute, ließen sich bald bereden und bedauerten und kümmerten sich, daß sie so ungeschickt von ihm geredet hatten, und sprachen, sie wollten am Morgen um so früher aufstehn, ehe er wegritte, und wollten ihn bitten, er möge nicht auf sie zürnen noch im Arg daran denken, da sie seine Person nicht erkannt hätten. Dies ist geschehen und sie haben ihn am Morgen im Stall gefunden. Aber Martinus hat geantwortet: „Ihr habt zur Nacht beim Nachtmahl gesagt, ihr wollt zehn Gulden den wegen des Luthers ausgeben, um ihm zu beichten. Wenn ihr ihm einmal beichtet, werdet ihr wohl sehen und erfahren, ob ich der Martinus Luther sei." Weiter hat er sich nicht zu erkennen gegeben, ist darauf bald aufgesessen und auf Wittenberg zu geritten.

An demselben Tage sind wir aus Naumburg zu gezogen und wie wir in ein Dorf kommen – es liegt unten an einem Berge, ich vermeine, der Berg heißt Orlamunde und das Dorf Naßhaufen – dadurch fließt ein Wasser, das war vom übergroßen Regen ausgetreten und hatte die Brücke zum Teil hinweggeführt, daß keiner mit einem Pferd hinüberreiten konnte In demselbigen Dorf sind wir eingekehrt und haben durch Zufall die zwei Kaufmänner in der Herberge gefunden, welche uns daselbst um des Luthers willen auch bei sich gastfrei hielten.

Am Samstag darauf, den Tag vor dem ersten Sonntag in der Fasten sind wir bei dem Dr. Hieronymus Schurs eingekehrt, um unsere Briefe zu überantworten. Wie man uns in die Stube beruft, siehe, so finden wir den Reiter Martinus, ebenso wie zu Jena. Und bei ihm ist Philippus Melanchthon, Justus Jodocus Jonas, Nicolaus Amsdorf, Dr. Augustin Schurs, sie erzählen ihm, was sich während seiner Abwesenheit in Wittenberg ereignet hat. Er grüßt uns und lacht, zeigt mit dem Finger und spricht: „Dies ist der Philipp Melanchthon, von dem ich euch gesagt hab'." In der treuherzigen Darstellung Keßler's ist nichts merkwürdiger als die heitere Ruhe des gewaltigen Mannes, der unter Acht und Bann durch Thüringen ritt, im Herzen leidenschaftliche Sorge um die größte Gefahr, welche seiner Lehre drohte, um den Fanatismus seiner eigenen Parteigenossen.

4. Doktor Luther

Noch immer bedauern wohlmeinende Männer, daß große Schäden ihrer alten Kirche zu so großem Abfall geführt haben, auch der aufgeklärte Katholik sieht in Luther und Zwingli noch die eifrigen Ketzer, deren Zorn ein Schisma verschuldete Möge solche Ansicht in Deutschland schwinden. Alle Konfessionen haben Ursache, auf Luther zurückzuführen, was heut in ihrem Glauben innig, seelenvoll und segensreich für ihr Leben ist. Der Ketzer von Wittenberg ist Reformator der deutschen Katholiken gerade so sehr wie der Protestanten. Nicht nur deshalb, weil im Kampf gegen ihn auch die Lehrer der katholischen Kirche aus der alten Scholastik herauswuchsen und mit neuen Waffen, welche sie seiner Sprache, Bildung, sittlichen Tüchtigkeit entnommen hatten, für ihre Sakramente kämpften; auch nicht nur deshalb, weil er in der Tat die Kirche des Mittelalters in Trümmer schlug und Ursache wurde, daß seine Gegner zu Trient scheinbar ganz in den alten Formen und Maßen ein festeres Gebäude aufführten; sondern noch mehr deshalb, weil er dem gemeinsamen Grunde aller deutschen Bekenntnisse, unserer tapfern, frommen, ehrlichen Innerlichkeit so gewaltigen Ausdruck gegeben hat, daß in Lehre und Sprache, in bürgerlicher Ordnung und Sittlichkeit, in den gemütlichen Neigungen des Volkes, in Wissenschaft und Dichtkunst sehr viel von seinem Wesen übrig geblieben ist, woran wir alle noch jetzt Teil haben. Was der trotzige Streitkopf Luthers gegen Reformierte und Katholiken verfocht, davon ist Einzelnes durch die freie Erkenntnis der Gegenwart verurteilt worden. Seine Lehre, eine leidenschaftliche, hochgespannte, in erschütternden Kämpfen einer ehrfurchtsvollen

Seele abgerungene Lehre, traf in einigen wichtigen Punkten nicht das Rechte, zuweilen war er gegen seine Gegner herb, ungerecht, ja grausam; aber dergleichen soll keinen Deutschen mehr irren, denn alle Beschränktheiten seiner Natur und Bildung verschwinden gegen die Fülle von Segen, welcher aus seinem großen Herzen in das Leben seiner Nation eingeströmt ist.

Aber er hätte doch nicht abfallen sollen, seine Tat hat Deutschland in zwei Heerlager geteilt, unter wechselndem Schlachtgeschrei tobt der alte Streit bis in unsere Tage. Die so meinen, mögen mit gleichem Recht behaupten, daß jener heilige, geheimnisvolle Abfall vom Judentum nicht nötig gewesen sei; warum besserten die Apostel nicht das ehrwürdige Hohepriestertum von Zion? Sie mögen behaupten, daß der Engländer Hampden besser getan hätte, das Schiffsgeld zu zahlen und die Stuarte friedlich zu belehren, daß Oranien frevelte, als er nicht wie Egmont Kopf und Degen in Alba's Hände legte, daß Washington ein Verräter war, weil er sich und sein Heer nicht den Engländern überlieferte, sie mögen jedes große Neue in Lehre und Leben, das je im Kampfe gegen Altes hervorgebrochen, als eine Missetat verdammen.

Wenig Sterblichen war eine gleich große Wirkung auf Zeitgenossen und Nachwelt vergönnt. Aber wie jedes große Menschenleben macht auch das Leben Luthers den Eindruck einer erschütternden Tragödie, sobald man die Hauptmomente desselben zusammendrängt. Dreigeteilt erscheint es uns, wie die Laufbahn aller geschichtlichen Helden, denen das Schicksal ward, sich auszuleben. Im Anfange bildet sich die Persönlichkeit des Mannes, mächtig beherrscht von dem Zwange der umgebenden Welt. Auch unvereinbare Gegensätze sucht sie zu verarbeiten, aber in dem Innersten der Menschennatur erhärten sich allmählich Gedanken und Überzeugungen zum Willen, eine Tat bricht hervor, der Eine tritt in den Kampf mit der Welt. Darauf folgt eine andere Zeit kräftiger Action, schneller Fortbildung, großer Siege. Immer größer wird die Einwirkung des Einen auf die

Vielen, mächtig zieht er die ganze Nation in seine Bahnen, er wird ihr Held, ihr Vorbild, die Lebenskraft von Millionen erscheint zusammengefaßt in einen Mann. Aber solche Herrschaft einer einzelnen geschlossenen Persönlichkeit erträgt der Geist der Nation nicht lange. Wie stark eine Kraft, wie groß die Zielpunkte seien, Leben, Kraft und Bedürfnisse der Nation sind vielseitiger. Der ewige Gegensatz zwischen Mann und Volk wird sichtbar, auch die Seele des Volkes ist endlich und vor dem Ewigen eine Persönlichkeit, aber dem Einzelnen gegenüber erscheint sie schrankenlos. Den Mann zwingt die logische Konsequenz seiner Gedanken und Handlungen, alle Geister seiner eigenen Taten zwingen ihn in eine fest eingehegte Bahn, die Seele des Volkes bedarf zu ihrem Leben unvereinbare Gegensätze, ein unablässiges Arbeiten nach den verschiedensten Richtungen. Vieles, was der Einzelne nicht in seinem Wesen aufzunehmen vermochte, erhebt sich zum Streit gegen ihn. Die Reaktion der Welt beginnt. Zuerst schwach von mehreren Seiten, in verschiedener Tendenz, mit geringer Berechtigung, dann immer stärker, immer siegreicher. Zuletzt beschränkt sich der geistige Inhalt des einzelnen Lebens in seiner Schule, es kristallisiert zu einem einzelnen Bildungselement des Volkes. Immer ist der letzte Teil eines großen Lebens erfüllt mit einer heimlichen Resignation, mit Bitterkeit und stillem Leiden.

So auch bei Luther. Von diesen Perioden aber reichte die erste bis zu dem Tage, an welchem er die Thesis anschlug, die zweite bis zur Rückkehr von der Wartburg, die dritte bis zu seinem Tode und zum Beginne des schmalkландischen Krieges. Es ist hier nicht die Absicht, sein ganzes Leben zu beschreiben, nur wie er wurde und was er uns war, soll kurz gesagt werden. Manches an ihm erscheint fremd und unhold, so lange man ihn aus der Ferne betrachtet, aber dieses Menschenbild hat die merkwürdige Eigenschaft, immer größer und liebenswerter zu werden, je näher man herantritt. Und es würde auch einen guten Biographen mit Bewunderung, Rührung und einiger guter Laune erfüllen vom Anfang bis zum Ende.

Aus dem großen Quell aller Volkskraft, aus dem freien Bauernstände kam Luther herauf. Sein Vater zog von Möhra, einem Waldort des thüringischen Gebirges, wo seine Sippe die halbe Umgegend füllte , zu Bergmannsarbeit nordwärts in das Mansfeldische.

Der Vater war von kurz gedrungener Kraft, fest im Entschluß, begabt mit einem ungewöhnlichen Maß klugen Menschenverstandes, und arbeitete sich nach hartem Kampfe zu einiger Wohlhabenheit durch. In seinem Hause hielt er strenge Zucht, noch in späten Jahren dachte Luther mit Wehmut an die harten Strafen, die er als Knabe erlitten, und an den Schmerz, den sie seinem weichen Kinderherzen gemacht. Der alte Hans Luther hatte doch bis zu seinem Tode im Jahre 1530 Einfluß auf das Leben des Sohnes. Als sein Martin mit 22 Jahren heimlich in das Kloster gegangen war, zürnte er heftig, er hatte damals schon daran gedacht, den Sohn durch gute Heirat zu versorgen. Und als es endlich Freunden gelang, den empörten Vater zur Versöhnung zu bringen, als er dem flehenden Sohne wieder gegenüber trat und dieser gestand, daß eine furchtbare Erscheinung ihn zum stillen Gelübde des Klosters getrieben habe, warf ihm der Vater die bekümmerten Worte entgegen: „Gott gebe, daß es nicht ein Betrug und teuflisch Gespenst war.“ Und noch mehr erschütterte er das Herz des Mönches durch die zürnende Frage: „Du glaubtest einem Gebot Gottes zu gehorchen, als du in das Kloster gingst, hast du nicht auch gehört, daß man den Eltern gehorsam sein soll?“ Tief stach dies Wort in den Sohn. Und als er viele Jahre darauf auf der Wartburg saß, aus der Kirche gestoßen, vom Kaiser geächtet, da schrieb er an seinen Vater die rührenden Worte: „Willst Du mich noch aus der Möncherei reißen? Du bist noch mein Vater, ich noch dein Sohn, auf deiner Seite steht göttliches Gebot und Gewalt, auf meiner Seite steht menschlicher Frevel. Und sieh, damit du dich vor Gott nicht rühmst, ist er dir zuvorgekommen, er selbst hat mich herausgenommen.“ Von da ab war dem Alten, als wäre ihm sein Sohn wieder geschenkt. Der alte Hans hatte einst seine Rechnung auf einen Enkel gemacht, für den er arbeiten wollte; auf den Gedanken kam er starrköpfig zurück, unbekümmert um die übrige Welt. Und bald mahnte er den Sohn eifrig zur Ehe, und es war nicht am wenigsten sein Zureden, dem Luther nachgab. Und als der Vater hoch an Jahren, zuletzt Ratsherr von Mansfeld, in den letzten Zügen lag, und der Geistliche sich über ihn neigte und den Scheidenden frug, ob er auch sterben wolle im gereinigten Glauben an Christum und das heilige Evangelium, da raffte der alte Hans sich noch einmal kräftig zusammen und sprach kurzab: „Ein Schelm , der nicht dran glaubt.“ Wenn Luther später dies erzählte, setzte er bewundernd hinzu: „Ja, das war ein Mann aus der alten Zeit.“ Der Sohn aber erhielt die Nachricht vom Tode des Vaters auf der Feste Koburg. Als er den Brief ansah, dem seine Frau das Bild seiner jüngsten Tochter Magdalena beigelegt hatte, sagte er seinem Gefährten nur die Worte: „Wohlan, mein Vater ist auch tot,“ stand auf, ergriff seinen Psalter, ging in seine Kammer, betete und weinte so sehr, daß ihm, wie der treue Veit Dietrich schrieb, der Kopf am andern Tage ungeschickt war, und kam mit gefaßter Seele wieder hervor. Und an demselben Tage schrieb er in tiefer Rührung an Melanchthon von der herzlichen Liebe des Vaters und von dem innigen Verkehr mit ihm. „Nie habe ich den Tod so sehr verachtet als heut; so oft sterben wir, bevor wir einmal sterben. Jetzt bin ich Senior in meinem Geschlecht, und ich habe das Recht ihm nachzufolgen,“

Von solchem Vater bekam der Sohn für das Leben mit, was Grundzug seines Wesens geblieben ist, die beharrlichen Willen, treuherziges Zutrauen und doch umsichtige Behandlung der Menschen und Geschäfte. Rauh war sein Kinderleben, viel Herbes hat er in der lateinischen Schule und als Chorsänger erfahren, aber auch Wohlwollen und Liebe, und ihm blieb, was in den kleinen Kreisen des Lebens leichter bewahrt wird, ein Herz voll Glauben an die Güte menschlicher Natur und voll Ehrfurcht vor allem Großen dieser Erde.

Auf der Universität Erfurt vermochte der Vater ihn schon reichlicher zu unterstützen, er fühlte sich in Jugendkraft und war ein fröhlicher Kamerad bei Saitenspiel und Gesang, von seinem jüngeren Leben in jener Zeit wissen wir wenig, nur daß der Tod ihm nahe trat, und daß er bei einem Gewitter mit „erschrecklicher Erscheinung vom Himmel gerufen wurde“. In Angst des Todes gelobte er in ein Kloster zu gehen, schnell und verstohlen führte er seinen Entschluß aus. Von da beginnen unsere Nachrichten über seinen Seelenzustand. Zerfallen mit seinem Vater, voll Schrecken vor einer unverständlichen Ewigkeit, gescheucht durch den Zorn Gottes, begann er in krampfhafter Anstrengung ein Leben der Entsagung, der Devotion und Buße. Er fand keinen Frieden. Alle höchsten Fragen des Lebens stürmten mit einer furchtbaren Gewalt auf seine haltlose abgeschiedene Seele. Merkwürdig stark und leidenschaftlich war bei ihm das Bedürfnis, sich im Einklang zu fühlen mit Gott und der Welt, der Glaube gab ihm nur Unverständliches, Bitteres und Abstoßendes. Seiner Natur waren die Rätsel der sittlichen Weltordnung am wichtigsten. Daß der Gute geplagt, der Böse glücklich sei, daß Gott das Menschengeschlecht verdammte mit dem ungeheuren Fluch der Sünde, weil ein unerfahrenes Weib in einen Apfel gebissen, und daß wieder derselbe Gott unsre Sünden mit Liebe, Nachsicht und Geduld trage; daß Christus einmal ehrbare Leute mit Härte von sich wies, ein andern Mal Huren, Zöllner, Mörder annahm, – „menschliche Vernunft mit ihrer Weisheit wird darüber zur Närrin.“ Dann klagte er wohl seinem Gewissensrat Staupitz: „Lieber Herr Doktor, unser Herrgott geht ja so gräulich mit den Leuten um, wer kann ihm dienen, wenn er so um sich schlägt;“ aber wenn ihm die Antwort ward: „Wie könnte er sonst die harten Köpfe dämpfen?“ so konnte dies verständige Argument den Jüngling nicht trösten. In dem heißen Drange, den unverständlichen Gott zu finden, prüfte er selbstquälerisch alle seine Gedanken und Träume. Jeder irdische Gedanke, alle Wallungen des Jugendblutes wurden ihm ein abscheuliches Unrecht, er fing an über sich selbst zu verzweifeln, rang in endlosem Gebete, fastete, kasteite sich. Einmal mußten die Brüder seine Zelle aufbrechen, in der er tagelang in einem Zustand gelegen hatte, der von Wahnsinn nicht weit entfernt war. Mit warmer Teilnahme sah Staupitz auf solche erschütternde Qualen und suchte ihn wohl durch derben Trost zur Ruhe zu bringen. Einmal als ihm Luther geschrieben hatte: „O meine Sünde, Sünde, Sünde!“ gab der Gewissensrat zur Antwort: „Du willst ohne Sünde sein, und hast doch keine rechte Sünde, Christus ist die Vergebung rechtschaffener Sünden, als: die Eltern ermorden, u.s. w. Soll dir Christus helfen, so mußt du ein Register haben, worin die rechtschaffenen Sünden stehen, und mußt ihm nicht mit solchem Trödelwerk und Puppensünden kommen und aus jedem Bombart eine Sünde machen,“ Es wurde entscheidend für das ganze Leben Luthers, wie er sich allmählich aus solcher Verzweiflung erhob. Der Gott, welchem er diente, war damals ein Gott des Schreckens, sein Zorn war nur zu stille« durch die Gnadenmittel, welche die alte Kirche angab, zunächst durch fortwährende Beichte, für welche es endlose Vorschriften und Formeln gab, welche dem Gemüt leer und frostig schienen. Durch vorgeschriebene Tätigkeit und die Übung der sogenannten guten Werke war dem Jüngling nicht das Gefühl wirklicher Versöhnung und innerer Friede gekommen. Da endlich traf ihn ein Wort seines geistlichen Ratgebers wie ein Pfeil. „Nur das ist wahre Buße, die mit der Liebe zu Gott anfangt. Liebe zu Gott und innere Erhebung ist nicht die Folge der Gnadenmittel, welche die Kirche lehrt, sie muß ihnen vorausgehen.“ Diese Lehre aus Tauler‘s Schule wurde dem Jüngling die Grundlage für ein neues gemütliches und sittliches Verhältnis zu Gott. Sie war ihm ein heiliger Fund. Die Umwandlung des eigenen Gemüts war die Hauptsache. Dafür hatte er zu arbeiten, aus dem Innern jedes Menschenherzens mußte Reue, Buße, Versöhnung kommen. Er selbst, jeder Mensch konnte sich allein zu Gott erheben. Erst jetzt ahnte er, was freies

Gebet sei. An die Stelle der entfernten göttlichen Macht, die er bis dahin in hundert Formeln und kindischem Beichten vergebens gesucht hatte, trat ihm jetzt das Bild eines allliebenden Schützers, zu dem er selbst jede Stunde freudig und in Tränen sprechen konnte, dem er alles Leid, jeden Zweifel klagen durfte, der einen unablässigen Anteil an ihm nahm, für ihn sorgte, seine herzlichen Bitten gewährte oder abschlug, er selbst herzlich wie ein guter Vater. So lernte er beten, und wie feurig wurde sein Gebet! Jetzt lebte er in der Stille mit seinem lieben Gott zusammen, den er endlich gefunden hatte, täglich, stündlich; der Verkehr mit dem Höchsten wurde ihm vertrauter als mit den liebsten Wesen dieser Erde. Wenn er seine ganze Seele vor ihm hingegossen hatte, dann kam ihm Ruhe und ein heiliger Frieden, ein Gefühl von unaussprechlicher Lieblichkeit, er empfand sich als einen Teil Gottes. Und dies Verhältnis blieb ihm von da ab sein ganzes Leben lang. Jetzt bedurfte er nicht mehr die weiten Außenpfade der alten Kirche, er konnte mit seinem Gott im Herzen der ganzen Welt trotzen. Schon wagte er zu glauben, jene lehrten falsch, die so großes Gewicht auf die Werke der Buße legten, daß außer diesen nur eine kalte Genugtuung und eine umständliche Beichte übrig bleibt. Und als er später durch Melanchthon erfuhr, daß das griechische Schriftwort für Pönitenz: „Metanoia“ schon sprachlich die Umwandlung des Gemüts bedeute, erschien ihm das als eine wundervolle Offenbarung. Auf diesem Grunde wurzelt die gläubige Sicherheit, mit welcher er die Worte der Schrift den Vorschriften der Kirche gegenüberstellt.

Auf solchem Wege arbeitete sich Luther im Kloster allmählich zu innerer Freiheit durch. Seine ganze spätere Lehre, der Kampf gegen den Ablaß, seine unerschütterliche Festigkeit, seine Methode der Schrifterklärung beruhen auf dem inneren Prozeß, durch den er als Mönch seinen Gott gefunden hat. Und man darf wohl sagen, mit Luthers Klostergebeten begann die neue Zeit der deutschen Geschichte. Bald sollte ihn das Leben unter seinen Hammer nehmen, das reine Metall seiner Seele zu härten.

Ungern nahm Luther 1508 die Professur der Dialektik an der neuen Universität zu Wittenberg an, er hätte lieber die Theologie gelehrt, die er schon damals für die wahre hielt. Es ist bekannt, daß er 1510 in Ordensgeschäften nach Rom ging, wie devot und fromm er in der heiligen Stadt verweilte und welches Entsetzen ihm das heidnische Wesen der Romanen, die Sittenverderbnis und Verweltlichung der Geistlichen einflößte. Dort war es, wo dem Messelesenden die Andacht durch ruchlose Scherze gestört wurde, die ihm seine römischen Ordensbrüder zuriefen. Er hat die teuflischen Worte nicht vergessen, so lange er lebte. Aber wie tief ihn das Verderben der Hierarchie erschütterte, sie umschloß doch auch sein ganzes Hoffen, außer ihr gab es keinen Gott und keine Seligkeit. Die erhabene Idee der katholischen Kirche und ihre fünfzehnhundertjahrigen Siege fesselten den Sinn auch der Stärksten, Und als er im römischen Priesterkleide mit Lebensgefahr die Trümmer des alten Roms betrachtete und erstaunt vor den riesigen Säulen der Tempel stand, welche der Sage nach einst die Goten zerbrochen hatten, da ahnte der streitbare Mann aus den Bergen der alten Hermunduren noch wenig, daß sein eigenes Schicksal sein werde, die Tempel des mittelalterlichen Roms zu zerschlagen, gründlicher, grimmiger, großartiger, als in der Vorzeit die Vettern seiner Ahnen getan . Noch kam Luther aus Rom zurück als getreuer Sohn der großen Mutter, alles Ketzerwesen, z. B. der Böhmen, war ihm verhaßt. Warmen Anteil nahm er nach seiner Heimkehr an dem Streit Reuchlin's gegen die Kölner Ketzerrichter, und um 1512 steht er auf Seite der Humanisten. Aber schon damals empfand er, daß ihn etwas von dieser Bildung trenne. Als er einige Jahre später in Gotha war, besuchte er den würdigen Mutianus Rufus nicht, obgleich er ihm einen sehr artigen Entschuldigungsbrief schrieb. Und bald darauf verletzte ihn in den Dialogen des Erasmus die innere Kälte und der weltliche Ton, in welchem die theologischen Sünder bespottet wurden. Die profane Weltlichkeit der Humanisten wurde der glaubensfrohen Seele Luthers nie recht heimelig, und der Stolz, mit dem er später in einem Briefe, der versöhnlich sein sollte, den empfindlichen Erasmus verletzte, lag wohl schon damals in seiner Seele. Auch die Formen der literarischen Bescheidenheit Luthers machen in dieser Zeit den Eindruck, daß sie durch den Zwang christlicher Demut einem festen Gemüt abgedrungen wird. Denn in seinem Glauben fühlte er sich sicher und groß; schon 1516 schrieb er an Spalatin, der die Verbindung zwischen ihm und dem Kurfürsten Friedrich dem Weisen darstellte: der Kurfürst sei in Dingen dieser Welt der allerklügste Mann, aber wo es sich um Gott und das Seelenheil handle, sei er mit siebenfacher Blindheit geschlagen. Und Luther hatte Grund zu dieser Äußerung, denn der hausväterliche Sinn dieses maßvollen Fürsten erwies sich auch dadurch, daß er die Gnadenmittel der Kirche mit kluger Sorgfalt einzuheimsen bemüht war. Unter Anderem hatte er besondere Liebhaberei für Reliquien, und gerade damals war Staupitz, Vikar der Augustiner-Eremiten von Sachsen, am Rhein und anderswo tätig, dem Kurfürsten Reliquienschätze zusammenzubringen. Für Luther wurde diese Abwesenheit seines Vorgesetzten wichtig, denn er hatte seine Stelle zu vertreten. Er wurde ein mächtiger Mann in seinem Orden; obgleich Professor – seit 1512 der Theologie – wohnte er doch in seinem Kloster zu Wittenberg und trug in der Regel seine Mönchskutte. Jetzt visitierte er in den dreißig Klöstern seiner Kongregation, setzte Priore ab, erließ strengen Tadel gegen schlechte Disziplin, und mahnte zur Strenge gegen gefallene Mönche. Von der gläubigen Einfalt des Klosterbruders war ihm aber noch etwas geblieben.

Denn in solchem Sinne schrieb er am 31. Oktober 1517, als er die Thesen gegen Tetzel an der Kirchentür angeheftet hatte, vertrauend und mit deutscher Ehrlichkeit au den Protektor des Ablaßkrämers, den Erzbischof Albrecht von Mainz, voll von dem guten Volksglauben an den Verstand und guten Willen der höchsten Regenten, meinte Luther,

– er hat es später oft gesagt, – es komme nur darauf an, daß man den Fürsten der Kirche aufrichtig den Nachteil und die Unsittlichkeit solcher Mißbrauche vorstelle. Wie kindisch aber erschien dem glatten und humanen Kirchenfürsten dieser Eifer des Mönches. Was den ehrlichen Mann so tief entrüstete, war vom Standpunkt des Erzbischofslängst abgetan. Der Ablaßhandel war ein hundertmal beklagter Übelstand der Kirche, er war aber unvermeidlich, wie dem Politiker viele Einrichtungen sind, die, an sich nicht gut, um eines großen Interesses willen erhalten werden müssen. Das größte Interesse des Erzbischofs und der Kurie war ihre Herrschaft, die durch solchen Gelderwerb gewonnen und erhalten wurde. Das große Interesse Luthers und des Volkes war die Wahrheit. So schieden sich die Wege. Und so trat Luther in den Kampf, gläubig, ein treuer Sohn der Kirche, voll deutscher Devotion gegen Autoritäten. Aber wieder in sich trug er, was ihn festigte gegen zu starke Einwirkung solcher Autorität, ein festes Verhältnis zu seinem Gott. Er war damals 34 Jahre alt, in der Blüte seiner Kraft, von mittlerer Größe, noch magerem aber kräftigem Leibe, der neben der kleinen zarten Knabengestalt des Melanchthon hoch erschien. In einem Antlitz, dem man Nachtwachen und innere Kämpfe ansah, glühten zwei feurige Augen, deren mächtiger Glanz schwer zu ertragen war. Ein angesehener Mann nicht nur in seinem Orden, auch an der Universität; kein großer Gelehrter, er lernte erst im nächsten Jahre bei Melanchthon das Griechische, bald darauf das Hebräische; er besaß keine umfangreiche Buchweisheit und hatte nie den Ehrgeiz gehabt, in den lateinischen Versen, die er zuweilen machte, als Dichter zu glänzen. Aber er war erstaunlich belesen in der heiligen Schrift und einzelnen Kirchenvätern, und was er in sich aufgenommen, hatte er mit deutscher Gründlichkeit verarbeitet. Er war ein unermüdlicher Seelsorger seiner Gemeinde, eifriger Prediger, ein warmer Freund, damals schon wieder mit ehrbarer Fröhlichkeit, von sicherer Haltung, höflich und gewandt, im Verkehr von innerlicher

Sicherheit, welche als heitere Laune oft sein Antlitz verklärte. Wohl konnten ihn kleine Ereignisse des Tages bewegen und stören, er war reizbar, er weinte leicht; aber wenn eine große Forderung an ihn herantrat und er die erste Aufregung seiner Nerven überwunden hatte, – die ihn z, B, bei seinem ersten Auftreten auf dem Reichstage zu Worms noch befangen machte, – dann war er von einer wundervollen Ruhe und Sicherheit. Er kannte keine Furcht, ja seine Löwennatur fand ein Behagen in den gefährlichsten Situationen, Zufällige Lebensgefahr, in die er geriet, tückische Nachstellungen seiner Feinde waren ihm damals kaum der Rede wert. Der Grund solches, man darf sagen, übermenschlichen Heldenmuts war wieder das feste, persönliche Verhältnis zu seinem Gott. Er hatte lange Zeiten, wo er sich das Martyrium wünschte, lächelnd und innerlich froh, um der Wahrheit und seinem Gott zu dienen. – Noch standen ihm furchtbare Kämpfe bevor, aber es waren nicht solche, in welchen ihm Menschen gegenüberstanden. Den Teufel selbst hatte er niederzuschlagen, jahrelang, immer wieder; er überwand auch die Angst und Pein der Hölle, die geschäftig arbeitete seine Vernunft zu verdüstern. Ein solcher Mann war vielleicht zu töten, aber schwerlich zu besiegen. Die Periode des Kampfes, welche jetzt folgt, vom Beginn des Ablaßstreites bis zur Abreise von der Wartburg, die Zeit seiner größten Siege, einer ungeheuren Popularität, ist vielleicht am meisten bekannt, und doch wird sein Wesen, so scheint uns, auch darin nicht immer recht beurteilt. Nichts ist in dieser Zeit merkwürdiger als die Weise, in welcher Luther allmählich der römischen Kirche entfremdet wurde. Er war im Leben bescheiden und ohne Ehrgeiz, mit tiefster Ehrfurcht hing er an der hohen Idee der Kirche, der Gemeinschaft der Gläubigen seit fünfzehn Jahrhunderten. Und doch sollte er in vier kurzen Jahren geschieden sein von dem Glauben seiner Väter, hinweggeschleudert von dem Boden, in dem er so fest gewurzelt war. Und in dieser ganzen Zeit sollte er allein in dem Streite stehen, allein, oder doch mit wenig treuen

Gefährten – seit 1518 mit Melanchthon. Alle Gefahren des grimmigsten Krieges sollte er bestehen, nicht nur gegen zahllose Feinde, auch gegen das sorgenvolle Abmahnen ehrlicher Freunde und Gönner. Dreimal versuchte die römische Partei, ihn zum Schweigen zu bringen, durch das Amt des Cajetan, die Überredungskünste des Miltitz, die unzeitige Beflissenheit des streitsüchtigen Eck; dreimal sprach er selbst zum Papst in Briefen, welche zu den wertvollsten Dokumenten jener Jahre gehören. Dann kam die Scheidung, er wurde verflucht und gebannt, nach altem Universitätsbrauch verbrannte er den feindlichen Fehdebrief, zugleich mit ihm die Möglichkeit der Rückkehr. Mit freudiger Zuversicht zog er nach Worms, damit die Fürsten seiner Nation entschieden, ob er sterbe oder hinfort unter ihnen lebe ohne Papst und ohne Kirche, allein nach der Schrift,

Zuerst, als er die Thesen gegen Tetzel im Druck herausgegeben hatte, erstaunte er über das ungeheure Aussehen, das sie in Deutschland machten, über den giftigen Haß seiner Feinde und über die Zeichen freudiger Anerkennung, die er von vielen Seiten erhielt. Hatte er denn so Unerhörtes getan? Was er ausgesprochen, glaubten ja alle besten Männer der Kirche. Als der Brandenburger Bischof den Abt von Lehnin zu ihm schickte, mit der Bitte, Luther möge den Druck seines deutschen Sermons von Ablaß und Gnade unterdrücken, wie sehr er auch Recht habe, da rührte den Frater des armen Augustinerkonvents tief, daß so große Männer freundlich und herzlich zu ihm redeten, und er wollte lieber den Druck aufgeben, als sich zu einem Wundertier machen, das die Kirche störe. Eifrig suchte er das Gerücht zu widerlegen, als ob der Kurfürst seinen Streit mit Tetzel veranlaßt hätte. „Sie wollten den unschuldigen Fürsten in den Haß verflechten, der mich trifft.“ Alles wollte er tun, um den Frieden zu erhalten, vor Cajetan, mit Miltitz; nur das eine wollte er nicht, nicht widerrufen, was er gegen die unchristliche Ausdehnung des Ablaßhandels gesagt hatte. Aber der Widerruf allein war es, was die Hierarchie von ihm begehrte. Lange noch wünschte er Frieden, Sühne, den Rückzug zur friedlichen Tätigkeit seiner Zelle und immer wieder jagte ihm eine unwahre Behauptung der Gegner das Blut in Flammen, und jedem Widerspruch folgte ein neuer, schärferer Streich seiner Waffe. Schon im dem ersten Brief an Leo X. vom 30. Mai 1518 ist die heldenmütige Sicherheit Luthers auffallend. Noch ist er ganz der treue Sohn der Kirche, noch legt er sich am Schluß dem Papst zu Füßen, bietet ihm sein ganzes Leben und Sein dar, und verspricht seine Stimme zu ehren wie die Stimme Christi, dessen Stellvertreter der Herr der Kirche sei. Aber schon aus dieser Ergebenheit, die dem Ordensbruder ziemte, blitzt das heftige Wort hervor: „Habe ich den Tod verdient, ich weigere mich nicht zu sterben." Und in dem Briefe selbst, wie stark sind die Ausdrücke, in denen er die Roheit der Ablaßkrämer darstellt! Ehrlich auch hier die Verwunderung, warum seine Thesen doch so viel Aussehen machen, die schwerverständlichen, nach altem Brauch zu Rätselformen verschränkten Sätze. Und gute Laune klingt durch die männlichen Worte: „Was soll ich tun? Widerrufen kann ich nicht. In unserem Jahrhundert voll Geist und Schönheit, das einen Cicero in den Winkel drücken könnte, ich ungelehrter, beschränkter, nicht sein gebildeter Mann! Aber die Not zwingt, die Gans muß unter den Schwänen schnattern."

Im Jahre darauf vereinigten sich fast alle, welche Luther verehrten, die Versöhnung herbeizuführen. Staupitz und Spalatin, hinter diesen der Kurfürst, schalten, baten und drängten. Der päpstliche Kammerherr von Miltitz selbst rühmte Luthers Gesinnung, raunte ihm zu, daß er ganz Recht habe, flehte, trank mit ihm und küßte ihn. Zwar glaubte Luther zu wissen, daß der Höfling den heimlichen Auftrag habe, ihn womöglich gefangen nach Rom zu führen. Aber die Vermittler trafen glücklich den Punkt, wo der trotzige Mann mit ihnen von Herzen übereinstimmte, daß der Kirche Respekt erhalten werden müsse und ihre Einheit nicht zerstört. Luther versprach, sich ruhig zu halten und die

Entscheidung über die Streitpunkte drei achtbaren Bischöfen zu überlassen. In dieser Lage wurde er gedrängt, einen Entschuldigungsbrief an den Papst zu schreiben. Aber auch dieser Brief vom 3, März 1519, gewiß von den Vermittlern begutachtet und dem Schreiber abgerungen, ist charakteristisch für die Fortschritte, die Luther gemacht hatte. Demut, die unsere Theologen herauslesen, ist wenig darin, wohl aber durchweg eine vorsichtige diplomatische Haltung, Luther bedauert, daß ihm als Mangel an Ehrfurcht ausgelegt sei, was er doch getan habe, die Ehre der römischen Kirche zu schützen, er verspricht, über den Ablaß fortan zu schweigen, – im Fall nämlich seine Gegner dasselbe tun wollen, – er verspricht, eine Schrift an das Volk zu richten, worin er ermahnet der Kirche rechtschaffen zu gehorchen und ihr nicht fremd zu werden, weil die Gegner frech, er selbst rauh gewesen sei. Aber alle diese ergebenen Worte verdecken nicht die Kluft, die jetzt schon sein Gemüt vom römischen Wesen scheidet. Und wie kalte Ironie lautet, wenn er schreibt: „Was soll ich tun, heiligster Vater? Mir fehlt aller Rat. Die Gewalt deines Zornes kann ich nicht ertragen, und doch weiß ich nicht, wie ich herauskommen soll. Man verlangt von mir einen Widerruf. Wenn er bewirken könnte, was man durch ihn beabsichtigt, ich würde ohne Zweifel widerrufen. Aber der Widerstand meiner Gegner hat meine Schriften weiter verbreitet, als ich je gehofft hatte, zu tief haften sie in den Seelen der Menschen. In unserm Deutschland blühen jetzt Talente, Bildung, freies Urteil, Wollte ich widerrufen, ich würde die Kirche vor dem Urteil meiner Deutschen mit noch größerem Schimpf bedecken. Und sie, meine Gegner, sind es, die die römische Kirche bei uns in Deutschland in Schande gebracht haben.“ Zuletzt schließt er höflich: „Sollte ich mehr tun können, so werde ich ohne Zweifel sehr bereit dazu sein. Christus erhalte Ew. Heiligkeit. M. Luther.“

Viel ist hinter dieser gemessenen Zurückhaltung zu lesen. Auch wenn der eitle Eck nicht gleich darauf die ganze

Wittenberger Hochschule in den Harnisch gedrängt hätte, dieser Brief konnte schwerlich zu Rom als Zeichen reuiger Ergebenheit gelten.

Der Bannstrahl war geschleudert, Rom hatte gesprochen. Da schrieb Luther, wieder ganz er selbst, noch einmal an den Papst, jenen berühmten großen Brief, den er auf die Bitte des unermüdlichen Miltitz zum 6. September 1520 zurückdatierte, um die Bannbulle ignorieren zu können. Es ist der schöne Abdruck eines entschlossenen Geistes, der vom hohen Standpunkt seinen Gegner übersieht, zugleich so großartig in seiner Aufrichtigkeit und von edelster Gesinnung! Mit aufrichtiger Teilnahme redet er von der Person und schwierigen Stellung des Papstes, aber es ist der Anteil eines Fremden; immer noch beklagt er mit Wehmut die Kirche, aber man empfindet, er selbst ist ihr bereits entwachsen. Es ist ein Scheidebrief, bei schneidender Schärfe doch sichere Haltung, stille Trauer; so trennt sich ein Mann von dem, was er einst geliebt und als unwürdig erkannt hat. Den Vermittlern sollte dieser Brief die letzte Brücke sein, für Luther war er innerliche Befreiung. Luther selbst war in diesen Jahren ein anderer geworden. Er hatte zunächst kluge Sicherheit im Verkehr mit den Höchsten dieser Erde erworben und um teuren Preis Einsicht in Politik und Privatcharakter der Regierenden erlangt. Der friedlichen Natur seines Landesherrn war im Grunde nichts peinlicher als dieser erbitterte theologische Streit, der zuweilen seiner Politik nützte, ihn immer gemütlich beunruhigte. Fortwährend suchte man vom Hofe die Wittenberger zurückzuhalten, und immer sorgte Luther dafür, daß es zu spät war. So oft der treue Spalatin von der Ausgabe einer neuen kriegerischen Schrift abmahnte, kam ihm die Antwort, daß da nicht zu helfen sei, die Bogen seien gedruckt, schon in vielen Händen, nicht mehr aufzuhalten. Auch im Verkehr mit seinen Gegnern erwarb Luther die Sicherheit eines erprobten Streiters. Noch empfand er bitter, als ihn im Frühjahr 1518 Hieronymus Emser in Dresden hinterlistig zu einem Abendessen geführt hatte, bei dem er gezwungen wurde, mit zornigen Feinden zu streiten, zumal als er erfuhr, daß ein terminierender Dominicaner an der Tür gehorcht und am andern Tage in der Stadt umhergetragen hatte, Luther sei vollständig zugedeckt worden und der Lauscher habe sich mit Mühe enthalten, in die Stube zu springen und Luthern in's Gesicht zu speien. Noch sank er bei der ersten Zusammenkunft mit Cajetan demütig zu den Füßen des Kirchenfürsten, nach der zweiten erlaubte er sich schon die Ansicht, daß der Kardinal zu seinem Geschäft passe wie ein Esel zur Harfe. Den artigen Miltiz behandelte er mit entsprechender Höflichkeit. Der Romanist hatte gehofft, den deutschen Bären zu zähmen, bald kam der Hofmann selbst in die Stellung, die ihm gebührte, er wurde von Luther benützt. Und in der Leipziger Disputation gegen Eck war der günstige Eindruck, welchen das ehrliche und feste Wesen Luthers hervorbrachte, das beste Gegengewicht gegen die selbstgefällige Sicherheit des gewandten Gegners.

Aber höhere Teilnahme fordert das innere Leben Luthers. Es war doch für ihn eine furchtbare Periode, dicht neben Erhebung und Sieg lagen ihm tödliche Angst, quälender Zweifel, schreckliche Anfechtung. Er allein mit Wenigen gegen die ganze Christenheit in Waffen, immer unsühnbarer verfeindet mit der gewaltigsten Macht, die noch alles in sich schloß, was ihm seit seiner Jugend heilig war. Wenn er doch irrte in einem und dem andern? Er war verantwortlich für jede Seele, die er mit sich fortriß. Und wohin? Was war außerhalb der Kirche? – Untergang, zeitliches und ewiges Verderben. Wenn ihm Gegner und bange Freunde das Herz zerschnitten mit Vorwürfen und Warnungen, unvergleichlich größer war seine Pein, das heimliche Nagen, die Unsicherheit, die er niemand gestehen durfte. Ja, im Gebet fand er den Frieden; so oft seine Seele Gott suchend in mächtigem Ausschwünge erglühte, kam ihm Fülle der Kraft, Ruhe und Heiterkeit. Aber in den Stunden der Abspannung, wenn sein reizbares Gemüt unter widrigem Eindruck zuckte, dann fühlte er sich befangen, geteilt, im Bann einer andern Macht, die seinem Gott feind war. Aus der Kinderzeit wußte er, wie geschäftig die bösen Geister um den Menschen weben, aus der Schrift hatte er gelernt, daß der Teufel gegen den Reinsten arbeitet, ihn zu verderben. Auch auf seinem Pfade lauerten geschäftige Teufel, ihn zu schwächen, zu verlocken, durch ihn Unzählige elend zu machen. Er sah sie arbeiten in der zornigen Miene des Kardinals, in dem höhnischen Antlitz des Eck, ja in Gedanken seiner eigenen Seele, er wußte, wie mächtig sie in Rom waren. Schon in der Jugend hatten ihn Erscheinungen gequält, jetzt kehrten sie wieder. Aus dem dunklen Schatten seiner Studierstube erhob das Gespenst des Versuchers die Krallenhand gegen seine Vernunft, selbst in der Gestalt des Erlösers nahte der Teufel dem Betenden, strahlend als Himmelsfürst mit den fünf Wunden, wie ihn die alte Kirche abbildete. Aber Luther wußte, daß Christus den armen Menschen nur in seinen Worten erscheint, oder in demütiger Gestalt, wie er am Kreuz gehangen. Und er raffte sich heftig auf und schrie die Erscheinung an: „Hebe dich, du Schandteufel!" da verschwand das Bild . – So arbeitete das starke Herz des Mannes in wilder Empörung, jahrelang, immer auf's neue. Es war ein unheimlicher Kampf zwischen Vernunft und Wahn. Aber immer erhob er sich als Sieger, die Urkraft seiner gesunden Natur überwand. In langem, oft stundenlangem Gebet glättete sich das stürmische Wogen der Empfindung, sein massiver Verstand und sein Gewissen führten ihn jedesmal aus dem Zweifel zur Sicherheit. Als eine gnadenvolle Eingebung seines Gottes empfand er diesen befreienden Prozeß. Und von solchem Augenblicke an war er, der erst so angstvoll gebangt hatte, gleichgültig gegen das Urteil der Menschen, unerschütterlich, unerbittlich.

Ganz anders erscheint seine Persönlichkeit im Streit mit irdischen Feinden, Hier bewährt er fast immer sichere Überlegenheit, am meisten in seinen literarischen Fehden.

Riesengroß war die schriftstellerische Tätigkeit, welche

er von dieser Zeit entwickelte. Bis zum Jahre 1517 hatte er wenig drucken lassen, von da wurde er auf einmal nicht nur der fruchtbarste, auch der größte populäre Schriftsteller der Deutschen. Die Energie seines Stils, die Kraft seiner Beweisführung, Feuer und Leidenschaft seiner Überzeugung wirkten hinreißend. So hatte noch keiner zum Volke gesprochen. Jeder Stimmung, allen Tonarten fügte sich seine Sprache; bald knapp und gedrungen und scharf wie Stahl, bald in reichlicher Breite ein mächtiger Strom drangen die Worte in's Volk, bildlicher Ausdruck, schlagender Vergleich machten das Schwerste verständlich. Es war eine wundervolle, schöpferische Kraft. Mit souveräner Leichtigkeit gebrauchte er die Sprache; sobald er die Feder ergriff, arbeitete sein Geist mit höchster Freiheit, man sieht seinen Sätzen die heitere Warme an, die ihn erfüllte, der volle Zauber eines herzlichen Schaffens ist über sie ausgegossen. Und solche Gewalt ist nicht am wenigsten sichtbar in den Angriffen, die er einzelnen Gegnern gönnt. Und eng verbunden ist sie mit einer Unart, die schon seinen bewundernden Zeitgenossen Bedenken verursachte. Er liebte es, mit seinen Gegnern zu spielen, seine Phantasie umkleidet ihm die Gestalt des Feindes mit einer grotesken Maske, und dies Phantasiebild neckt, höhnt und stößt er mit Redewendungen, die nicht gemäßigt und nicht immer anständig klingen. Aber gerade in seinem Schimpfen wirkt die gute Laune in der Regel versöhnend, freilich nicht auf die Betroffenen. Fast nie ist eine kleine Gehässigkeit sichtbar, nicht selten die unverwüstliche Gutherzigkeit. Zuweilen gerät er freilich in einen wahren Künstlereifer, dann vergißt er die Würde des Reformators und zwickt wie ein deutsches Bauernkind, ja wie ein boshafter Kobold. Wie hat er alle seine Gegner gezaust! Bald durch Keulenschläge, die ein zorniger Riese führt, bald mit der Pritsche eines Narren. Gern verzog er ihre Namen in's Lächerliche. So lebten sie im Wittenberger Kreise als Tiere, als Toren. Eck wurde Dr. Geck, Murner erhielt Katerkopf und Krallen, Emser, der sein Wappen, das Haupt einer gehörnten Ziege, den meisten Streitschriften Vordrucken ließ, wurde als Bock mißhandelt, dem abtrünnigen Humanisten Kochläus wurde sein lateinischer Name zurückübersetzt, und Luther begrüßte ihn als Schnecke mit undurchdringlichem Harnisch und – es ist schmerzlich zu sagen – sogar als Rotzlöffel. Noch ärger, selbst den Zeitgenossen erschrecklich, war die heftige Rücksichtslosigkeit, mit welcher er gegen feindliche Fürsten losfuhr. Zwar dem Vetter seines Landesherrn, dem Herzog Georg von Sachsen, gönnte er häufig eine unvermeidliche Schonung. Beide hielten einander für eine Beute des Teufels, aber heimlich achtete jeder in dem andern eine männliche Tüchtigkeit; immer wieder gerieten sie in Zwist, auch in literarischen, aber immer wieder betete Luther herzlich für die Seele des Nachbars. Dagegen war die ruchlose Willkür Heinrich's VIII. von England dem deutschen Reformator in innerster Seele zuwider, ihn hat er greulich und unendlich ausgeschimpft; und noch in der letzten Zeit verfuhr er mit dem heftigen Heinrich von Braunschweig wie mit einem bösen Schulbuben, Hanswurst war der harmloseste unter vielen dramatischen Charakteren, in denen er ihn aufführte. Sah ihn später solcher Erguß übermütigen Eifers aus der Druckschrift an und klagten die Freunde, dann ärgerte er sich wohl selbst über seine Rauheit, er schalt sich und bereute aufrichtig; aber die Reue half ihm wenig, denn bei der nächsten Gelegenheit verfiel er in denselben Fehler. Und Spalatin hatte einige Ursache, auch dann mißtrauisch auf eine projektierte Druckschrift zu sehen, wenn Luther sich vornahm, recht sanft und zahm zu schreiben. Seine Gegner konnten es ihm darin nicht gleich tun. Sie schimpften eben so eifrig, ihnen aber fehlte die innere Freiheit. Leider wird nicht zu leugnen sein, daß gerade dieser Zusatz zu der sittlichen Würde seines Wesens zuweilen das Salz war, welches seine Schriften den treuen Deutschen des 16. Jahrhunderts so unwiderstehlich machte.

Im Herbst 1517 war er mit einem verworfenen Dominikanermönch in Streit geraten, im Winter 1526 verbrannte er die päpstliche Bulle; im Frühjahr 1518 hatte er sich noch dem Papst, dem Statthalter Christi, zu Füßen gelegt, im Frühjahr 1521 mußte er auf dem Reichstage zu Worms vor Kaiser, Fürsten und päpstlichen Legaten erklären, daß er weder dem Papst noch den Konzilien allein glaube, nur den Zeugnissen der heiligen Schrift und vernünftigem Ermessen.

Seit dem Dezember 1520 wußte Luther, daß seine Sache auf dem Reichstage, der nach Worms ausgeschrieben wurde, verhandelt werden sollte, er wußte auch, daß der Kardinallegat Alexander den Kaiser unablässig zur Strenge gegen ihn mahnte, daß der Kaiser dem dreisten Mönch abgeneigt war und bereits in den Niederlanden seine Bücher als ketzerisch hatte verbrennen lassen. Anfang Januar traf der Kurfürst von Sachsen zu Worms ein, wo er den Kaiser bereits vorfand; säumig und langsam kam die Mehrzahl der großen Herren des deutschen Reiches zusammen, erst Ende Februar 1521 konnte der Reichstag eröffnet werden.

Die Botschaften, welche von Worms nach Wittenberg zogen, – sie bedurften zu der Reise so lange Zeit, wie jetzt ein Brief nach Nordamerika – wurden ungünstiger. Bald erschien dem Kaiser und den Feinden Luthers ungehörig, daß der Gebannte überhaupt vor dem Reichstage zugelassen werde, und Kurfürst Friedrich mußte mit den andern Reichsfürsten, welche eine Verurteilung ohne Verhör für unrecht oder wegen der Aufregung im Volke für unklug hielten, große Anstrengungen machen, um durchzusetzen, daß der Ketzer überhaupt noch gefragt wurde, ob er widerrufen wolle, und daß er dafür freies Geleit erhielt.

Deshalb war es für Luther kein Geheimnis, daß die Reichsacht ihm drohe und daß sein Tod wahrscheinlich sei. Solche Aussicht wird, sollte man meinen, auch der stärksten Manneskraft die Freudigkeit und die Reichlichkeit des literarischen Schaffens einigermaßen beeinträchtigen. Bei ihm war das Gegenteil der Fall. Er hat kaum jemals in seinem Leben in der gleichen Zeit so vieles und so verschiedenartiges geschrieben, als gerade in diesen Monaten. Er nahm seinen alten literarischen Gegner, den Ambrosius Catharinus beim Schopf, und noch eifriger den langweiligen Leipziger Emser, den er in einer ganzen Reihe von Büchlein abstrafte, verspottete und knuffte. Den Papst selbst, die Legaten und Kurtisanen ließ er in herber Laune durch seinen Freund Lucas Cranach in Holzschnitten abschildern, welche die Demut des leidenden Christus und die Pracht der Klerisei einander gegenüberstellten. Aber auch für Unterricht und Seelsorge war er unermüdlich bemüht. Neben einzelnen Predigten, und dem „Unterricht für Beichtkinder", erschien in dieser Zeit der erste Teil der Postille, eines seiner Hauptwerke, er schrieb ferner an seiner Erklärung des Psalters und an dem schönen und warmen Buche „Auslegung von Maria's Lobgesang".

Endlich brachte der kaiserliche Herold Caspar Sturm, der in der Wappensprache der Welschen „Germania" hieß, den Geleitsbrief nach Wittenberg und ritt dem Wagen Luthers voraus, als dieser am 2, April mit Amsdorf und zwei anderen Begleitern nach Worms aufbrach. In den Städten Thüringens kamen die Leute glückwünschend an den Wagen; zu Erfurt holten ihn die Humanisten, die herrschende Partei der Universität, in großem Reiterzuge ein und veranstalteten eine glänzende Festfeier.

Aber diese beistimmenden Zurufe übertönte ein schriller Mißklang. Der Kaiser hatte ihm zwar freies Geleit für Hin und Rückfahrt zugesagt; ebenso hatten die Fürsten, durch deren Gebiet er reisen mußte, Schutzbriefe gesandt, aber der Kaiser wollte doch nicht, daß der gebannte Mönch in Worms eintreffen sollte, und um ihn zu schrecken, ließ er schon jetzt vor dem Verhör ein Edikt ausrufen und in den Städten anschlagen, daß alle Bücher Luthers der Obrigkeit ausgeliefert werden sollten. Den Anschlag fand Luther in den Städten. Seine Freunde zu Worms waren bestürzt. Spalatin sandte ihm eine Warnung entgegen, ihm drohe das Schicksal von Hus, sogar der Herold frug, ob er jetzt noch weiter reisen wolle. Auch Luther war erschrocken, aber er ließ sich nicht beirren und sandte an Spalatin die Antwort voraus: Hus sei verbrannt, die Wahrheit nicht verbrannt, er werde nach Worms kommen und wenn dort so viel Teufel wären, als Ziegel auf den Dächern.

Auch mildere Ablenkung wurde versucht. Der Beichtvater des Kaisers, Glapio, kam wie aus eigenem Antriebe zu Sickingen nach der Ebernburg, sprach viel Wohlmeinendes und Anerkennendes und riet dringend, daß Luther Worms vermeiden und nach der Ebernburg kommen möge, um dort mit ihm eine Verständigung zu suchen.

Ging Luther darauf ein, so war es unmöglich, die Frist einzuhalten, während welcher er durch den Geleitsbrief geschützt war. Luther antwortete dem wohlmeinenden Überbringer dieser Mahnung, habe der Beichtvater des Kaisers mit ihm zu reden, so sei er in Worms zu finden.

Als er am letzten Tage der bewilligten Reisefrist in Worms einfuhr, geleitete ihn ein Reiterzug auf 109 Rossen, meist sächsische Herren, welche ihn eingeholt hatten, das Volk füllte neugierig die Straßen, und in seine Herberge, die ihm im Johanniterhause zugewiesen war, kam bis in die Nacht viel vornehmer Besuch, neugierig und teilnehmend. Schon am nächsten Tage wurde er vor den Reichstag geladen.

Daß Luther doch gewagt hatte zu kommen, war der päpstlichen Partei eine widerwärtige Überraschung; es war auch dem Kaiser sehr ungelegen; daher galt es jetzt, die Aufregung, welche seine Anwesenheit unter den Deutschen hervorbrachte, durch schleunige Entscheidung sobald als möglich zu beseitigen. Auf der andern Seite hatten seine Gönner und die Mehrzahl der deutschen Fürsten, welche einen Ausgleich und gütliches Beilegen des gefährlichen Handels wünschten, das entgegengesetzte Interesse, die Angelegenheit nicht über das Knie zu brechen. Vor anderen Kurfürst Friedrich der Weise, dessen vorsichtiger Art das heftige und ungründliche Verfahren ganz zuwider war und der dadurch dem Reiche gegenüber in die übelste Lage kommen mußte. Er bedurfte Zeit, damit seinem Gewissen genug getan wurde und er einen Entschluß fassen konnte. Seinen vertrauten Räten war längst bekannt, daß die Frage nur auf Widerruf gestellt werden würde, und daß an Erörtern und Disputieren vor dem Reichstag gar nicht zu denken sei; Luther aber hatte ihnen bestimmt erklärt, daß er nichts widerrufen werde. Er sollte also seinem Herrn und Allen, welche Neigung hatten, zu vermitteln, zunächst dadurch genugtun, daß er sich in der ernsten und schweren Sache Bedenkzeit ausbat. Es galt, die letzte Entscheidung hinauszuschieben, und Luther mußte sich gern oder ungern diesem Zwange fügen.

Am 17. April nachmittags 4 Uhr wurde Luther durch den Reichsmarschall Ulrich von Pappenheim und den Herold in den Reichstag abgeholt. Auf den Straßen drängten die Leute und kletterten auf die Dächer, den Luther zu sehen, sodaß er auf Seitenwegen nach dem Bischofshofe, wo der Reichstag sich versammelte, geleitet wurde. Der Hof war nach altem Volksglauben einst der Königssitz des Burgunden Günther gewesen, dort hatte dieser mit dem finstern Hagen den heimlichen Anschlag gegen das Leben des Helden Siegfried gemacht. Seitdem haben die Franzosen den berühmten Bau völlig zerstört. In dem großen Saale, der auf der Seite nach einem Vorraum geöffnet war, saßen die Fürsten und Herren des Reichstages, so daß sie von außen gesehen, die gesprochenen Worte wohl auch gehört werden konnten. Aber die Fürsten selbst pflegten in den Sitzungen nicht zu reden, das taten ihre Rache für sie, und die Herren zogen sich zu gesonderter Beratung zurück, wenn sie einen Beschluß zu fassen hatten.

Als Luther eingeführt wurde, ermahnte ihn Pappenheim, daß er vor der hohen Versammlung nichts reden dürfe außer zur Antwort auf gestellte Fragen. Bei seinem Eintritt kniete er nicht nieder, wie damals von einem Mönch vor der Hoheit des Kaisers und der päpstlichen Legaten erwartet wurde, sondern blieb strack stehen. Er sah vor sich das bleiche

Antlitz und den düsteren Blick des jungen Kaisers, nahe bei diesem die roten Legaten des Papstes; er sah den besorgten Ausdruck in dem gutherzigen Gesicht seines Kurfürsten und fand sich in Gegenwart all der hohen Fürsten und Herren, von deren Sinn und Meinung er in den letzten Jahren so vieles vernommen hatte. Der Official des Erzbischofs von Trier begann als Sprecher des Kaisers von seinem Platz: „Des Kaisers Majestät hat euch, Markus Luther, Mandat und Ladung zu dem gegenwärtigen Reichstag geschickt, damit ihr zuerst Antwort gebt, ob ihr euch zu den Schriften und Büchern bekennt. Welche unter eurem Titel und Namen allenthalben im heiligen römischen Reich erschienen sind, und ob ihr dieselben so geschrieben habt, wie sie hier vor Augen liegen." Er wies auf einen Haufen Bücher, der auf einer Bank lag. Da rief Hieronymus Schürf, der mit fünf andern Doktoren Rechtsbeistand Luthers war: „Man lese die Titel" und Luther wiederholte das Gesuch.

Der Official las die Titel der Bücher, welche seit vier Jahren die Nation aufgeregt hatten, wie niemals vorher und seitdem die Druckwerke eines Mannes. Dann fuhr er fort: „Ferner aber, wenn ihr euch zu den Büchlein bekennt, begehrt kaiserliche Majestät von euch, daß ihr dieselben jetzt hier widerrufen sollt, und läßt euch deshalb fragen, ob ihr das tun wollt oder nicht, dieweil in sie viel böse irrige Lehren gemischt sind, die in dem gemeinen einfältigen Volk Aufregung und Unzufriedenheit erregen können. Das bedenkt und nehmt euch zu Herzen." Darauf antwortete Luther ungefähr also: „Allerdurchlauchtigster Kaiser. Nachdem ich auf gnädige Ladung gehorsamst erschienen bin, antworte ich diesem Vorhalt zum ersten: Zu den Büchlein, deren Titel jetzt gelesen sind, und zu mehreren anderen, die zur Lehre und zur Unterweisung des Volkes geschrieben wurden, bekenne ich mich, und will bis an mein Lebensende auf diesem Bekenntnis beharren. Zum zweiten aber, da kaiserliche Majestät von mir begehrt, ich soll den Inhalt widerrufen, so antworte ich: Dies ist fürwahr eine große Sache, denn es handelt sich dabei um das ewige Leben und geht Einen an, der mehr ist als irgend jemand unter den Anwesenden, sein ist die Sache und Handlung. Damit ich nun das arme Christenvolk und mich selbst nicht verführe, so begehre und bitte ich. kaiserliche Majestät wolle mir des Widerrufs wegen gnädig Termin und Bedenkzeit stellen."

Der Kaiser trat mit den Fürsten zu einer kurzen Beratung zusammen. Die Mehrzahl bestand auf Bewilligung der Frist, und der Official verkündete Luther, daß die Milde des Kaisers ihm Bedenkzeit erstatte bis zum nächsten Tage um 4 Uhr. Luther schied mit den Worten: „Ich will mich bedenken." Er hatte in dieser Sitzung demütig und leise gesprochen und, wie seine Feinde behaupteten, undeutlich. Es mag sein, daß der erste Eindruck der Versammlung ihn befangen machte, sicher lag ihm schwerer auf der Brust, daß er nicht alles, wie er wollte, frei heraussagen durfte.

Durch das Temporisieren war nur kurze Frist gewonnen. Allzu groß war der Eifer der Gegner, den Unruhstifter fortzuschaffen; es kam jetzt darauf an, welche Wirkung die Weigerung Luthers hervorbringen würde. Denn daß er nicht einen Strich widerrufen werde, hatte er nach der Rückkehr in die Herberge auf's Neue erklärt. Am 18. April wurde er wieder um 4 Uhr abgeholt und mußte wohl zwei Stunden im Gedränge harren. Als er jetzt aber in die Versammlung trat, war er ganz er selbst, unbekümmert um alle Menschenmeinung. Diesmal grüßte er die Versammlung nach Hofbrauch, indem er beide Knie ein wenig beugte, er sprach ehrerbietig, aber fest, und seine Stimme, die hell und hoch war, wie die Karl's des Großen, wurde überall im Saale verstanden. Mit wohl überlegter Rede begrüßte er den Kaiser und die Versammlung, und er bat zuerst um Verzeihung, wenn er in Wort, Gebärde und Haltung wider die Hofsitte verstoße, da er nicht an Fürstenhöfen erzogen sei, sondern in Mönchswinkeln heraufgekommen. „In Einfalt des Gemütes habe ich bis jetzt geschrieben und gelehrt und auf Erden nichts anderes gesucht, als die Ehre Gottes und die Unterweisung der Christgläubigen." Dann fuhr er fort: „Auf die beiden Fragen, welche mir gestellt sind, antworte ich so: Ich bekenne wie gestern, daß die aufgezahlten Büchlein von mir sind und in meinem Namen an den Tag gegeben sind. Es müßte denn entweder durch Betrug oder durch ungefüges Wissen Anderer in einem Druck etwas geändert oder verkehrt ausgezogen sein, denn ich bekenne mich nur zu dem, was von mir selbst ist. Nun sind aber meine Bücher nicht von einerlei Art, denn in etlichen habe ich von Glauben und Sitten ganz evangelisch und schlicht gehandelt. Diese Büchlein müssen auch meine Gegner für nützlich halten und allerwege für wert, daß sie von Christen gelesen werden. Auch die grimmige und grausame Bulle des Papstes nennt einige meiner Bücher unschädlich, wiewohl sie dieselben wider Vernunft verdammt. Wollte ich nun anfangen, diese Schriften zu widerrufen, welche Freunde und Feinde zugleich bekennen, dann käme ich in Widerspruch mit dem allgemeinen und übereinstimmenden Bekenntnis.

„Die zweite Reihe meiner Bücher ist gegen das Papsttum und das Tun der Päpstlichen geschrieben, gegen die, welche mit böser Lehre und Beispiel die christliche Welt verwüstet und verderbt, die Gewissen der Gläubigen auf das Jämmerlichste bedrängt, beschwert und gepeinigt, auch Habe und Gut der hochrühmlichen deutschen Nation durch unglaubliche Tyrannei ungerechter Weise verschlungen haben. Wollte ich diese Bücher widerrufen, so würde ich nichts anderes tun, als solche Tyrannei und unchristliches Wesen stärken und ihm nicht allein die Fenster, sondern auch die Türen auftun, daß es weiter und freier toben und schaden würde, und seine frechste und allersträflichste Bosheit würde den armen elenden Volk bis zur Unerträglichkeit bestätigt und befestigt werden. Zumal, wenn man sagen könnte, daß solche Vergrößerung des Unheils durch den Befehl und auf Betrieb Eurer kaiserlichen Majestät und des ganzen römischen Reiches erfolgt wäre. Lieber Gott, welch großer Schanddeckel der Bosheit und Tyrannei Würde ich durch solchen

Widerruf werden. „Die dritte Art meiner Bücher habe ich gegen einzelne besondere Personen geschrieben, welche die römische Tyrannei zu beschützen und den Gottesdienst, den ich gelehrt, zu vertilgen suchten. Ich bekenne, gegen diese Gegner heftiger gewesen zu sein, als sich geziemt, denn ich mache mich nicht zu einem Heiligen, ich stritt nicht für mich selbst, sondern für die Ehre Christi. Auch diese Bücher kann ich nicht widerrufen, denn durch meinen Widerruf und Rückzug würde der tyrannische Grimm und wütiges Regiment der Feinde gestärkt werden.

„Mein Herr Christus hat gesagt, als er von dem Hohepriester über seine Lehre befragt und von einem Diener auf einen Backen geschlagen ward: Habe ich übel geredet, so gib Zeugnis von dem Übel. Da der Herr sich nicht weigerte, einen Beweis wider seine Lehre anzuhören auch von dem schnödesten Knecht, wieviel mehr geziemt mir, dem irrigen Menschen, zu begehren und zu erwarten, ob mir jemand ein Zeugnis wider meine Lehre zu geben vermag. Deshalb flehe ich bei der Barmherzigkeit Gottes die Höchsten wie die Niedrigsten an, mir meinen Irrtum nachzuweisen und mich mit den evangelischen und prophetischen Schriften zu überwinden. Bin ich darin unterwiesen, so will ich der allererste sein, der meine Bücher in das Feuer wirft.

„Gestern bin ich ernsthaft gemahnt worden, mich zu bedenken, daß Zwietracht, Aufruhr und Empörung durch meine Lehre in der Welt erwachsen kann. Das habe ich genugsam bedacht und erwogen. Wahrlich, mir ist das Allerfröhlichste, zu sehen, daß wegen des göttlichen Wortes fortan Uneinigkeit in der Welt entsteht, denn das ist die Folge und das Geschick, welches durch das göttliche Wort bereitet wird. Der Herr selbst sagt: Ich bin nicht gekommen, den Frieden zu bringen, sondern das Schwert, denn ich bin gekommen den Mann zu erregen gegen seinen Vater. Hüten wir uns deshalb, das Wort Gottes zu verdammen unter dem Vorwand, Parteien und Uneinigkeit beizulegen, damit nicht eine Wasserflut unleidlichen Übels über uns komme, das dem edlen Jüngling Kaiser Karolus ein unglückseliger Anfang seiner Regierung werde. Ich sage das nicht, als wenn so großen Häuptern meine Lehre und Ermahnung nötig sei, sondern weil ich meiner Heimat Deutschland diesen Dienst zu erweisen schuldig bin. Und so befehle ich mich der Kaiserlichen Gnade und flehe, Kaiserliche Majestät wolle nicht durch die böse Meinung meiner Feinde mich in Ungnade kommen lassen."

So sprach am 18. April 1521 ein deutscher Mann vor Kaiser und Reich über die Herrschaft des höchsten geistlichen Gebieters der christlichen Welt. Die höfliche Bescheidenheit des Eingangs, die vorsichtige Weise, in welcher er seine Bücher unterschied, konnte auch den Gegnern als gute Rede erscheinen. Aber bald stand er in der Versammlung, fremdartig, wie aus einer andern Welt, einem alten Recken gleich, der seine Eisenstange zwischen zierlichen Rittern schwingt. Die gemütliche Sicherheit, mit welcher er in Gegenwart der beiden Kardinäle die Häupter der Klerisei als nichtwürdige Bösewichter abschildert, und endlich gar die kampfesfrohe Versicherung: „Das Allerlustigste ist mir, zu sehen, wie jetzt Empörung entsteht", vor der hohen Versammlung, welche gerade nichts mehr fürchtete, als die Uneinigkeit im Volke, das war keine Rede eines Bekümmerten, der für seinen Hals sprach, sondern der stolze Ausspruch eines Gebieters, der zum Siege oder Untergang erkoren war. Unheimlich dünkten auch dem Official die kühnen Worte und die dämonischen Augen des Mannes, und er versuchte, ihn strafend zu belehren: „In eurer Antwort war Stoß und Biß, nicht offene Erklärung. Über eure Sätze neu zu disputieren tut nicht not was ihr lehrt, haben schon Hus und andere Ketzer vorgetragen und diese Lehre ist bereits auf dem Konsilium zu Kostnitz mit zureichendem Grunde von Papst und Kaiser verdammt worden. Darum begehre ich eine schlichte einfache Antwort, wollt ihr widerrufen oder nicht? Widerruft ihr, so werden eure unschuldigen Büchlein erhalten bleiben, widerruft ihr nicht, so wird keine Rücksicht genommen auf das, was ihr sonst christlich geschrieben, und ihr gebt Kaiserlicher Majestät Ursache, mit euch zu handeln, wie mit dem Hus und anderen geschehen ist." Darauf sprach Luther die wohlbekannten Worte: „Da kaiserliche Majestät eine schlichte und gerade Antwort begehrt, so will ich eine Antwort geben, die nicht anstößig und nicht beißend ist. Ich glaube weder dem Papst noch den Konzilien allein, weil es am Tage liegt, daß dieselben mehrmals geirrt und sich selbst widersprochen haben. Werde ich nicht durch Zeugnis der Schrift oder mit deutlichen und augenscheinlichen Gründen überwunden, so mag ich und will ich kein Wort korrigieren oder widerrufen, weil wider das Gewissen zu handeln heillos und gefährlich ist."

Der Official und Luther hatten zuerst lateinisch geredet, dann die Reden deutsch wiederholt. Nach den Worten Luthers entstand Aufregung und Gemurmel im Saale, und die folgenden lateinischen Wechselreden der beiden Kämpfer wurden nicht überall verstanden. Der erzürnte Kaiser aber frug noch durch den Official, ob denn Luther zu behaupten wage, daß die Konzilien geirrt haben. Und als Luther antwortete: „Konzilien können irren und haben geirrt und das von Kostnitz hat gegen hellen und klaren Text der heiligen Schrift entschieden, und ich will das beweisen," da hatte der Kaiser genug gehört, entsetzt über solche Vermessenheit gab er das Zeichen zum Aufbruch und Ende und Luther rief auf die feindselige Gebärde des Kaisers und unter dem Geschrei seiner Gegner zuletzt die deutschen Worte, welche nach der Fassung, die durch Luthers theologische Freunde in den Ausgaben seiner Werke überliefert ist, lauteten: „Hier stehe ich, ich kann nicht anders, Gott helf mir, Amen" –, die aber in Wirklichkeit wahrscheinlich so gesprochen wurden: „Ich kann nicht anders. Gott komm' mir zu Hilf', Amen. Da bin ich".

Diese zwei Tage des 17. und 18. Aprils 1521 waren es, in denen die beiden Männer einander in das Angesicht schauten, welche das Leben Deutschlands zwiespältig geschieden haben, die großen Gegner, welche in den Urenkeln ihres Geistes einander noch heute bekämpfen, der burgundische Habsburger und der deutsche Bauernsohn, Kaiser und Professor, der eine, welcher deutsch nur mit seinem Pferde sprach, und der andere, Übersetzer der Bibel und Bildner der neudeutschen Schriftsprache, der eine Vorfahr der Jesuitengönner, Urheber der habsburgischen Hauspolitik, der andere Vorgänger Lessing's, der großen Dichter Geschichtsschreiber und Philosophen. Es war eine verhängnisvolle Stunde deutscher Geschichte, als der junge Kaiser, Herr der halben Erde, zu Worms das verachtende Wort sprach: „Der soll mich nicht zum Ketzer machen.“ Denn damals begann der Kampf seines Hauses mit dem Hausgeist des deutschen Volkes. Ein Kampf von mehr als drei Jahrhunderten, Siege und Niederlagen auf beiden Seiten. Wir aber haben, soweit menschliches Urteil das Walten der Vorsehung in dem Geschick der Völker zu erkennen vermag, den Ausgang erlebt.

Es war auch das erste Mal und das einzige Mal, so lange es eine deutsche Geschichte gibt, daß ein Mann aus dem Volke vor Kaiser und Reichstag die Forderungen seines Gewissens in Todesnot so fest vertrat. Die Wirkung dieser Sündhaftigkeit auf die deutschen Fürsten war groß, unermeßlich groß die auf das Volk. Als Friedrich der Weise aus dem Reichstag in seine Kammer kam, sagte er bewundernd und besorgt zu seinem Vertrauten: „Doktor Martinus hat wohl geredet, lateinisch und deutsch. Er ist mir viel zu kühn.“ Auch bei den Fürsten, welche kalt oder abgeneigt auf Luther und seine Lehre sahen, war die Achtung und Scheu vor dem Tapfern gestiegen.

Luther aber, da er aus dem Reichstag in seine Herberge zurückgekehrt war, rief, fröhlich die Hände zum Himmel erhebend: „ich bin durch, ich bin durch!“ Er hatte sich aus der Dornhecke, in der man ihn einhegen wollte in's Freie gerettet.

Jetzt war er frei, aber Bann und Reichsacht schwebten

über seinem Haupte; er war innerlich frei, aber er war frei wie das Tier des Waldes, und hinter ihm bellte die blutdürstige Meute. Er war auf dem Höhenpunkt seines Lebens angekommen, und die Mächte, gegen welche er sich empört hatte, ja die Gedanken, welche er selbst in dem Volke aufgeregt hatte, arbeiteten ihm seitdem gegen Leben und Lehre. Mehr als vorher lag jetzt dem Kaiser am Herzen, daß mit dem hartnäckigen Ketzer ein Ende gemacht werde, denn grade in diesen Tagen hatte er das Bündnis mit dem Papste geschlossen, worin er sich verpflichtete, die Irrlehre Luthers auszurotten. Doch die Mehrzahl der deutschen Fürsten begehrte immer noch weitere Verhandlung in kleinem Kreise, wo persönliche Einwirkung möglich war, voran der Erzbischof von Trier selbst, und Rücksicht auf die unwillkommene Stimmung der Deutschen nötigte den Kaiser zum zweiten Mal nachzugeben. Luther aber hatte jetzt die Aufgabe, klugem und dringendem Zureden solcher zu widerstehen, die auch er achtete. Bei diesen Verhandlungen wurde ihm vieles eingeräumt, nur ein allgemeines Konzilium sollte er als höchsten Richter über seine Lehre anerkennen. Er aber stand fest auf seiner Behauptung auch ein Konzilium könne irren, wie das zu Kostnitz geirrt habe. Zuletzt sah Richard von Trier ein, daß durch Handeln von solchem Manne nichts‘ zu gewinnen sei; Luther selbst bat, man möge ihn entlassen, und mit achtungsvollem Gruße schieben die Vermittler von ihm. Die Stunden dieser geräuschlosen Verhandlungen trugen zur Beschwichtigung des Streites nichts bei; aber als Luther beim Abschiede die frommen Worte sprach: „Wie es dem Herrn gefallen hat, also ist es ergangen, der Name des Herrn sei gebenedeit,“ da durfte er in gehobener Stimmung sich eines großen Sieges seiner Sache freuen, er hatte sie vor Kaiser und Reich behauptet. Vergebens mühten sich die Feinde, durch Mäkeln an seiner Erscheinung und seinem Verhalten den großen Eindruck abzuschwächen, er war für seine Deutschen ein Held geworden, zu dem sie in Verehrung und ängstlicher Teilnahme ausschauten. Jeder

Einsichtige erkannte, daß dieser Lehrer des Volkes, wenn er am Leben blieb, fortan nicht nur für die Kirchenlehre, sondern auch für die politischen Schicksale des Reiches von hoher Bedeutung sein werde. Jetzt handelte es sich für seine Freunde vor Allem darum, ob man ihn vor dem Untergange bewahren könne.

Schon zu Worms war Luthern eröffnet worden, daß er auf eine Zeit lang verschwinden müsse. Die Gewohnheiten der fränkischen Ritter, unter denen er warme Verehrer hatte, legten den Gedanken nahe, ihn durch Bewaffnete aufheben zu lassen. Kurfürst Friedrich beriet mit seinen Getreuen die Entführung. Und es war ganz in der Weise dieses Fürsten, daß er selbst den Ort der Verwahrung nicht wissen wollte um im Notfall seine Unkenntnis beschwören zu können. Auch war es nicht leicht, Luthern mit dem Plan zu befreunden , denn sein tapferes Herz hatte irdische Furcht längst überwunden, und mit einer begeisterten Freude, in welcher viel Schwärmerei und etwas Humor war, sah er auf die Versuche der Romanisten, ihn aus der Welt zu schaffen, über den doch ein Anderer zu verfügen hatte, der durch seinen Mund sprach. Widerwillig fügte er sich. Das Geheimnis war nicht leicht zu bewahren, so geschickt die Entführung auf die Wartburg auch ausgeführt wurde. Im Anfange erfuhr von den Wittenbergern nur Melanchthon den Aufenthalt. Aber Luther war durchaus nicht der Mann, sich geduldig irgendeinem verdeckten Spiel zu fügen. Es entstand bald ein emsiges Botenlaufen zwischen der Wartburg und Wittenberg; welche Vorsicht man auch bei der Besorgung der Briefe gebrauchte, es war schwer, dem Gerücht entgegenzutreten. Luther erfuhr auf der Burg eher als die Wittenberger, was in der großen Welt vorging, er erhielt von allen Neuigkeiten seiner Universität Nachricht, und versuchte, den Mut seiner Freunde zu stärken und ihre Politik zu leiten. Rührend ist, wie er Melanchthon zu kräftigen sucht, den die eigene unpraktische Art die Abwesenheit des starken Freundes schmerzlich empfinden ließ. „Es geht ohne mich,“ schreibt er ihm, „nur Mut, ich bin euch gar nicht mehr nötig; komme ich heraus, und ich kann nicht mehr nach Wittenberg zurück, so gehe ich in die Welt, Ihr seid die Männer, die Beste des Herrn ohne mich gegen den Teufel zu halten." Seine Briefe adressierte er aus der Luft, aus Patmos, aus der Wüste, „unter den Vögeln, die lieblich von den Zweigen singen und Gott mit allen Kräften Tag und Nacht loben," Einmal versuchte er schlau zu sein. Er legte dem Schreiben an Spalatin einen künstlichen Brief bei: man glaube ohne Grund, daß er auf der Wartburg sei; er lebe unter treuen Brüdern; es sei auffallend, daß niemand an Böhmen denke; als Zugabe folgt ein – nicht bösartiger – Hieb auf Herzog Georg von Sachsen, seinen eifrigsten Feind. Diesen Brief soll Spalatin mit sorglicher Unachtsamkeit so verlieren, daß er zu den Händen der Gegner komme. Aber in solcher Diplomatie war er allerdings nicht konsequent, denn sobald seine Löwennatur durch eine Nachricht aufgeregt wurde, war er kurz entschlossen, nach Erfurt oder Wittenberg aufzubrechen. Schwer trug er die Muße seines Aufenthalts. Von dem Schloßhauptmann wurde er mit größter Aufmerksamkeit behandelt und diese Fürsorge bewährte sich, wie damals Brauch war, zunächst darin, daß der treue Mann mit Speise und Trank sein Bestes tat. Das reichliche Leben, der Mangel an Bewegung, die frische Bergluft, in welche der Theologe versetzt war, wirkten auf Seele und Leib. Er hatte schon von Worms ein körperliches Leiden mitgebracht, dazu kamen Stunden finsterer Schwermut, die ihn sogar zur Arbeit untüchtig machten.

Zwei Tage hintereinander zog er mit zur Jagd. Aber sein Herz war bei den wenigen Hasen und Feldhühnern, die von der Schaar der Menschen und Hunde in's Garn gehetzt wurden. „Unschuldige Tierlein! So hetzen die Papisten." Einen kleinen Hasen am Leben zu erhalten, hatte er ihn in die Ärmel seines Rockes gewickelt, da kamen die Hunde und zerbrachen dem Tier die Glieder im schützenden Rock. „So knirscht Satan auch gegen die Seelen, die ich zu retten suche.“ Wohl hatte Luther Grund, sich und die Seinen vor dem Satan zu wehren. Alle Autorität der Kirche hatte er geworfen, jetzt stand er schaudernd allein, nur das Letzte war ihm geblieben, die Schrift. Die alte Kirche hatte das Christentum in fortdauernder Entwicklung dargestellt. Eine lebendige Tradition, welche neben der Schrift lief, Konzilien, Dekrete der Päpste hatten den Glauben in konstanter Bewegung erhalten, er hatte sich wie ein bequemer Strom den scharfen Ecken der Volkscharaktere, großen Zeitbedürfnissen anbequemt. Es ist wahr, diese erhabene Idee eines ewig lebenden Organismus hatte sich nicht in ursprünglicher Reinheit bewahrt, der beste Teil ihres Lebens war geschwunden, leere Schmetterlingshülsen wurden konserviert, die alte demokratische Kirche hatte sich in eine unverantwortliche Herrschaft weniger umgeformt, befleckt mit allen Lastern einer gewissenlosen Aristokratie, schon im schreienden Gegensatz gegen Vernunft und Volksgemüt. Aber was Luther an die Stelle setzen konnte, das Wort der Schrift, das löste von einem Wust seelenloser Verbildungen, dagegen bedrohte es mit andern Gefahren. Was war die Bibel? Zwischen dem ältesten und jüngsten Schriftwerk des heiligen Buches lagen vielleicht zwei Jahrtausende. Selbst das neue Testament war nicht von Christus selbst geschrieben, nicht einmal immer von solchen, welche die heilige Lehre aus seinem Munde vernommen hatten. Es war lange nach seinem Tode zusammengestellt. Einzelnes darin mochte ungenau überliefert sein. Alles war in einer fremden Sprache geschrieben, die dem Deutschen schwer verständlich war. Auch die größte Einsicht war in Gefahr, falsch zu deuten, wenn nicht Gottes Gnade den Erklärer ebenso erleuchtete, wie sie die Apostel erleuchtet hatte. Die alte Kirche hatte sich kurz geholfen, in ihr gab das Sakrament des Priesteramtes solche Erleuchtung, ja der heilige Vater nahm sogar die göttliche Vollmacht in Anspruch, auch da das Rechte zu wollen, wo sein Wille der Schrift widersprach. Der Reformator hatte nichts als sein schwaches menschliches Wissen und sein Gebet.

Zunächst war unvermeidlich, er mußte seine Vernunft gebrauchen, auch der heiligen Schrift gegenüber war eine gewisse Kritik notwendig. Auch Luther blieb nicht verborgen, daß die Bücher des neuen Testaments von verschiedenem Wert waren, es ist bekannt, daß er lange nicht viel auf die Offenbarung Johannis gab, und daß ihm der Brief Jacobi für eine „stroherne" Epistel galt. Aber sein Widerspruch gegen Einzelheiten machte ihn niemals am Ganzen irre. Unerschütterlich stand sein Glaube, daß die Heilige Schrift, wenige Bücher ausgenommen, bis auf Wort und Buchstaben göttliche Offenbarung enthalte. Sie war ihm das Liebste auf Erden, die Grundlage seines ganzen Wissens; er hatte sich so hineingefühlt, daß er unter ihren Gestalten lebte wie in der Gegenwart. Je drohender das Gefühl seiner Verantwortlichkeit, desto heißer die Inbrunst, mit welcher er sich an die Schrift klammerte Und ein kräftiger Instinkt für das Vernünftige und Zweckmäßige half ihm in der Tat über viele Gefahren hinweg, sein Scharfsinn hatte nichts von der haarspaltenden Sophistit der alten Lehrer, er verachtete unnötige Subtilitäten und ließ mit bewundernswürdigem Takt gern dahingestellt, was ihm unwesentlich erschien. Aber wenn er nicht gottlos oder wahnsinnig werden wollte blieb ihm nichts weiter übrig, als die neue Lehre zu gründen auf Worte und Kulturzustände, welche fünfzehnhundert Jahre vor ihm lebendig gewesen waren. Und er verfiel doch in einzelnen Fällen dem, was sein Gegner Eck den schwarzen Buchstaben nannte.

Unter solchem Zwange bildete sich seine Methode. Hatte er eine Frage zu lösen, so sammelte er alle Stellen der heiligen Schrift, welche ihm eine Antwort zu enthalten schienen, jede Stelle suchte er prüfend in ihrem Zusammenhange zu verstehen, dann zog er die Summa. Worin sie übereinstimmten, stellte er voran, wo sie von einander abwichen, bemühte er sich resigniert eine Lösung zu finden, welche auch das Widersprechende vereinigte. Das Ergebnis machte er in seinem Innern fest unter Versuchungen, durch heißes

Gebet. Bei solchem Verfahren mußte er zuweilen zu Resultaten kommen, die auch gewöhnlichem Menschenverstand angreifbar waren. Als er z. B. im Jahre 1522 unternahm, die Ehe ans der heiligen Schrift auf neue sittliche Grundlagen zu stellen, so war Vernunft und Bedürfnis des Volkes allerdings auf seiner Seite, wenn er die achtzehn Gründe des geistlichen Rechts, Ehe zu wehren und zu zerreißen, einer scharfen Kritik unterzog und die unwürdige Begünstigung der Reichen vor den Armen verurteilte. Aber es war doch wunderlich, wenn Luther allein aus der Bibel nachweisen wollte welche Verwandtschaftsgrade erlaubt und verboten waren, zumal er auch das alte Testament heranzog, in welchem mehrere seltsame Ehen ohne Widerspruch des alten Jehovah vollzogen waren. Unzweifelhaft hatte Gott seinen Auserwählten einigemal gestattet, zwei Frauen zu haben.

Und dieselbe Methode war es, welche ihn im Jahre 1529 während der Unterhandlungen mit den Reformierten so hartnäckig machte, damals, wo er „das ist mein Leib" vor sich auf den Tisch schrieb und finster auf die Tränen und die ausgestreckte Hand Zwingli's hinüber sah. Nie war er beschränkter gewesen, und doch nie gewaltiger, der furchtbare Mann, der seine Überzeugung im heftigsten innern Streit dem Zweifel und Teufel abgerungen hatte. Es war eine unvollkommene Methode, und seine Gegner richteten nicht ohne Erfolg ihre Angriffe darauf. Mit ihr verfiel seine Lehre dem Schicksal aller menschlichen Weisheit.

Aber in dieser Methode war auch ein starker gemütlicher Prozeß, bei welchem seine eigene Vernunft, Bildung und Herzensbedürfnis seiner Zeit viel mehr zur Geltung kamen, als er selbst ahnte. Und sie wurde der Ausgangspunkt, von dem eine gewissenhafte Forschung die deutsche Nation zu der höchsten geistigen Freiheit emporgearbeitet hat.

Zu solcher großartigen Prüfung kamen dem ausgestoßenen Mönch auf der Wartburg auch kleinere Versuchungen; er hatte langst durch fast übermenschliche geistige Tätigkeit das überwunden, was als Sinnentrieb mit großem Mißtrauen betrachtet wurde, jetzt regte sich kräftig die Natur, und er bittet mehrmals seinen Melanchthon, deshalb für ihn zu beten.

Da wollte das Schicksal, daß gerade in diesen Wochen der unruhige Geist Karlstadt's in Wittenberg auf die Priesterehe fiel und sich in einer Schrift über das Zölibat dahin entschied, Priester und Mönche binde das Gelübde der Ehelosigkeit nicht. Die Wittenberger waren im allgemeinen einverstanden, zunächst Melanchthon, der dieser Frage am unbefangensten gegenüberstand, er selbst hatte nie die Weihen erhalten und war schon seit zwei Jahren verheiratet.

So wurde von außen her gerade jetzt ein Knäuel von Gedanken und sittlichen Aufgaben in Luthers Seele geworfen, dessen Fäden sein ganzes späteres Leben umspinnen sollten. Was ihm fortan von herzlicher Freude und irdischem Glück gewährt war, beruhte auf der Antwort, die er für diese Frage fand. Was ihm möglich machte, die späteren Jahre zu ertragen, war das Glück seines Hauses, von da ab erst sollte sich die Blüte seines reichen Herzens entfalten. So gnädig sandte dem Einsamen das Geschick gerade jetzt die Botschaft, welche ihn auf's neue und fester mit seinem Volk verbinden sollte. Und wieder charakteristisch ist, wie Luther diese Aufgabe behandelt. Sein frommes Gemüt und der konservative Zug in seinem Wesen sträubten sich gegen die hastige und ungründliche Weise, in welcher Karlstadt folgerte. Man darf annehmen, daß ihn manches, was er gerade selbst empfand, mißtrauisch machte, ob nicht der Teufel diese bedenkliche Frage benutze, die Kinder Gottes zu versuchen. Und doch dauerten ihn jetzt in seiner Haft die armen Mönche im Zwange des Klosters so sehr. Er suchte in der Schrift; mit der Priesterehe wurde er leicht fertig. Aber von den Mönchen stand nichts in der Bibel. „Die Schrift schweigt, der Mensch ist unsicher.“ Und dabei erschien ihm als ein lächerlicher Einfall, daß auch seine nächsten Freunde heiraten könnten, und er schreibt an den vorsichtigen Spalatin: „Guter Gott, unsere Wittenberger wollen auch den Mönchen Weiber geben! Nun, mir sollen sie keines an den Hals hangen," und ironisch warnt er: „Hüte dich nur, daß du nicht auch heiratest." Aber das Problem beschäftigte ihn unaufhörlich, der Mensch lebt schnell in so großer Zeit. Allmählich kam er durch Melanchthon's Gründe, und wir dürfen annehmen, nach heißem Gebet zur Sicherheit. Was den Ausschlag gab, ihm selbst unbewußt, war doch die Erkenntnis, daß es vernünftig geworden sei und für eine sittlichere Begründung des bürgerlichen Lebens notwendig, die Klöster zu öffnen. Fast drei Monate hatte er um die Frage gekämpft, am 1. November 1521 schrieb er den erwähnten Brief an seinen Vater.

Unermeßlich war die Wirkung seiner Worte auf das Volk, überall rührte sich's in den Kreuzgängen, fast aus allen Klosterpforten schlüpften Mönche und Nonnen; zuerst einzeln in heimlicher Flucht, bald lösten sich ganze Konvente auf. Als Luther im nächsten Frühjahr, größere Sorge im Herzen, nach Wittenberg zurückkehrte, machten ihm die ausgelaufenen Nonnen und Mönche viel zu schaffen. Heimliche Briefe wurden von allen Enden an ihn befördert, häufig von aufgeregten Nonnen, die als Kinder von harten Eltern in die Klöster gesteckt waren und jetzt geldlos, schutzlos bei dem großen Reformator Hilfe suchten. Nicht unnatürlich war, daß sie sich nach Wittenberg drängten. Da kamen neun Nonnen aus dem adlichen Stift Nimpschen angefahren, darunter eine Staupitz, zwei Zeschau, Katharina von Bora; dann waren wieder sechzehn Nonnen zu versorgen, und so fort. Das arme Volk dauerte ihn sonstiger, er schrieb ihretwegen, lief, sie bei achtbaren Familien unterzubringen. Zuweilen freilich wurde ihm des Guten zu viel, zumal die Haufen entsprungener Mönche belästigten ihn. Er klagt: „Gleich wollen sie heiraten und sind die ungeschicktesten Leute zu jeder Arbeit." Er gab durch seine kühne Lösung einer schwierigen Frage großes Ärgernis, er selbst hatte peinliche Empfindungen, denn unter denen, die jetzt im Tumult zur bürgerlichen Gesellschaft zurückkehrten, waren zwar hochgesinnte Männer, aber auch rohe und schlechte. Doch das alles machte ihn nicht einen Augenblick irre, er wurde, wie seine Art war, durch den Widerspruch nur entschlossener. Als er 1524 die Leidensgeschichte einer Klosterjungfrau, Florentina von Oberweimar, herausgab, wiederholte er in der Zuschrift, was er bereits so oft gepredigt hatte: „Gott läßt oft in der Schrift bezeugen, er wolle keinen gezwungenen Dienst haben, und niemand soll sein werden, er tue es denn mit Lust und Liebe. Hilf Gott! Ist denn nicht mit uns zu reden? Haben wir denn nicht Sinn und Ohren? Ich sag's abermal, Gott will nicht gezwungenen Dienst haben, ich sag's zum drittenmal, ich sag's hunderttausendmal, Gott will keinen gezwungenen Dienst haben!"

So trat Luther in die letzte Periode seines Lebens. Sein Verschwinden im Thüringer Wald hatte ungeheures Aussehen gemacht. Die Gegner bebten vor dem Zorne, der sich in Stadt und Land gegen die erhob, welche man Mörder schalt. Aber die Unterbrechung seiner öffentlichen Tätigkeit wurde ihm doch verhängnisvoll. So lange er in Wittenberg Mittelpunkt des Kampfes war, hatten sein Wort, seine Feder die große Bewegung der Geister im Süden und Norden souverän beherrscht, jetzt arbeitete sie willkürlich, nach verschiedenen Richtungen, in vielen Köpfen. Einer der ältesten Genossen Luthers begann die Verwirrung, Wittenberg selbst wurde Tummelplatz einer abenteuerlichen Bewegung. Da litt es Luthern nicht länger auf der Wartburg. Schon einmal war er heimlich in Wittenberg gewesen, jetzt kehrte er gegen den Willen des Kurfürsten öffentlich dorthin zurück. Und jetzt begann er einen Heldenkampf gegen alte Freunde und gegen die Folgerungen, welche aus seiner eigenen Lehre geleitet wurden. Übermenschlich war seine Tätigkeit. Er wetterte ohne Aufhören von der Kanzel, in der Zelle flog seine Feder. Aber er vermochte nicht, jeden abgefallenen Geist zurückzuführen, selbst er konnte nicht verhindern, daß der Pöbel der Städte mit wüster Unsitte gegen Institute der alten Kirche und gegen verhaßte Personen losbrach, daß die Erregung des Volkes auch politische Wetter zusammenzog, daß der Ritter sich gegen den Fürsten, der Bauer gegen den Ritter erhob. Und was mehr war, er konnte nicht wehren, daß die geistige Freiheit, die er den Deutschen errungen hatte, bei frommen und gelehrten Männern ein selbständiges Urteil über Glauben und Leben erzeugte, ein Urteil, das auch seinen Überzeugungen widersprach. Es kamen die finstern Jahre des Bildersturms, der Wiedertäufer, des Bauernkrieges, des leidigen Sakramentstreites. Wie oft erhob sich in dieser Zeit die Gestalt Luthers finster und gewaltig über den Hadernden, wie oft erfüllten ihn selbst die Verkehrtheiten der Menschen und eigener heimlicher Zweifel mit banger Sorge um die Zukunft Deutschlands!

Denn in einer wilden Zeit, welche mit Feuer und Schwert zu töten gewöhnt war, faßte dieser Deutsche die geistigen Kämpfe so hoch und rein wie kein Anderer. Jede Anwendung irdischer Gewalt war ihm in der Zeit der eigenen höchsten Gefahr tödlich verhaßt, er selbst wollte nicht behütet sein von seinem Landesherrn, ja er wollte keinen Menschenschutz für seine Lehre. Er focht mit scharfem Kiel gegen seine Feinde, aber der einzige Scheiterhaufen, den er anzündete, war gegen ein Papier; er haßte den Papst wie den Teufel, aber er hat immer Verträglichkeit und christliche Duldung gegen Papisten gepredigt; er beargwöhnte manchen, in stillem Bunde mit dem Teufel zu stehen, er hat nie eine Hexe gebrannt. In allen katholischen Ländern flammten die Holzstöße über Bekennern des neuen Glaubens, selbst Hütten stand in starkem Verdacht, einigen Mönchen die Ohren abgeschnitten zu haben; Luther hatte herzliches Mitleid mit dem gedemütigten Tetzel und schrieb ihm einen Trostbrief. So human war seine Empfindung. Der Obrigkeit, die Gott eingerichtet hat, gehorsam sein, war sein höchster politischer Grundsatz, nur wenn der Dienst seines Gottes gebot, loderte sein Widerspruch auf. Es war ihm beim Abschied von Worms befohlen worden, nicht zu predigen, ihm, der gerade damals für vogelfrei erklärt werden sollte; er ließ sich die Predigt nicht wehren, aber der ehrliche Mann hatte doch Sorge, man könne ihm das als Ungehorsam auslegen. Seine Auffassung des Reichszusammenhangs war noch ganz altertümlich und ganz volksmäßig. Wie der Untertan der Obrigkeit, so hatten die Landesherren und Kurfürsten dem Kaiser gehorsam zu sein nach Reichsgesetz.

An der Person Karl's V. nahm er sein Lebelang menschlichen Anteil, nicht nur in jener ersten Zeit, wo er ihn als das „teure junge Blut" begrüßte, auch noch spät, als er wohl wußte, daß der spanische Burgunder der deutschen Reformation höchstens nur aus Politik Duldung gewähre. „Er ist fromm und still," sagte er von ihm, „er spricht in einem Jahre nicht so viel, als ich in einem Tage, er ist ein Glückskind;" gern rühmte er des Kaisers Mäßigung, Bescheidenheit und Langmut, Als er schon längst die Politik des Kaisers verurteilte und in der Stille dem Charakter desselben mißtraute, hielt er darauf, daß unter seinen Tischgästen mit Ehrfurcht von dem Herrn Deutschlands gesprochen würde, und sagte den Jüngeren entschuldigend: „Ein Politiker kann nicht so offen sein, als wir Geistliche, Noch 1530 war sein Gutachten, daß es dem Kurfürsten Unrecht sei, seinem Kaiser mit den Waffen Widerstand zu leisten; erst 1537 fügte er sich widerstrebend der freieren Ansicht seines Kreises – aber nicht zuerst angreifen dürfe der gefährdete Fürst. So lebendig war in dem Mann aus dem Volke noch die ehrwürdige Tradition von einem festen, wohlgegliederten Bundesstaat, in einer Zeit, wo der stolze Bau jener alter Sachsen und Frankenkaiser bereits so arg zerbröckelt war. Aber in solcher Loyalität war keine Spur von sklavischem Sinne; als ihn sein Landesfürst einst bestimmte, einen ostensiblen Brief zu schreiben, sträubte sich sein Wahrheitsgefühl gegen das Prädikat des Kaisers: Allergnädigster Herr, denn der Kaiser sei ihm nicht gnädig gesinnt. Und in seinem häufigen Verkehr mit Vornehmen war er von einer rücksichtslosen Offenheit, die mehr als einmal den Hofleuten schrecklich wurde. Seinem eigenen Landesherrn hat er in aller Ergebenheit Wahrheiten gesagt wie sie nur ein großer Charakter aussprechen darf, nur ein gutherziger anzuhören vermag. Im ganzen hielt er wenig von den deutschen Fürsten, so sehr er einzelne achtete. Häufig und gerecht sind seine Klagen über ihre Unfähigkeit, Zügellosigkeit, ihre Laster. Auch den Adel betrachtete er gern mit Ironie, die Plumpheit der Mehrzahl mißfiel ihm höchlich. Und einen demokratischen Widerwillen empfand er gegen die harten und eigennützigen Rechtsgelehrten, welche die Geschäfte der Fürsten besorgten, nach Gunst arbeiteten, die armen Leute quälten; dem Besten von ihnen räumte er nur sehr zweifelhafte Aussicht auf die Gnade Gottes ein. Dagegen war sein ganzes Herz bei den Unterdrückten; er schalt zuweilen die Bauern, ihre Verstocktheit, ihren Kornwucher, aber er pries auch oft ihren Stand, sah mit herzlichem Mitleid auf ihre Lasten und gedachte wohl, daß er von Haus aus zu ihnen gehörte.

Doch das alles gehörte zum weltlichen Regiment, er diente dem geistlichen. Auch die volksmäßige Vorstellung saß fest in seiner Seele, daß zwei herrschende Gewalten nebeneinander die deutsche Nation zu regieren hätten, Kirchenmacht und Fürstenmacht. Und er hatte gutes Recht, sein Gebiet von Pflichten und Rechten mit Stolz der weltlichen Politik gegenüberzustellen. In seinem geistlichen Gebiet war Gemeinsinn, Opfermut, eine Fülle idealen Lebens, im weltlichen Regiment fand er überall engherzigen Eigennutz, Räuberei, Betrug und Schwäche. Zornig kämpfte er dafür, daß die Obrigkeit sich nicht zu ordnen anmaße, was dem Seelsorger und der Autonomie seiner Gemeinde zustehe. Vom Interesse seines Glaubens, nach dem Gesetz seiner Bibel beurteilte er alle Politik. Wo ihm das Schriftwort durch weltliche Politik gefährdet schien, erhob er seine Stimme, gleichgültig, wen sie traf. Es war nicht seine Schuld, daß er stark war und die Fürsten schwach, und ihn, den Mönch, den Professor, den Seelsorger darf kein Vorwurf treffen, wenn der protestantische Fürstenbund der schlauen Staatskunst des Kaisers gegenüberstand wie ein Rudel Hirsche.

Er selbst war sich klar bewußt, daß italienische Politik nicht seine Sache war; wenn der rührige Landgraf von Hessen einmal dem geistlichen Rat nicht folgte, so achtete ihn Luther darum im Stillen um so mehr. „Er hat seinen eigenen Kopf, es gelingt ihm, er hat einen weltlichen Verstand.“

Jetzt, seit Luthers Rückkehr nach Wittenberg, brauste im Volke eine demokratische Flut, Luther hatte die Klöster geöffnet, jetzt verlangte man Abhilfe für viele andere soziale Schäden: die Not der Bauern, die geistlichen Steuern, die Pfründenwirtschaft, die schlechte Rechtspflege. Luthers ehrliches Herz sympathisierte mit dieser Bewegung. Er ermahnte und schalt die Grundherren und Fürsten. Aber als sich die wilden Wogen des Bauernkrieges auch über seine Saaten ergossen, als blutige Gewalttat sein Gemüt verletzte und er empfand, daß die Schwärmer und Rottengeister eine Herrschaft über die Bauernhaufen ausübten, welche auch seiner Lehre Vernichtung drohte, da warf er sich im höchsten Zorn der rohen Masse entgegen. Wild und kriegerisch klang sein Ruf an die Fürsten, ihm war das Greulichste geschehen, das Evangelium der Liebe war geschändet durch die freche Willkür solcher, welche sich seine Bekenner nannten. Seine Politik war auch hierin die richtige; es gab in Deutschland leider keine bessere Macht als die der Fürsten, auf ihnen beruhte trotz allem die Zukunft des Vaterlandes, weder die unfreien Bauern noch die räuberischen Edelleute, noch die vereinzelten Reichsstädte, welche wie Inseln in der schwellenden Brandung standen, gaben eine Garantie. Er hatte ganz Recht in der Sache, aber dieselbe hartköpfige, unbeugsame Art, welche bis dahin seine Kämpfe gegen die Hierarchie so volkstümlich gemacht hatte, wandte sich jetzt gegen das Volk selbst. Ein Schrei des Entsetzens und Abscheus ging durch die Masse. Er war ein Verräter. Der seit acht Jahren der Liebling und Held des Volkes gewesen war, er wurde plötzlich der unpopulärste Mann. Auf's neue wurde ihm Sicherheit und Leben bedroht, noch fünf Jahre nachher war es für ihn der Bauern wegen gefährlich, nach

Mansfeld zu seinem kranken Vater zu reisen. Der Zorn der Menge arbeitete auch gegen seine Lehre, die Winkelprediger und neuen Apostel behandelten ihn als verlorenen, verdorbenen Mann.

Er war gebannt, er war geächtet und vom Volke verflucht. Auch viele wohlmeinende Männer hatten seinen Sturm gegen Zölibat und Klosterleben nicht gebilligt. Die Landedelleute drohten den Geächteten auf der Landstraße auszuheben, weil er die Nonnenklöster vernichtet hatte, in welche, ähnlich wie in Findelhäuser, die ehelichen Töchter des armen Adels schon in früher Kindheit geworfen wurden. Die römische Partei triumphierte, der neuen Ketzerei war genommen, was sie bis dahin mächtig gemacht hatte, Luthers Leben und seine Lehre schien dem Untergang nahe. Da beschloß Luther zu heiraten. Zwei Jahre hatte Käthe von Bora im Hause des Stadtschreibers, späteren Bürgermeisters Reichenbach zu Wittenberg gelebt, ein kräftiges, stattliches Mädchen, auch sie die verlassene Tochter einer Familie des meißnischen Landadels. Zweimal hatte sich Luther bemüht, ihr einen Gatten zu werben, wie er in väterlicher Sorge schon mehreren ihrer Gefährtinnen getan hatte, endlich erklärte Katharina, sie werde keinen Mann freien, wenn nicht Luthern selbst oder seinen Freund Amsdorf. Luther war verwundert, aber er entschloß sich kurz. Von Lucas Cranach begleitet, hielt er um sie an und ließ sich auf der Stelle mit ihr trauen. Dann bat er die Freunde zum Hochzeitsschmaus, suchte bei Hofe um den Wildbraten nach, den der Landesherr seinen Professoren bei Hochzeiten zu schenken pflegte, und empfing von der Stadt Wittenberg den Tischwein als Festgeschenk. Wie es damals in Luthers Seele aussah, möchten wir gern verstehen. Sein ganzes Wesen war auf das höchste gespannt, die wilde Urkraft seiner Natur stieß nach allen Seiten, tief war er erschüttert über das Unheil, das rings um ihn aus verbrannten Dörfern und erschlagenen Männern ausstieg. Wäre er ein Fanatiker seiner Ideen gewesen, er hätte jetzt wohl in Verzweiflung geendigt.

Aber über der stürmischen Unruhe, die bis zu seiner Vermählung in ihm erkennbar ist, glänzte ihm wie ein reines Licht gerade jetzt die Überzeugung, daß er Hüter des göttlichen Rechtes unter den Deutschen sei, und daß er, um bürgerliche Ordnung und Sitte zu schützen, die Meinung der Menschen zu leiten habe, nicht aber ihr zu folgen. Wie heftig er im einzelnen eifert, gerade jetzt erscheint er vorzugsweise konservativ, fester als je in sich geschlossen. Daneben hatte er allerdings die Ansicht, daß ihm nicht mehr lange zu leben bestimmt sei, und in manchen Stunden erwartete er mit Sehnsucht das Martyrium. So schloß er auch seine Ehe im völligen Einklang mit sich selbst. Er hatte sich vollständig in die Notwendigkeit und Schriftmäßigkeit der Ehe hineingetrieben, seit den letzten Jahren hatte er alle seine Bekannten zum Heiraten gedrängt, zuletzt sogar einen alten Gegner, den Erzbischof von Mainz. Er selbst gibt zwei Gründe an, die ihn bestimmt haben. Er hatte seinen Vater auf lange Jahre des Sohnes beraubt, es war ihm wie eine Sühne, dem alten Hans einen Enkel zu hinterlassen, wenn er selbst sterbe. Auch Trotz war dabei: die Gegner triumphierten, Luther sei gedemütigt, alle Welt nahm jetzt Ärgernis an ihm, er wollte ihr noch mehr Ärgernis geben in seiner guten Sache. Er war von kräftiger Natur, aber es war keine Spur von roher Sinnlichkeit in ihm. Und wir dürfen annehmen, daß der beste Grund, den er keinem Freunde gesteht, zuletzt doch der entscheidende war. Lange hatte das Geschwätz der Leute mehr gewußt als er, jetzt wußte auch er, daß Katharina ihm hold war. „Ich bin nicht verliebt und nicht in Leidenschaft, aber ich bin ihr gut," schreibt er einem seiner liebsten Freunde, – Und diese Ehe, gegen die Meinung der Zeitgenossen unter dem Hohngeschrei der Gegner geschlossen, wurde ein Bund, dem wir Deutsche eben so viel verdanken als den Jahren, in denen er, ein Geistlicher der alten Kirche, für seine Theologie die Waffen getragen hatte, Denn von jetzt wurde der Gatte, der Vater, der Bürger auch Reformator des häuslichen Lebens seiner Nation, und grade der Segen seiner Erdentage, an welchem Protestanten und Katholiken gleichen Anteil haben, stammt aus der Ehe zwischen einem ausgestoßenen Mönch und einer entlaufenen Nonne.

Denn noch einundzwanzig arbeitsvolle Jahre sollte er als Bildner seiner Nation wirken. Jetzt wurde sein größtes Wert, die Übersetzung der Bibel, beendigt, und an dieser Arbeit, die er im Verein mit seinen Wittenberger Freunden zum Abschluß brachte, erwarb er die volle Gewalt über die Sprache des Volkes, eine Prosa welche zuerst durch dies Werk ihren Reichtum und ihre Kraft gebrauchen lernte. Wir wissen, in welchem großen Sinne er die Arbeit unternahm, ein Buch für das Volk wollte er schaffen, emsig studierte er dazu Redeweise, Sprichwörter und technische Ausdrücke, die im Volksmunde lebten. Noch die Humanisten hatten oft ein unbehilfliches verschränktes Deutsch geschrieben mit ungefügen Sätzen in unschöner Erinnerung an den lateinischen Stil. Jetzt erhielt die Nation zur täglichen Lektüre ein Werk, das mit einfachem Wort in kurzen Sätzen die tiefste Weisheit und die beste geistige Habe der Zeit zum Ausdruck brachte. Mit den übrigen Werken Luthers wurde die deutsche Bibel Grundlage der neudeutschen Sprache. Und diese Sprache, in welcher unsre ganze Literatur und unser geistiges Leben Ausdruck gefunden hat, ist eine unvertilgbare Habe geworden, welche in den schwersten Zeiten, selbst verunziert und entstellt, die einzelnen deutschen Stämme erinnert hat, daß sie zusammengehören. Noch wächst bei uns jeder Einzelne aus dem Dialekt seiner Heimat herauf, noch heute ist die Sprache der Bildung, Poesie und Wissenschaft, an welcher Luther mehr geschaffen hat, als irgend ein Anderer, das Band, welches alle deutschen Seelen zur Einheit zusammenschließt.

Und nicht weniger war, was derselbe Mann für das bürgerliche Leben der Deutschen tat. Hausandacht, Ehe und Kinderzucht, Gemeindeleben und Schulwesen, Sitte, Vergnügen, alle herzlichen Empfindungen, alle gesellschaftliche Freude weihte er durch seine Lehre und Schrift, überall war er bemüht, neue Marksteine zu setzen, tieferen Grund zu graben. Kein Gebiet menschlicher Pflicht gab es, über welches er seine Deutschen nicht nachzudenken zwang. Durch seine zahlreichen Sermone und kleinen Schriften wirkte er in's Weite, durch zahllose Briefe, in denen er Anfragenden Rat und Trost gab, auf die Einzelnen, Wenn er die Zeitgenossen unablässig trieb, selbsttätig zu prüfen, ob ein Herzenswunsch berechtigt sei oder nicht, was der Vater dem Kinde, der Untertan der Obrigkeit, der Ratsherr seiner Bürgerschaft zu gewähren schuldig sei so war der Fortschritt, der durch ihn gemacht wurde, deshalb so bedeutend, weil er auch hier das Gewissen des Einzelnen frei machte und an die Stelle äußeren Zwangs, gegen den sich die Selbstsucht bisher trotzig empört hatte, überall gemütvolle Selbstbeherrschung setzte. Wie schön begreift er die Notwendigkeit, die Kinder durch Schulunterricht zumal in alten Sprachen zu bilden, wie warm empfiehlt er seine geliebte Musik zur Einführung in den Schulen, wie groß wird sein Blick, wenn er die Ratsherren ermahnt, auch Stadtbibliotheken anzulegen. Und wieder, wie gewissenhaft suchte er bei Verlobung und Ehe dem Herzen der Liebenden ein Recht zu sichern gegenüber der harten elterlichen Gewalt. Wohl ist auch sein Gesichtskreis durch die Worte der Schrift begrenzt, aber überall klingt durch sein Predigen, Treiben und Schelten der schöne Grundton seiner deutschen Natur, das Bedürfnis von Freiheit und Zucht, von Liebe und Sittlichkeit. Das alte Sakrament der Ehe hatte er geworfen, aber höher, edler, freier gestaltete er das innerliche Verhältnis zwischen Mann und Weib; die unbehilflichen Klosterschulen hatte er befehdet, überall in Dorf und Stadt, soweit sein Einfluß reichte, blühten bessere Bildungsstätten für die Jugend auf; Messe und lateinischen Kirchengesang hatte er abgeschafft, er gab dafür Verehrern und Gegnern die regelmäßige Predigt und das deutsche Kirchenlied. Die große Bedeutung, welche Luthers Lehre nicht nur in den Seelen der Deutschen, auch in den politischen Verhältnissen des Reiches gewonnen hatte, ist schon neun Jahre nach den Tagen von Worms in Luther's Leben erkennbar. Zu Worms war er den Feinden ein einzelner verruchter Ketzer, dessen Tod die gefährliche Irrlehre wegschaffen konnte, im Jahre 1530 aber übergaben auf dem Reichstage zu Augsburg die Fürsten und Stände, welche sich von der alten Kirche gelöst hatten, dem Kaiser ein Bekenntnis ihres Glaubens, und dieses Bekenntnis wurde Grundlage einer gesicherten politischen Stellung des Protestantismus, es war trotz aller Klauseln, welche noch daran hingen, in Wahrheit der erste Friedensvertrag, welchen die siegreiche neue Lehre mit dem heiligen römischen Reiche abschloß. Da war es nun eine seltsame Fügung, daß der ehrliche Luther, ähnlich wie einst auf der Wartburg, auf einem andern festen Sitz seines Kurfürsten, auf der Beste Koburg wieder in Verborgenheit, in Tracht und mit dem Bart eines ritterlichen Mannes, den Erfolg abzuwarten hatte, und wieder datierte er seine Briefe geheimnisvoll aus der Einsamkeit und aus dem Reiche der Vögel und ermahnte Melanchthon zu tapferem Beharren. Denn während seine Freunde und Mitarbeiter zu Augsburg bei der großen Bekenntnisschrift tätig waren, sollte er, der immer noch unter der Reichsacht stand, nicht in das Landgebiet katholischer Herren und vor die Augen des Kaisers, der ihn geächtet hatte, geführt werden. Aber diese Acht von 1521, wie bedeutungslos war sie geworden! Wenige Monate, nachdem sie erklärt war, hatte die steigende Aufregung im Volke und der maßlose Eifer anderer Unzufriedener die Feinde Luthers zu dem Bekenntnis genötigt, daß es das größte Glück sein würde, wenn der verschwundene Luther noch am Leben wäre. Seitdem hatte er ebenso gewaltig wie gegen den Papst, sich gegen das sozialistische Treiben im Volke erhoben, und er hatte durch den Zauber seines starken Wesens und mit der Fülle seines deutschen Gemütes so viel für Zucht und Ordnung im Volke getan, daß selbst seine Gegner etwas von dem Segen fühlten. Aber freilich, neben hohen Erfolgen hatte er auch große Beschränkung seiner Wirksamkeit erlebt. Zu Worms war er der Einzige gewesen, in Wahrheit der Vertreter des deutschen Gewissens und der geistliche Führer der ganzen starken Bewegung, welche sich im deutschen Volke erhob; im Jahre 1530 war er Haupt und Führer einer großen Partei, nur einer Partei, neben welcher andere Richtungen und Parteien herauskamen. Auch in der alten Kirche war die Scheu vor der öffentlichen Meinung größer, die Gläubigkeit inniger und gemütvoller geworden. Neben Luther hatte sich die Lehre Zwingli's auch in Deutschland ausgebreitet, und unten im Volke arbeitete die sozialistische Lehre der Wiedertäufer feindlich gegen ihn, wie gegen das System der alten Kirche. Auch er selbst war ein Anderer; nicht mehr der todesfrohe Märtyrer, sondern der umsichtige Berater seiner Fürsten und ein eifriger, strenger Bauherr an seiner neuen Kirche. Und er, der auf der Wartburg wegen der Ehelosigkeit der Mönche in Gewissenszweifeln gerungen hatte, er schrieb jetzt neben Erklärungen biblischer Schriften auch in guter Laune herzliche Briefe in sein eigenes Haus, an seine Tischgenossen und an seinen kleinen Sohn: über den Reichstag der Dohlen, die um die Türme der Beste Koburg lärmten, und über einen schönen Himmelsgarten, in dem fromme Kinder singen und springen, auf kleinen Pferdlein mit goldenen Zäumen reiten und mit der Armbrust schießen. Der Apostel der Deutschen war zu einem großen geistlichen Hausherrn in Deutschland geworden.

Immer reiner trat mit den Jahren in seiner Seele das Bedürfnis hervor, alles Holde, Gute und Herzliche, was ihm die Welt entgegentrug, als göttlich zu empfinden. In solchem Sinne war er immer fromm und immer weise, in der Natur, in ehrbarer Fröhlichkeit unter seinen Genossen, wenn er seine Frau neckte, seine Kinder im Arm hielt. Vor dem Fruchtbaum, den er voll Obst hängen sah, stand er vergnügt über die Pracht: „Wenn Adam nicht gefallen wäre, hätten wir immer alle Bäume so bewundert." Eine große Birne nahm er erstaunt in die Hand: „Seht, vor einem halben Jahre war sie tiefer unter die Erde, als sie lang und groß ist, und saß im äußersten Wipfel der Wurzel. Diese allerkleinsten und unachtsamsten Kreaturen sind die größten Wunderwerke. Gott ist in der geringsten Kreatur, als in einem Baumblatt oder Gräslein!“ Zwei Vöglein machten in des Doktors Garten ein Nest und flogen am Abend heran, oft von den Vorübergehenden gescheucht er rief ihnen zu: „Ach du liebes Vöglein, fliehe nicht, ich gönne dir‘s von Herzen wohl, wenn du mir‘s nur glauben könntest. Aber so vertrauen auch wir unserm Gott nicht.“ Große Freude war ihm die Geselligkeit mit treuen Männern, dann trank er vergnügt seinen Wein, die Unterhaltung flog lebendig über Großes und Kleines, er urteilte mit prächtiger Laune über Feinde und gute Bekannte, lachte und erzählte lustige Schwanke und wischte dabei, wenn er in Erörterungen kam, mit der Hand über seine Knie – denn dieser Gestus war ihm eigen – oder er sang wohl selbst, schlug die Laute und richtete eine Cantorei auf. Was Menschen in Ehrbarkeit fröhlich machte, war ihm lieb, die herrlichste Kunst die Musica; mild urteilt er über den Tanz und sprach fünfzig Jahre vor Shakespeare – wohlwollend von der Komödie, denn sie lehre gleich einem Spiegel, wie sich ein jeglicher halten soll. Wenn er so mit Melanchthon zusammensaß, dann war Magister Philipp der Milde, Gelehrte, der zu gewagten Behauptungen seines kräftigen Freundes wohl einmal die kluge Einschränkung hinzufügte. War dann von reichen Leuten die Rede und Frau Käthe konnte sich nicht enthalten, sehnsüchtig zu bemerken: „Hatte mein Herr einen solchen Sinn gehabt, so wäre er sehr reich geworden.“ dann entschied Melanchthon ernsthaft: „Das ist unmöglich, denn die so auf allgemeinen Nutzen trachten, die können nicht ihrem Nutzen anhangen.“ Ein Thema aber gab es, worin die beiden Männer gern aneinander gerieten. Melanchthon war ein großer Freund der Astrologie. Und diese Wissenschaft sah Luther mit souveräner Verachtung an; Luther dagegen war durch seine Methode der biblischen Exegese – ach, und durch geheime politische Sorgen – zu der Überzeugung gekommen, daß das Ende der Welt nahe sei. Das schien wieder dem gelehrten Melanchthon sehr zweifelhaft. Wenn also Melanchthon von Himmelszeichen und Aspecten anfing, und Luthers Erfolge daraus erklärte, daß dieser unter dem Zeichen der Sonne geboren sei, dann rief Luther: „Ich gebe nicht so viel auf euern Sol. Ich bin eines Bauern Sohn, mein Vater, Großvater, Ahnherr sind rechte Bauern gewesen.“ – „Ja“, versetzte Melanchthon, „auch im Dorfe würdet ihr ein Oberster, Schultheiß oder ein erster Knecht über die andern geworden sein.“ „Ich aber“, rief Luther siegreich, „bin ein Baccalaureus, Magister, ein Mönch geworden, das steht im Gestirne nicht; darnach bin ich dem Papst in die Haare gefallen und er mir wieder, ich habe eine Nonne zum Weibe genommen und etliche Kinder mit ihr gezeugt, wer hat das in den Sternen gesehen!“ Und wieder fuhr Melanchthon in seinen astrologischen Deutungen fort, begann vom Kaiser Karl und erklärte, diesem Herrn sei bestimmt, im Jahre 1584 zu sterben. Da brach Luther stark heraus: „So lange steht die Welt gar nicht mehr. Denn wenn wir den Türken wegschlagen, ist die Prophezeiung Danielis erfüllt und am Ende. Dann ist der jüngste Tag gewißlich vor der Tür,“ –

Wie liebenswürdig ist er als Vater in der Familie. Als seine Kinderlein vor dem Tisch standen und mit allem Fleiß auf das Obst und die Pfirsichen sahen, sagte er: „Wer da sehen will das Bild eines, der sich in Hoffnung freut, der hat hier das rechte Kontersei. Ach daß wir den jüngsten Tag so fröhlich ansehen könnten! Adam und Eva werden viel besseres Obst gehabt haben, unseres sind eitel Holzäpfel dagegen. Auch die Schlange, meine ich, war damals die schönste Kreatur, freundlich und holdselig, noch trägt sie ihr Krönlein, aber nach dem Fluch hat sie die Füße und ihren schönen Leib verloren.“ So sah er seinem dreijährigen Söhnchen zu, welches spielte und mit sich selbst plauderte: „Dies Kind ist wie ein Trunkener, es weiß nicht, daß es lebet, und lebet doch sicher und fröhlich dahin, springet und hüpfet. Solche Kinder sind gern in großen weiten Gemächern, wo sie Raum haben.“ Und er zog das Kind an sich: „Du bist unseres Herrgotts Närrchen, unter seiner Gnade und Vergebung der Sünden, nicht unter dem Gesetz, du fürchtest dich nicht, bist sicher und bekümmerst dich um nichts; wie du es machst, so ist's unverderbt. Die Eltern haben die jüngsten Kinder allezeit am liebsten; mein kleiner Martin ist mein liebster Schatz, solche Kinderlein bedürfen der Eltern Sorge und Liebe am meisten. Darum steigt die Liebe der Eltern allezeit einfältig niederwärts. Wie muß Abraham zu Sinne gewesen sein, da er seinen jüngsten und liebsten Sohn wollte opfern, er wird der Sarah nichts davon gesagt haben. Dieser Gang wird ihm sauer angekommen sein,“ – Seine geliebte Tochter Magdalena lag auf dem Tode, da klagte er: „Ich habe sie sehr lieb, aber lieber Gott, da es dein Wille ist, daß du sie dahin nehmen willst, so will ich sie gern bei dir wissen. Magdalena, mein Töchterchen, du bleibst gern hier bei deinem Vater und ziehst auch gern zu jenem Vater.“ Da sprach das Kind: „Ja, herzer Vater, wie Gott will.“ Und als sie starb, fiel der Vater vor dem Bett auf seine Knie, weinte bitterlich und betete, daß sie Gott erlösen wolle. Da entschlief sie in des Vaters Händen. Und als das Volk kam, die Leiche bestatten zu helfen, und den Doktor nach Gewohnheit anredete, sagte er: „Ich bin ja fröhlich im Geist, aber das Fleisch will nicht heran, das Scheiden vexiret einen über die Maßen sehr. Wunderlich ist's, zu wissen, daß sie gewiß im Frieden und ihr wohl ist, und doch noch so traurig zu sein.“

Sein Dominus oder Herr Käthe, wie er die Gattin gern in Briefen an die Freunde nannte, hatte sich bald zu einer tüchtigen Wirtin gebildet. Und sie hatte nicht geringe Mühe. Kleine Kinder, der Mann oft kränklich, eine Anzahl Tischgänger, Magister und arme Studenten, ein immer offenes Haus, dem selten gelehrte oder vornehme Gaste fehlten, und dazu ein knapper Haushalt und ein Gatte, der lieber gab als nahm, und der in seinem Eifer einmal, als sie in Wochen lag, sogar über das Patensilber der Kleinen herfiel, um ein Almosen zu geben, Luther kann z. B. im Jahre 1527 nicht acht Gulden für seinen früheren Prior und Freund Briesger auslegen. Traurig schreibt er ihm: „Drei silberne Becherlein (Hochzeitgeschenke) sind gegen 50 Gulden verpfändet, das vierte ist wieder verkauft, das Jahr hat 100 Gulden Schulden gebracht. Lucas Cranach will meine Bürgschaft nicht mehr annehmen, damit ich mich nicht ganz ruiniere." – Einigemal lehnt Luther Geschenke ab, auch solche, welche ihm sein Landesherr anbietet; es scheint, daß die Rücksicht auf Weib und Kinder ihm in der letzten Zeit doch etwas haushälterischeu Sinn gab. Als er starb, betrug seine Hinterlassenschaft in ungefährer Schätzung etwa 8-9000 Gulden, darunter ein Landgütchen, ein großer Garten, zwei Häuser; das war sicher vorzugsweise Frau Käthes Verdienst. Aus der Art, wie Luther sie behandelt, sehen wir, wie glücklich seine Häuslichkeit war. Wenn er Anspielungen auf das behende Schwatzen der Frauen macht, er hatte wenig Recht dazu, denn er selbst war durchaus kein Mann, den man wortkarg nennen durfte. Wenn sie sich herzlich freut, allerlei Fische aus dem kleinen Teich ihres Gartens aufsetzen zu können, und der Doktor wieder über ihre Freude seelensvergnügt ist, und nicht verfehlt, eine angenehme Betrachtung über das Glück der Genügsamkeit daranzuhängen. Oder wenn ihr einmal das Lesen im Psalter zu viel wird und sie ihm antwortet, sie höre genug vom Heiligen, lese täglich viel und könne auch wohl davon reden, Gott wolle nur, daß sie darnach handle, und der Doktor auf diese verständige Antwort erseufzt: „So fängt der Überdruß an Gottes Wort an, es werden eitel neue Bücher kommen und die Schrift wird wieder in den Winkel geworfen," – Aber dies feste Verhältnis von zwei guten Menschen war längere Zeit nicht ohne geheimes Weh. Wir vermögen nur zu ahnen, was an der Seele der Frau nagte, wenn noch im Jahre 1527 Luther in gefährlicher Krankheit von ihr letzten Abschied nahm mit den Worten: „Du bist mein ehelich Weib, dafür sollst du dich gewiß halten."

Ähnlich, wie mit seinen Lieben, verkehrte Luther auch mit den hohen Mächten seines Glaubens. Alle guten

Gestalten aus der Bibel waren ihm wie treue Freunde, seine lebhafte Einbildungskraft hatte ihr Wesen vertraulich zugerichtet, und gern malte er sich ihre Zustände mit der Treuherzigkeit eines Kindes aus. Als ihn Veit Dietrich frug, was wohl der Apostel Paulus für eine Person gewesen sei, erwiderte Luther schnell:

„Er war ein unansehnliches, hageres Männlein, Wie Philippus Melanchthon.“ Ein anmutiges Bild war ihm die Jungfrau Maria; „sie ist ein feines Mädchen gewesen“, sagte er bewundernd, „sie muß eine gute Stimme gehabt haben.“ Und den Erlöser dachte er sich am liebsten als Kind bei den Eltern, wie er dem Vater das Essen auf den Holzplatz trägt, und wie Maria, wenn er zu lange ausbleibt, fragt: „Wo bist du denn so lange gewesen. Kleiner?“ Nicht auf dem Regenbogen in Glorie, nicht als Vollstrecker des Gesetzes soll man den Heiland denken, die Vorstellung ist dem Menschen zu hoch und furchtbar, nur als armen Dulder, der unter den Sündern lebt und für sie stirbt.

Auch sein Gott war ihm durchaus Hausherr und Vater. Gern vertiefte er sich in die Ökonomie der Natur, Er ergeht sich in staunender Betrachtung, wie viel Holz Gott schaffen müsse. „Niemand kann ausrechnen, was Gott nur allein braucht, die Sperlinge und unnützen Vögel zu ernähren, die kosten ihn in einem Jahre allein mehr, als der König von Frankreich Einkommen hat, Und nun denke man das Andere.“ – „Gott versteht alle Handwerke: in seiner Schneiderei macht er dem Hirsch einen Rock, der hundert Jahre hält; als ein Schuster gibt er ihm Schuhe an die Beine, und bei der lieben Sonne ist er ein Koch.

Er könnte wohl reich werden, wenn er wollte wenn er die Sonne aufhielte, die Luft einschlösse, wenn er dem Papst, Kaiser, Bischöfen und Doktoren mit Tod drohte, sobald sie ihm nicht zur Stunde hunderttausend Gulden zahlten. Da er das aber nicht tut, sind wir undankbare Unfläter.“ – Und ernstlich denkt er darüber nach, wo die Nahrungsmittel für so viele Menschen herkommen; der alte Hans Luther hatte behauptet, es gäbe mehr Menschen als Korngarben; der Doktor glaubte zwar, daß mehr Garben wachsen als Menschen, aber doch mehr Menschen als Mandeln Korn; die Mandel Korn aber gibt kaum einen Scheffel, und davon kann ein Mensch doch nicht das ganze Jahr hindurch leben." – Sogar ein Düngerhaufen lud ihn zu herzlicher Betrachtung ein. „Gott hat eben so viel aufzuräumen als zu schaffen, wenn er nicht beständig fortbrächte, die Menschen hätten die Welt längst' vollgeschmissen." Und wenn Gott den Gottesfürchtigen oft ärger straft als den Gottlosen, so handelt er ihm wie ein ernster Hauswirt, der seinen Sohn öfter stäupt als den argen Knecht, aber heimlich sammelt er dem Sohn einen Schatz zum Erbe, den Knecht stößt er zuletzt vor die Tür. – Und fröhlich zieht er den Schluß: „Kann mir unser Herrgott verzeihen, daß ich ihn wohl zwanzig Jahre mit Messehallen geärgert habe, so kann er mir auch zu gute halten, daß ich bisweilen ihm zu Ehren einen guten Trunk tue. Die Welt lege es aus wie sie wolle."

Auch wundert er sich sehr darüber, daß Gott so hart mit den Juden zürne, „Seit fünfzehnhundert Jahren beten sie heftig mit Ernst und großem Eifer, wie ihre Gebetbüchlein zeigen, und er läßt sich ihnen die ganze Zeit nicht mit einem Wörtlein merken. Wenn ich so beten könnte, wie sie beten, ich wollte für zweihundert Floren Bücher darum geben. Es muß ein großer unsäglicher Zorn sein. Ach, lieber Gott, strafe lieber mit Pestilenz, als daß du so stillschweigest!"

Wie ein Kind betete Luther alle Morgen und Abende, oft am Tage, so während des Essens. Gebete, die er auswendig wußte, sprach er immer wieder mit heißer Andacht, am liebsten das Vaterunser, dann sagte er seinem Gott den kleinen Katechismus auf; den Psalter trug er als Gebetbüchlein immer bei sich. Wenn er in leidenschaftlicher Sorge war, dann wurde sein Gebet ein Sturm, ein Ringen mit Gott, dessen Gewalt, Größe und dessen heilige Einfalt sich schwer mit andern menschlichen Empfindungen vergleichen läßt. Dann war er der Sohn, der verzweifelnd zu den Füßen seines

Vaters liegt, oder der treue Diener, der zu seinem Fürsten fleht. Denn unerschütterlich war seine Überzeugung, daß man durch Bitten und Wähnen auf Gottes Entschlüsse einwirken könne. Und so wechselt in seinem Gebet Erguß der Empfindungen mit Klage, ja mit ernsten Vorstellungen. Es ist oft berichtet, wie er den todkranken Melanchthon im Jahre 1540 zu Weimar wieder zum Leben brachte. Als Luther ankam, traf er Magister Philippus im Verscheiden, ohne Besinnung, mit gebrochenen Augen. Luther erschrak gewaltig und sprach: „Behüte Gott, wie hat der Teufel dieses Organon geschändet!“ Dann kehrte er der Gesellschaft den Rücken und trat zum Fenster, wie er gern tat, wenn er betete. „Allhier“, sagte dann Luther selbst, „mußte mir unser Gott herhalten, denn ich warf ihm den Sack vor die Tür und rieb ihm die Ohren mit allen Verheißungen des Gebets, die ich aus der heiligen Schrift zu erzählen wußte, so daß er mich anhören mußte, wenn ich anders seinen Verheißungen trauen sollte.“ Darauf faßte er Melanchthon bei der Hand: „Seid getrost, Philipp, ihr werdet nicht sterben,“ Und Melanchthon fing unter dem Zauber seines starken Freundes zur Stelle an Atem zu schöpfen, und erhielt die Besinnung wieder. Er wurde hergestellt.

Wie Gott die Quelle alles Guten, so war für Luther der Teufel Hervorbringer des Schädlichen und Schlechten. Luther stammte aus einer Hütte, in welcher der alte Schauer vor den Geistern des Fichtenwaldes und der finstern Erdspalte, welche als Eingang zu den Metallgängen des Gebirges galt, noch stark und lebendig war. Sicher war die Phantasie des Knaben oft beschäftigt gewesen mit verdunkelten Traditionen des heidnischen Götterglaubens. Er war gewöhnt, unheimliche Gewalten zu empfinden in den Schrecken der Natur wie in dem Leben der Menschen. Als er Mönch wurde, verdüsterten sich solche Erinnerungen der Kindheit zur Gestalt des biblischen Teufels, aber der geschäftige Versucher, der überall um das Leben des Mannes lauerte, behielt in dem Glauben Luthers immer viel von dem Wesen der altgermanischen heidnischen Geister. In den Reden Luthers, welche seine Tischgenossen aufzeichneten, macht der Teufel noch die schädlichen Stürme, ein Engel aber die guten Winde, wie einst die Riesenadler vom Weltrande her durch ihren Flügelschlag taten , er sitzt als Nix unter der Brücke und zieht Mädchen in's Wasser, mit denen er in Ehe lebt, er dient als Hausgeist im Kloster, bläst als Kobold das Feuer an, legt als Zwerg seine Wechselkinder in die Wiegen der Menschen, betört als Nachtmahr die Schlafenden, aus das Dach zu steigen, und tobt als Poltergeist in den Kammern. Namentlich durch diese letzte Tätigkeit störte er Luthern einige Mal. Zwar der Tintenfleck auf der Wartburg ist nicht zur Genüge beglaubigt, aber von einem unerfreulichen Geräusch, welches Satan ebendaselbst bei nächtlicher Weile mit einem Sack Haselnüsse angestellt hat, wußte Luther wohl zu erzählen. Auch im Kloster zu Wittenberg polterte der Teufel, als Luther bei Nacht im Rempter studierte, unter ihm in der Kirchenhölle so lange, bis Luther seine Büchlein zusammenraffte und zu Bett ging. Später ärgerte er sich, daß er dem „Hanswurst" nicht getrotzt hatte. Aus dieser Art von Teufelei machte er sich nicht viel, die bösen Geister, welche so arbeiteten, nannte er wohl schlechte Teufel. Seine Meinung war, daß der Teufel unzählige seien. „Nicht alle sind geringe Partekenteufel, sondern Landteufel und Fürstenteufel, die sich eine sonstiger lange Zeit, wohl über fünftausend Jahre, wohl geübt und versucht haben, und auf das allerklügste und listigste geworden sind." „Wir", sagte er, „haben die großen Teufel, welche Doctores theologiae sind, die Türken und Papisten haben schlechte und geringe Teufel, welche nicht theologische, sondern juristische Teufel sind." Von ihnen kam alles Böse auf Erden, Krankheiten – Luther hatte starken Verdacht, daß der Schwindel, der ihn lange plagte, nicht natürlich sei – Feuersbrunst – „wo ein Feuer aufgeht, sitzt alle Mal ein Teufelein dahinter und bläst in die Flamme" – Mißwuchs und Krieg – „und wenn uns Gott nicht die lieben heiligen Engel zu Hütern und Hakenschützen zugegeben hätte, welche wie eine Wagenburg um uns lagern, so wäre es bald mit uns aus.“ Und wie Luther schnell bei der Hand war, sich charakteristisches auszumalen, so wußte er auch vom Teufel, daß er hochmütig war und verächtliche Behandlung nicht ertragen konnte. Er gab deshalb gern den Rat, ihn durch Hohn und spöttische Fragen zu vertreiben. Satan war auch ein trauriger Geist und konnte die fröhliche Musik durchaus nicht leiden ,

Doch die furchtbarste Tätigkeit übte, nach Luthers Auffassung, der Teufel in der Seele des Menschen. Dort flößte er unlautere Gedanken ein, aber auch den Zweifel, die Schwermut und Niedergeschlagenheit. Dem tiefsinnigen Luther lag alles, was er so fest und fröhlich aussprach, vorher mit fürchterlicher Gewalt auf dem Gewissen. Zumal in der Nacht, wenn er erwachte, stand der Teufel schadenfroh an seinem Lager und raunte ihm Angstvolles zu, dann rang sein Geist nach Freiheit, oft lange vergeblich, lind merkwürdig ist, wie der Sohn des 16. Jahrhunderts bei solchem innern Kampfe verfuhr. Einigemal war es ihm Erlösung, wenn er den nicht am meisten respektierten Teil des Körpers zum Bett herausstreckte. Die Geberde, durch welche damals Fürst wie Bauer souveräne Verachtung auszudrücken liebten, half, wo nichts anderes helfen wollte. Aber nicht immer befreite ihn die ausspringende gute Laune. Jede neue Forschung in der Schrift, jede wichtige Predigt über ein neues Thema warf ihn wieder in Gewissenskämpfe. Dann geriet er wohl so in Aufregung, daß seine Seele unfähig wurde zu systematischem Denken und Tage lang in Angst bebte. Als ihn die Frage der Mönche und Nonnen beschäftigte, stieß ihm ein Bibelspruch auf, der ihm, wie er in seiner Aufregung meinte, Unrecht gab. Das Herz im Leibe zerschmolz ihm, er wurde fast vom Teufel erwürgt. Da besuchte ihn Bugenhagen, Luther führte ihn auf den Gang hinaus und zeigte ihm den drohenden Spruch . Und Bugenhagen, wahrscheinlich durch die Hast des Freundes angesteckt, begann auch zu zweifeln, ohne die Größe der Qual zu ahnen, welche Luther ausstand. Da erst erschrak Luther. Wieder verging ihm eine fürchterliche Nacht. Am nächsten Morgen trat Bugenhagen wieder ein. „Ich bin recht zornig“, sagte er, „erst jetzt habe ich den Text genau angesehen, die Stelle hat ja einen weit anderen Sinn.“ „Und es ist wahr“, erzählte später Luther, „es war ein lächerliches Argument. Ja, lächerlich für den, der bei sich selber ist und nicht in der Anfechtung.“

Oft klagte er gegen seine Freunde über die Schrecken dieser Kämpfe, die ihm der Teufel verursache. „Er ist von Anbeginn nie so grimmig und zornig gewesen, als jetzt am Ende der Welt. Ich fühle ihn sehr Wohl. Er schläft viel näher bei mir als meine Käthe, das heißt, er machet mir mehr Unruhe als sie mir Freude. Luther wurde nicht müde, den Papst als Antichrist und das päpstliche Wesen als teuflisch zu schelten. Wer aber genauer zusieht, der wird auch hinter diesem Teufelshaß die unvertilgbare Pietät erkennen, in welcher das treue Gemüt des Mannes an die alte Kirche gebunden war. Was ihm zur Anfechtung wurde, waren oft nur fromme Erinnerungen aus der Jugendzeit, die im schreiendsten Gegensatz standen zu den Wandlungen, die er als Mann durchgemacht hatte.

Denn kein Mensch wird ganz umgeformt durch die großen Gedanken und Taten seiner Mannesjahre. Wir selbst werden nicht neu durch neues Tun, unser inneres Leben ruht in der Summe aller Gedanken und Empfindungen, die wir jemals gehabt haben. Wer vom Schicksal erkoren wird, das größte Neue zu schaffen dadurch, daß er großes Altes vernichtet, der schlägt zugleich einen Teil seines eigenen Lebens in Trümmer. Er muß Pflichten verletzen, um größere Pflichten zu erfüllen. Je gewissenhafter er ist, desto tiefer fühlt er den Schnitt, den er in die Ordnung der Welt gemacht hat, auch in seinem Innern. Das ist der heimliche Schmerz, ja die Reue jedes großen geschichtlichen Charakters. Es gibt wenig Sterbliche, welche dieses Weh so tief empfunden haben wie Luther. Und das Große in ihm ist gerade, daß er durch solchen Schmerz niemals gehindert wurde, das

Kühnste zu tun, – Uns aber erscheint dies als ein tragisches Moment in seinem ganzen Leben.

Und ein anderes, das verhängnisvollste für ihn, lag in der Stellung, welche er selbst zu seiner Lehre einnehmen mußte. Die Autorität der Schrift allein hatte er seinem Volke übrig gelassen, mit Inbrunst klammerte er sich an ihre Worte als an den letzten festen Anker des Menschengeschlechts. Vor ihm hatte der Papst mit seiner Hierarchie die Worte gedeutet, mißdeutet, ergänzt, jetzt war er in derselben Lage. Er mit einem Kreise abhängiger Freunde mußte für sich das Vorrecht in Anspruch nehmen, die Schriftworte recht zu verstehen und auf das Leben seiner Zeit richtig anzuwenden. Das war eine übermenschliche Aufgabe, und der sie auf sich nahm, mußte notwendig einigen von den Übelständen verfallen, die er selbst an der katholischen Kirche so großartig bekämpft hatte. Fest geschlossen und ehern war das Gefüge seines Geistes, er war geschaffen zum Herrscher, wie jemals ein sterblicher Mensch; aber gerade das Riesige und Dämonische seiner Willenskraft mußte ihn zuweilen zum Tyrannen machen. Wenn er doch Toleranz übte, bei mehreren wichtigen Gelegenheiten, mit innerer Selbstüberwindung oder mit innerer Freiheit, so war dies nur der Segen seiner guten Natur, der auch hier sich geltend machte. Aber nicht selten wurde er der Papst der Protestanten. Ihm und seinem Volke blieb keine Wahl. Man hat ihm in neuer Zeit zum Vorwurf gemacht, daß er so wenig getan, die Laien durch eine Presbyterialverfassung zur Mitwirkung heranzuziehen. Nie war ein Vorwurf ungerechter. Was in der Schweiz bei kräftigen freien Bauergemeinden möglich war, das war damals in Deutschland ganz unausführbar. Nur das Bürgertum der größeren Städte umfaßte so viel Intelligenz und Kraft, um die protestantischen Geistlichen zu kontrollieren aber fast neun Zehnteile der Evangelischen in Deutschland waren gedrückte Landleute, in der Mehrzahl gleichgültig und widerwillig und seit dem Bauernkriege verwildert, ihnen mußte die neue Kirche ihre Zucht aufdrängen wie verwahrlosten

Kindern. Wer das bezweifelt, der blicke auf die Resultate der Visitationen und achte auf die unausgesetzten Klagen der Reformatoren über die Rohheit ihrer armen Gemeinden. Aber noch anderes beengte den großen Mann. Der Herrscher über die Seelen des deutschen Volkes saß in einer kleinen Stadt unter armen Universitätsprofessoren und Studenten, unter einer kraftlosen Bürgerschaft, über welche er oft zu klagen Veranlassung hatte. Alle Leiden deutscher Spießbürger, der widerwärtige Streit mit kleinen Gelehrtenseelen und plumpen Nachbarn blieben ihm nicht erspart; und in seiner Natur war vieles, was ihn dagegen besonders reizbar machte. Kein Mensch trägt ungestraft in sich das Gefühl, ein bevorzugtes Werkzeug Gottes zu sein, wer so lebt, paßt nicht mehr in das enge und kleine Gefüge der bürgerlichen Gesellschaft. Wäre Luther nicht im letzten Grunde seines Herzens bescheiden, im Verkehr mit anderen von unendlicher Gutherzigkeit gewesen, er hätte den nüchternen, Verständigen Leuten, welche kühl neben ihm standen, ganz unerträglich erscheinen müssen. So geschah es nur manchmal, daß er mit den Bürgern der Stadtbehörde, der Juristenfakultät seiner Universität, den Räten seines Landesherrn gewaltig zusammenstieß. Er hatte nicht immer Recht, aber er setzte seinen Willen gegen sie fast immer durch, denn der Wucht seines Zornes zu trotzen wagte selten jemand. Dazu kamen schwere körperliche Leiden. In den letzten Jahren seines Lebens war durch ihre häufige Wiederkehr auch seine ungeheure Kraft erschöpft; er empfand das sonstiger schmerzlich und betete unablässig zu seinem Gott, er möge ihn zu sich nehmen. Noch war er seinen Jahren nach kein Greis, aber er selbst erschien sich alt, uralt, und unheimlich in einer fremden irdischen Welt. Gerade diese Jahre, nicht reich an großen Begebenheiten, erschwert durch politisches und Stadtgezänk, erfüllt mit Verbitterung und grämlichen Stunden, werden, so hoffen wir, jeden, der das Leben des großen Mannes unbefangen überblickt, mit Rührung erfüllen. Die Flamme seines Lebens hatte sein ganzes Volk erwärmt, in

Millionen die Anfänge einer höhern menschlichen Entwickelung hervorgerufen, Millionen blieb der Segen, er selbst empfand zuletzt fast nur die Qual! Einst hatte er so freudig gehofft, als Märtyrer zu sterben, jetzt wünschte er sich die Ruhe des Grabes wie ein dauerhafter, vieljähriger müder Arbeiter. Auch das ist ein tragisches Menschenlos.

Der größte Schmerz aber, den er empfand, lag in der Stellung seiner Lehre zum Leben der Nation. Er hatte auf sein reines Evangelium eine neue Kirche gegründet, hatte dem Geist und dem Gewissen des Volkes ungleich größern Gehalt gegeben. Um ihn blühte ein neues Leben auf, so viel mehr Wohlstand, so viel gute Künste, Malerei und Saitenspiel, behaglicher Genuß, im Bürgerstand feinere Bildung. Und doch schwebte etwas in der deutschen Luft, unheimlich, verderbendrohend. Die Regierenden grimmig entzweit; fremde Gewalten im Anzüge gegen das Volk, der Kaiser aus Spanien, der Papst aus Rom, der Türke aus dem Mittelmeer; die Schwärmer und Rottengeister mächtig, die Hierarchie noch nicht gefallen. Ja, sein Evangelium selbst, hatte es die Nation zu größerer Einigkeit und Macht zusammengeschlossen? Nur größer war der Unfriede geworden, von den weltlichen Interessen einzelner deutscher Fürsten sollte die Zukunft seiner Kirche abhängen. Und er kannte auch die besten unter ihnen! Es nahte greuliches, die Schrift sollte erfüllt werden, nahe war der jüngste Tag. Dahinter aber würde Gott eine neue Welt aufbauen, schöner, herrlicher, reiner, voll Friede und Segen, eine Welt, in der kein Teufel mehr sein sollte, wo jede Menschenseele über Blüte und Frucht der neuen Himmelsbäume mehr Freude empfinden würde, als sich das jetzige Geschlecht über Gold und Silber freut, wo die schönste aller Künste, die Musik, in Tönen erklingen sollte, viel entzückender, als das herrlichste Lied guter Cantores auf dieser Welt. Dort würde der gute Mensch alle Lieben wieder finden, die er hier gehabt und verloren .

Immer mächtiger wurde in ihm die Sehnsucht der Kreatur nach idealer Reinheit des Daseins. Wenn er das Ende der

Welt erwartete, so waren es verdämmerte Erinnerungen des deutschen Volkes aus fernster Vergangenheit, welche noch an dem Himmel des neuen Reformators hingen. Und doch war es zugleich ein prophetisches Ahnen naher Zukunft. Nicht das Weltende bereitete sich vor, aber der dreißigjährige Krieg. –

So starb er. – Als der Wagen mit seiner Leiche durch die thüringischen Lande fuhr, läuteten alle Glocken in Dorf und Stadt, und die Leute drängten sich schluchzend an seinen Sarg. Es war ein guter Teil der deutschen Volkskraft, der mit diesem einen Manne eingesargt wurde. Und Philipp Melanchthon sprach in der Schloßkirche zu Wittenberg vor seiner Leiche: „Ein jeder, der ihn recht erkannt, muß dieses zeugen, daß er ein sehr gütiger Mann gewesen, mit allen Reden holdselig, freundlich und lieblich, und gar nicht frech, stürmisch, eigensinnig oder zänkisch. Und war doch daneben ein Ernst und eine Tapferkeit in seinen Worten und Gebärden, wie in einem solchen Mann sein soll. Sein Herz war treu und ohne Falsch. Die Härte, so er wider die Feinde der Lehre in Schriften gebrauchte, kam nicht aus zänkischem und boshaftem Gemüt, sondern aus großem Ernst und Eifer zu der Wahrheit. Er hat einen sehr großen Mut und Mannheit erzeigt und sich nicht bald ein kleines Rauschen erschrecken lassen. Nicht ist er durch Dräuen, Gefahr und Schrecknіß verzagt worden. Er ist auch von so hohem, scharfem Verstand gewesen, daß er allein vor anderen in verwirrten, dunkeln und schweren Handeln bald ersehen konnte, was zu rächen und zu tun war. Er war auch nicht, wie vielleicht etliche meinten, so unachtsam, daß er nicht gemerkt hätte, wie es allenthalben mit der Regierung stehe. Er wußte recht wohl, wie das Regiment beschaffen ist, und achtete mit besonderem Fleiß auf Sinn und Willen der Leute, mit denen er zu tun hatte. – Wir aber sollen ein stetig, ewig Gedächtnis dieses unsers lieben Vaters behalten und ihn aus unserm Herzen nicht lassen“

So war Luther, Eine dämonische Natur, schwerflüssig

und scharf begrenzt sein Geist, gewaltig und maßvoll sein Wollen, rein seine Sittlichkeit, voll Liebe sein Herz. Weil sich außer ihm keine andere Manneskraft erhob, stark genug, Führer der Nation zu werden, hat das deutsche Volk für Jahrhunderte die Herrschaft auf der Erde verloren. Die Herrschaft der Deutschen im Reich des Geistes aber ruht auf ihm.

Um nun am Schluß ihn selbst sprechen zu lassen, sei hier ein Brief an Kurfürst Friedrich den Weisen mitgeteilt, geschrieben in den Tagen, wo Luthers's ganze Kraft sich am mächtigsten zusammenfaßte. Der vorsichtige Fürst hatte ihm befohlen, auf der Wartburg zu bleiben, weil er ihn zu Wittenberg nicht schützen könne, denn der Zorn des Herzogs von Sachsen, seines Vetters, werde sofort auf Ausführung der Reichsacht gegen Luthern bestehen. Da schrieb Luther an seinen Landesherrn:

„Durchlauchtigster, Hochgeborner Kurfürst, Gnädigster Herr! Ew. Kurfürstlichen Gnaden Schrift und gnädiges Bedenken ist mir am Freitag Abend zugekommen, als ich am Morgen Sonntag wegreiten wollte. Daß es Ew. Kurfürstl. Gnade auf's allerbeste meine, bedarf freilich bei mir weder Beweises noch Zeugnisses, denn ich achte mich davon überzeugt, soweit menschliches Wissen reicht. –

In meiner Sache aber, gnädigster Herr, antworte ich so: Eure Kurfürstliche Gnade weiß, oder weiß Sie es nicht, so lasse Sie es sich hiermit kund sein, daß ich das Evangelium nicht von Menschen, sondern allein vom Himmel durch unsern Herrn Jesum Christum habe, so daß ich mich wohl, wie ich auch von jetzt ab tun will, als einen Knecht und Evangelisten hätte rühmen und schreiben können. Daß ich mich aber zum Verhör und Gericht erboten habe, ist geschehen, nicht weil ich an der Wahrheit zweifelte, sondern aus überflüssiger Demut, die anderen zu locken. – Ich Hab' Ew. Kurfürstl. Gnaden genug getan, daß ich dies Jahr lang meinen Platz geräumt habe, Ew. Kurfürstl. Gnaden zu dienen. Denn der Teufel weiß sehr wohl, daß ich's aus keiner Furcht getan habe. Er sah mein Herz wohl, da ich zu Worms ankam, denn wenn ich gewußt hätte, daß soviel Teufel auf mich gelauert hätten, als Ziegel auf den Dächern sind, so wäre ich dennoch mitten unter sie gesprungen mit Freuden.

Nun ist Herzog Georg noch sehr ungleich auch nur einem einzigen Teufel. Und sintemal der Vater der unergründlichen Barmherzigkeit uns durch das Evangelium zu freudigen Herren gemacht hat über alle Teufel und den Tod, und uns gegeben hat den Reichtum der Zuversicht, daß wir dürfen zu ihm sagen: „Herzliebster Vater“, so kann Ew. Kurfürstl. Gnade selbst ermessen, daß es solchem Vater die höchste Schmach wäre, wenn wir ihm nicht vertrauten, daß wir auch Herren über Herzog Georg‘s Zorn sind. Von mir weiß ich wohl, ich wollte in sein Leipzig hineinreiten – Ew. Kurfürstl. Gnade verzeihen mir meine närrischen Reden, – wenn‘s gleich neun Tage eitel Herzoge George regnete, und ein jeder wäre neunfach wütender als dieser ist. Er hält meinen Herrn Christus für einen Mann, der aus Stroh geflochten ist, das kann dieser mein Herr und ich eine Zeit lang wohl leiden. Ich will aber Ew. Kurfürstl. Gnaden nicht verbergen, daß ich für Herzog Georg nicht einmal, sondern gar oft gebeten und geweint habe, daß ihn Gott erleuchten wolle. Ich will auch noch einmal bitten und weinen, nachher nimmermehr. Und ich bitte, Ew. Kurfürstl. Gnaden wolle auch helfen und bitten lassen, ob wir das Unheil von ihm wenden können, das – ach Herr Gott! auf ihn eindringt ohne Unterlaß. Ich wollte Herzog Georg schnell mit einem Wort erwürgen, wenn es damit getan wäre.

Solches sei Ew. Kurfürstl. Gnade geschrieben in der Meinung, daß Sie wisse, ich komme gen Wittenberg in einem gar viel höheren Schutz als dem des Kurfürsten. Ich hab‘s auch nicht im Sinn, von Ew. Kurfürstl, Gnaden Schutz zu begehren. Ja, ich meine, ich wollte Ew. Kurfürstl. Gnaden mehr schützen als Sie mich schützen könnten. Sogar, wenn ich wüßte, daß mich Ew. Kurfürstl. Gnade schützen könnte und wollte so wollte ich nicht kommen; dieser Sache kann kein Schwert rächen oder helfen, Gott muß hier allein schaffen, ohne alles menschliche Zutun. Darum, wer am meisten glaubt, der wird hier am meisten schützen.

Weil ich denn nun spüre, daß Ew. Kurfürstl. Gnade noch gar schwach im Glauben ist, kann ich in keinerlei Weise Ew. Kurfürstl. Gnaden für den Mann ansehen, der mich schützen oder retten könnte.

Da nun Ew. Kurfürstl. Gnade begehrt zu wissen, was Sie tun soll in dieser Sache, zumal Sie meint, Sie habe viel zu wenig getan, so antworte ich untertänig, Ew. Kurfürstl. Gnaden hat schon allzuviel getan und sollte gar nichts tun. Denn Gott will und kann nicht leiden Ihr oder mein Sorgen und Treiben. Er will es sich überlassen sehn, sich und keinem anderen. Darnach mag sich Ew. .Kurfürstl. Gnaden richten. Glaubt Ew. Kurfürstl. Gnaden dies, so wird Sie sicher sein und Friede haben; glaubt Sie nicht, so glaube doch ich und muß den Unglauben von Ew. Kurfürstl. Gnaden sich in der Sorge analen lassen, welche alle Ungläubigen mit Recht leiden. Dieweil ich denn Ew. Kurfürstl. Gnade nicht folgen will, so ist Sie für Gott entschuldigt, so ich gefangen oder getötet würde. Vor den Menschen soll Ew. Kurfürstl. Gnaden sich also halten. Sie soll als ein Kurfürst der Obrigkeit gehorsam sein, und Kaiserliche Majestät in Ihren Städten und Ländern mit Leib und Gut walten lassen, wie sich's nach Reichsordnung gebührt, und soll sich ja nicht wehren noch widersetzen, noch Widerstand oder irgend ein Hindernis suchen gegen die Gewalt, wenn diese mich sahen oder töten will. Denn die Gewalt soll niemand brechen als allein der, welcher sie eingesetzt hat, sonst ist's Empörung und wider Gott. Ich hoffe aber, sie werden die Vernunft gebrauchen und erkennen, daß Ew. Kurfürstl. Guaden in einer zu hohen Wiege geboren ist, als daß Sie selbst Stockmeister an mir werden sollten. Wenn Ew. Kurfürstl, Gnaden das Tor offen läßt und das freie Kurfürstliche Geleit hält, falls die Feinde selbst kämen mich zu holen oder ihre Gesandten, so hat Ew. Kurfürstl. Gnaden dem Gehorsam genug getan. Sie können ja nicht mehr von Ew. Kurfürstl. Gnaden fordern, als daß sie den Aufenthalt des Luther bei Ew. Kurfürstl. Gnaden erfahren wollen. Und das soll ihnen werden, ohne Ew. Kurfürstl. Gnaden Sorge, Arbeit und Gefahr. Denn Christus hat mich nicht gelehrt, zum Schaden eines Anderen ein Christ zu sein. Werden sie aber so unvernünftig sein und gebieten, daß Ew. Kurfürstl. Gnaden selbst die Hand an mich lege, so will ich alsdann sagen, was zu tun ist; ich will Ew. Kurfürstl. Gnaden vor Schaden und Gefahr an Leib, Gut und Seele sichern in meiner Sache; glaube dies Ew. Kurfürstl. Gnaden oder glaube Sie es nicht.

Hiermit befehle ich Ew. Kurfürstl. Gnaden Gottes Gnade; über das Weitere wollen wir reden, sobald es Not ist. Denn diese Schrift habe ich eilend abgefertigt, damit nicht Ew. Kurfürstl. Gnaden Betrübnis ankomme bei dem Gerücht über meine Ankunft, denn ich soll und muß jedermann tröstlich und nicht schädlich werden, will ich ein rechter Christ sein. Es ist ein anderer Mann als Herzog Georg, mit dem ich handle, er kennt mich fast wohl, und ich kenne ihn nicht übel. Wenn Ew. Kurfürstl. Gnade glaubte, so würde Sie Gottes Herrlichkeit sehen. Weil Sie aber noch nicht glaubt, hat Sie auch noch nichts gesehen. Gott sei die Lieb und Lob in Ewigkeit. Amen. Gegeben zu Borna bei dem Geleitsmann am Aschermittwoch. 1522.

Ew. Kurfürstl. Gnaden untertäniger Diener Martin Luther."

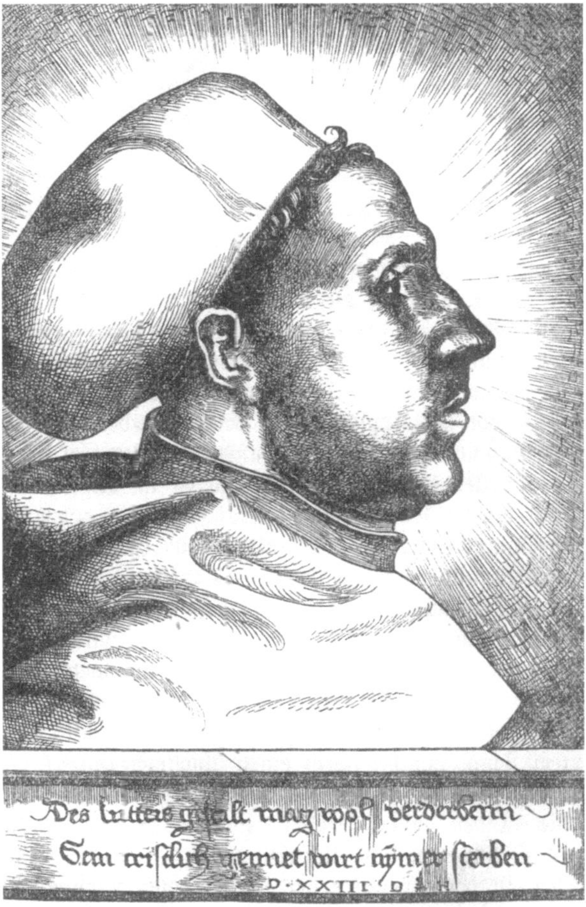

Luther in der Ordenstracht der Augustiner,
nach einem Holzschnitt vom Jahr 1523

Luther als Junker Georg (1522)
Nachbildung des Holzschnitts Lukas Cranachs

Katharina Luther
Nachbildung des Kupferstichs von E. Munzer
aus dem Anfang des 18. Jahrhunderts, gestochen
nach einem unbekannten Originalbild